마광수의 유쾌한 소설 읽기

마광수의 유쾌한 소설 읽기

마광수 지음

■ 서시(序詩)

우리나라 문학 교육은 엉터리

텔레비전으로 〈수능 국어〉 방송을 보니까
『춘향전』의 주제가 '여자의 절개'라고 가르치더군
나는 참 웃기는 해석이라고 생각했지

『춘향전』의 주제는 춘향이의 절개가 아니라
춘향이와 이도령이 결혼도 하기 전 미성년자 나이에
신나고 야하게 섹스 파티를 벌이는 거야

그러니까 춘향이야말로 '야한 여자'의 전형이지
내가 쓴 소설『즐거운 사라』에 나오는 '사라'하고 똑같아
춘향이나 사라나 둘 다 용감하게 야한 여자야

다시 한번『춘향전』을 꼼꼼하게 읽어봐
내 말이 틀리다고는 못할 걸

2013년 11월

馬光洙

차례

서시 : 우리나라 문학 교육은 엉터리 _ 5

1. 어니스트 헤밍웨이의 『무기여 잘 있거라』 _ 9
2. 레마르크의 『개선문』 _ 14
3. 샬롯 브론테의 『제인 에어』 _ 19
4. 사드의 소설들 _ 24
5. 파스테르나크의 『의사 지바고』 _ 35
6. 김동인의 『감자』 _ 40
7. 나쓰메 소세키의 소설들 _ 46
8. 서머셋 모옴의 소설들 _ 51
9. 나관중의 『삼국지』 _ 57
10. 자허 마조흐의 『모피(毛皮)를 입은 비너스』 _ 62
11. 알렉산드르 뒤마 피스의 『춘희(椿姬)』 _ 75
12. 안데르센의 동화들 _ 82
13. 드라이저의 『제니 게르하르트』 _ 90
14. 밀란 쿤데라의 『참을 수 없는 존재의 가벼움』 _ 95
15. 마가렛 미첼의 『바람과 함께 사라지다』 _ 105
16. 폴린 레아주의 『O의 이야기』 _ 110
17. 나보코브의 『로리타』 _ 116

18. 헤르만 헤세의 『게르트루트』 _ 130

19. 알렉상드르 뒤마의 『몽테크리스토 백작』 _ 135

20. 도스토옙스키의 소설들 _ 140

21. 다니자키 준이치로의 『치인(痴人)의 사랑』 _ 145

22. 시엔키에비츠의 『쿠오 바디스』 _ 156

23. 시내암의 『수호전』 _ 161

24. 프랑수아즈 사강의 『어떤 미소』 _ 166

25. 아나톨 프랑스의 『무희 타이스』 _ 171

26. 조세프 케셀의 『대낮의 미녀』 _ 176

27. 로렌스의 『채털리 부인의 연인』 _ 192

28. 빅토르 위고의 『레 미제라블』 _ 197

29. 『아라비안나이트』 _ 202

30. 존 파울즈의 『콜렉터』 _ 208

31. 박완서의 『그대 아직도 꿈꾸고 있는가』 _ 221

32. 가와바다 야스나리의 『잠자는 미녀』 _ 230

마무리 글 : 소설의 '일탈미(逸脫美)'와 소설의 '재미' _ 245
작가 약력 _ 273

1. 어니스트 헤밍웨이의 『무기여 잘 있거라』

　헤밍웨이는 내가 가장 좋아하는 몇몇 작가 중의 하나다. 그는 '야한' 내용의 소설을 쓰진 않았지만 문체가 간결해서 좋고, 도덕적·이념적 코멘트가 없어서 좋다. 그는 그야말로 담담하고 솔직하게 소설을 이끌어 나가는 '이야기꾼'이다.

　헤밍웨이의 장편소설은 꽤 여럿 되지만, 수준작이라고 할 수 있는 것은 내가 보기에 세 편이다. 처녀작인 『해는 또다시 뜬다』와 두 번째 작품인 『무기여 잘 있거라』, 그리고 여섯 번째 작품쯤 되는 『노인과 바다』가 그것이다. 영화화되어 더 유명해진 『누구를 위하여 좋은 울리나』는 수준작이라고 보기 어렵다. 아니 수준작이 못 된다기보다는 전혀 헤밍웨이답지 않은 작품이다. 잔소리가 무척 많고 너무 감상적이며 교훈적이다.

　헤밍웨이의 소설 중 가장 재미있는 것은 역시 『무기여 잘 있거라』이다. 이 작품은 『누구를 위하여 좋은 울리나』와 여러 가지로 대비된다. 『누구를 위하여 종은 울리나』가 스페인 내전에 참전해 공화파 편에 가담해서 싸우는 미국인 남주인공이 '자유'와 '민주'를 위해 끝까지 싸우다 장렬하게 전사하는 내용을 담고 있는 데 비해,『무기여 잘 있거라』는 제1차 세계대전 때 연합군 측에 가담해 싸우던 미국인 남주인공이 전쟁이 싫어져 여자와 함께 스위스로 도망가는 내용으로 되어 있기 때문이다.

한국보다는 훨씬 덜하지만, 서양이라 해도 작가들이 도덕 교사 역할을 강요받는 건 매한가지인 것 같다. 그래서 젊었을 때는 팔팔하게 야한 정신을 가지고 본성에 솔직한 소설을 쓰다가도, 나이가 들면 다 철학적이고 도덕적인 잔소리가 많이 들어간 교훈적 소설을 쓰게 된다. 주위의 험담과 비난에 지쳐서일 수도 있고, 단지 작가로만 만족하지 못하고 사회의 '지도층 인사'가 되고 싶어 그러는 경우도 있다.

우리나라의 경우엔 대개 후자에 속한다고 보는데, 작가가 도덕 선생이 되고 지도층 인사가 되어 권력에도 줄이 닿는 지배 엘리트가 되면 그 사람의 문학은 이미 망쳐진 것이나 다름없다. 한국의 작가들이 소설가든 시인이든 데뷔 당시의 작품이 대표작이 돼버리는 경우가 많은 건 그 때문이다. 마흔 살만 넘어도 다들 겉늙어 가지고 종교소설이나 민족소설, 또는 역사소설 같은 것들만 써댄다. 실로 한심한 현상이 아닐 수 없다. 헤밍웨이는 그 정도까진 아니지만 나중에 가면 그래도 꽤 도덕 선생 노릇을 하려고 애쓴 흔적이 짙다.

각설하고,『무기여 잘 있거라』는 그런 도덕적 주제가 작품의 이면에 깔려 있지 않아서 재미있다. 이 소설을 자세히 읽어 보면 남주인공 헨리가 왜 이탈리아군에 지원병으로 가담했는지 동기가 불분명할 정도다. 이 소설은 헤밍웨이 자신이 제1차 세계대전 때 이탈리아 전선에 지원병으로 참가했던 경험을 바탕으로 해서 씌어졌다. 그러므로 헤밍웨이의 성격으로 볼 때 헨리는 '아무런 목적 없이 그저 싸우는 게 좋아서 싸우는' 인물로 설정돼 있다고 볼 수 있다.

헤밍웨이는 싸우는 걸 유난히 좋아한 사람이다. 그는 권투, 사냥, 낚시, 투우 등에 미쳤었다. 그래서 결국 엽총으로 자살(오발이란 설도 있음)했는데, 인생이란 결국 약육강식(弱肉强食)의 장(場)이므로 들입다 싸우다 보면 그런대로 보람이 있다고 믿었던 것 같다.

그런 헨리가 종군 간호사 캐서린을 만나면서부터 조금씩 생각을 바꿔간다. 그러나 반전사상(反戰思想)이 주인공의 사고를 논리정연하게 지배하게 된 것은 아니다. 다만 그가 소속된 부대가 후퇴를 할 때 낙오병이 된 게 원인이다. 헌병들에게 잡혀 도망병으로 오인되자, 그는 총살당하기 직전에 탈출하여 애인이 있는 곳으로 도망간다. 그러니까 '싸우는 것'보다는 '사랑하는 것'이 더 좋아서 애인에게 달려간 것이지, 반전사상 때문에 도망간 건 아닌 것이다.

이 점이 바로 이 소설의 매력이요, 헤밍웨이 초기 작품의 매력이다. 인생이란 사실 특별한 목적이 있을 수 없다. 이른바 '명작'이라고 불리는 작품들 중엔 현학적이고 철학적인 설교를 늘어놓으며 인생의 목적이나 사명 같은 걸 강조한다. 다 사기다. 인간은 동물과 같으므로 그냥 그때그때의 쾌락을 좇아 살아갈 뿐이다. 소설에서 '인생의 비전'을 제시해야 한다든지, '휴머니즘'을 외쳐야 한다든지 하는 주장들은 다 이중적 위선으로 가득 찬 문학인들이나 떠드는 소리다.

헤밍웨이 역시 소설가는 소설가인지라, 주인공이 그냥 애인과 도망가서 행복하게 살게 되면 좀 싱거울 것 같아 이 소설의 결말을 비극적으로 처리해 놓았다. 캐서린이 아이를 낳다가 아이와 함께 죽어버리는 게 그것이다. 이 부분에서는 약간 신파조(調) 냄새가 나는데, 헤밍웨이의 문체가 워낙 냉정한 건조체라 그런대로 잘 넘어간다.

이 소설의 결말만 보고 헤밍웨이를 허무주의자라고 부르는 평론가들이 있다. 그러나 마지막 대목의 비극적 처리는 소설적 기법일 뿐 특별히 허무주의를 운운할 것까지는 못 된다.

헤밍웨이의 소설에 나오는 여주인공들은 내가 소설에서 만들어놓는 여주인공들과 성격이 흡사하다. 한마디로 말해 다들 '복종형 마조히스트'이다. 남자에게 철저히 복종하면서 헌신적인 애정을 바치고, 게다가 예쁘고 섹시하기까지 한 여성들이다. 『누구를 위하여 종은 울리나』에 나오는 마리아도 캐서린과 똑같은 성격으로 나온다.

이것은 헤밍웨이가 평생 그런 여성들만 쫓아다녔기 때문인데, 그런 솔직성이 정말 마음에 든다. 우리나라 문학가들은 설사 집안에서 마누라를 구타하는 사람이라 할지라도, 글에다가는 다들 여권신장, 남녀평등 운운해 가며 사이비 페미니스트 행세를 한다. 복종적인 여자를 싫어할 남자가 이 세상에 어디 있겠는가.

소설을 도덕 교과서나 사회과학 교과서로 보는 이들이 한국엔 특히 많은데, 그들은 헤밍웨이를 어떻게 평가할지 궁금하다. 하지만 대개 칭찬을 퍼부어댈 게 분명하다. 다들 사대주의자들이니까. '채털리 부인'의 탈선은 괜찮고 '사라'의 프리섹스는 못 봐주겠다고 이를 갈며 덤비는 이들이 바로 '우리 민족'을 내세우기 좋아하는 우리나라 문학인들이다.

『무기여 잘 있거라』에는 소설의 재미를 위해 갖춰야 할 요소가 골고루 구비돼 있다. 전쟁·사랑·탈출·죽음 같은 것들이 그것이다. 인간이 사디스틱한 동물이라서 그런지 전쟁이 들어간 소설은 언제나 재미가 있다.

거기에 '애절한 사랑'이 끼어들면 더욱 금상첨화다. '사랑' 역시 전쟁처럼 사디스틱한 욕망의 표시요, 죽기 살기로 하는 싸움이니까.

2. 레마르크의 『개선문』

  소설은 감상적(感傷的)이고 퇴폐적인 내용으로 된 것이라야 재미있다.
  나는 소설이 주는 재미의 본질이 결국 '감상'과 '퇴폐'에 있다고 생각한다. 아무리 복잡한 사상을 담고 있는 작품일지라도 그런 주제의식은 '포장'이 될 수밖에 없고, 기둥 줄거리를 통해 독자가 얻는 카타르시스의 본질은 '감성을 억압하는 엄숙한 이성으로부터의 상상적 탈출'과 '답답한 윤리로부터의 상상적 일탈(逸脫)'을 통해 얻어지는 '감상'과 '퇴폐'에 있다. 거기에 곁들여 추가되는 것이 있다면 '과장', '청승', '엄살', '능청', '비꼼', '익살' 같은 것이 될 것이다.
  감상과 퇴폐를 교묘하게 얽어서 소설로 형상화시켜 놓고, 그러면서도 '통속물'이라는 소리를 듣지 않고 그런대로 '문제작' 소리를 듣는 작품 중 대표적인 것을 고르라면 역시 독일 작가 레마르크의 『개선문』이 될 것이다.

『개선문』의 기둥 줄거리는 사실 '퇴폐적 사랑'이다. 그런데 작가는 거기에다 나치즘에 대한 고발과 전쟁에 대한 증오를 교묘하게 양념으로 곁들여 넣음으로써, 연애소설을 '반전문학(反戰文學)'으로 승화(?)시키는데 성공했다.

내가 연애소설을 읽으면서 센티멘털한 감동에 벅차 울었던 것은 뒤마 피스의 『춘희』와 레마르크의 『개선문』 정도이다. 둘 다 퇴폐적인 여인이 여주인공으로 나온다는 게 공통점인데, 이상하게도 소설엔 그런 여성이 나와야 공감을 준다.

두 작품 말고도 아베 프레보의 『마농 레스코』나 메리메의 『카르멘』, 도스토옙스키의 『죄와 벌』 등에도 몸을 파는 여자나 정조 관념이 없는 여자가 등장하여 독자들을 사로잡는다. 아마도 우리가 권위적이고 이중적 위선으로 가득 찬 현실 윤리에 숨 막힐 정도로 짓눌려 있기 때문일 것이다.

그러나 내가 『개선문』을 보면서 엉엉 울었던 것은 단지 일탈적 카타르시스나 예사로운 감상(感傷) 때문만은 아니었다. 우선은 『개선문』의 여주인공 '조앙 마두'가 너무나 매력적이면서도 불행한 여인이라서 울었지만, 사실은 내가 그런 멋진 여자와 한 번도 사랑을 나눠보지 못했다는 게 원통하고 절통해서 울었다.

『개선문』은 여주인공이 주는 허무적 이미지의 매력과 함께, 서글픈 페이소스를 안겨주는 스토리가 일품이다.

『개선문』의 배경은 제2차 세계대전 발발 직전의 파리. 실연의 상처와 온통 허무해 보이기만 하는 세상살이에 지쳐 세느 강물에 뛰어들어 자살하려고 하는 혼혈 여인 조앙 마두(그녀의 직업은 3류 가수다). 그리고 그 곁을 지나가다 우연히 그녀를 구해주게 되는 외과의사 라비크.

라비크는 나치 독일에서 불법적으로 망명해 온 사람인데, 자기 때문에 애인이 게슈타포(비밀경찰)에 끌려가 고문당하며 죽어간 기억으로 인해 가슴속에 뼈저린 한을 간직하고 있는 서글픈 보헤미안이다.

외로움에 지쳐 있던 두 사람은 급속도로 가까워지게 되고, 허겁지겁 살을 섞는다. 그러나 라비크가 그의 철천지원수인 게슈타포 간부가 파리에 와 있을 때 그를 암살하는 등 다른 일에 몰두해 잠깐 여자를 등한시하는 동안, 조앙 마두는 한시도 참을 수 없는 고독과 타고난 관능성, 그리고 자포자기적 방탕성 때문에 돈 많은 건달 청년과 바람을 피운다.

조앙의 배신에 분노한 라비크. 그러나 그 역시 뼈저린 외로움 때문에 조앙을 잊을 수 없다. 그래서 조앙과 다시 가끔 만나기도 하고, 완전히 자기에게 돌아와 달라며 조앙과 티격태격 싸우기도 한다. 그러는 동안 조앙은 결국 치정 어린 질투심에 눈이 먼 건달 청년이 쏜 총에 맞아 죽는다.

총에 맞은 조앙을 수술해 주는 라비크. 그러나 도저히 그녀를 살려낼 수가 없다. 죽어가는 여자는 라비크에게 "사랑해요"라고 말하고, 라비크 역시 그녀에게 처음으로 사랑을 고백한다. "사랑하오. 당신은 나의 전부였소"라고.

이 소설의 마지막 대목은 정말 신파조다. 그런데도 독자의 심금을 울리는 것은 작가의 섬세하고 치밀한 표현력 때문일 것이다. 아무리 부자연스럽고 개연성 없는 상황 설정이라 할지라도, 묘사나 서술이 그럴듯하면 독자는 대개 속아 넘어가 준다. 사실 소설의 본령(本領)은 그런 데 있다. 소설이란 작가가 리얼리즘을 표방하든 낭만주의를 표방하든, 원래 꿈이요, 허구요, '그럴듯한 거짓말'이기 때문이다.

『개선문』은 두 번 영화화되었다. 이 작품이 발표된 직후인 1947년에는 잉그리드 버그만과 샤를 보아이에가 주인공으로 나왔고, 흑백으로 만들어졌다. 그리고 1980년대 중반쯤에는 조앙 역으로 레슬리 앤 다운이 나왔고(라비크 역의 배우 이름은 잊어버렸다), 컬러였다. 그런데 두 영화 모두 소설에 비해서는 별 신통한 반응을 못 얻고 말았다.

내가 생각하기엔 여주인공인 조앙 마두의 이미지를 여배우들이 제대로 살려내지 못했기 때문이 아닌가 한다. 잉그리드 버그만은 예쁘긴 하지만 체격이 너무 크고 투실투실해서 조앙 마두의 퇴폐적이고 선병질적인 이미지에는 들어맞지 않았다. 그리고 레슬리 앤 다운은 전형적인 미인형의 얼굴이긴 하지만 너무 똘똘해 보이는 인상이었다.

요즘 소설이 영상 매체에 밀려 위기를 겪고 있다는 얘기가 많이 나오고 있다. 하지만 나는 소설의 독자성과 가치는 그런대로 영원하리라고 본다. 소설은 주인공의 외모 등을 마음껏 뻥튀기며 부풀릴 수 있어 독자의 '상상적 참여'를 가능하게 하지만, 영화는 배우의 얼굴 등이 그대로 현시(現示)되기 때문에 관람객의 '상상적 참여'에 제한을 주게 된다. 소설을 가지고 영화를 만들었을 경우, 소설을 먼저 읽은 독자가 대개 실망하게 되는 건 그 때문이다.

레마르크의 대표작으로는 『개선문』말고도 『서부 전선 이상 없다』가 있다. 작가가 제1차 세계대전에 참전해서 겪은 전쟁의 비참성을 그린 소설인데, 작품성이 뛰어나긴 하지만 연애가 안 나오기 때문에 『개선문』만큼은 두고두고 읽혀지지 않는 것 같다. 그런 것만 봐도 소설에서 연애가 얼마나 중요한지를 알 수 있다.

그러나 같은 연애라 할지라도 너무 '건전한 연애'면 안 된다. 선남선녀가 만나 정신적으로만 사랑하고 드디어 행복한 결혼에 골인했다—, 이런 스토리에 감동할 독자는 없다. 소설에 나오는 연애는 역시 퇴폐적인 연애거나 불륜의 연애여야 한다. 이런 사실을 『개선문』은 잘 보여주고 있다.

3. 샬롯 브론테의 『제인 에어』

얼마 전에 나는 케이블 텔레비전을 통해 방영된 영화 〈제인 에어〉를 보았다. 프랑코 제피렐리 감독이 연출한 이 작품은 샬롯 브론테의 동명소설을 세 번째로 영화화한 것이다. 그래서 나는 이제 영화로 만들어진 〈제인 에어〉 세 편을 다 본 셈이 되었다.

맨 처음에 영화로 만들어진 〈제인 에어〉는 조앤 폰테인과 오슨 웰스가 주역을 맡은 흑백 필름이었고, 두 번째로 영화화된 〈제인 에어〉는 수재너 요크와 조지 스코트 주연의 컬러였다. 그리고 프랑코 제피렐리 감독의 세 번째 〈제인 에어〉는 주역을 맡은 배우들이 생소한 유럽 연기자들이었다. 그래서 나는 배우의 이름을 기억하지 못하는데, 솔직히 말해서 생소한 배우들이기 때문이라기보다는, 너무 못생긴 배우들이라서 배우의 이름에 관심이 가지 않았기 때문이다.

『제인 에어』는 여주인공이 못생긴 용모를 가졌다는 점에서 문학사에 특별히 기록되는 소설이다. 이 소설이 발표된 19세기 중반까지만 하더라도 소설의 여주인공은 무조건 미인이어야만 한다는 원칙이 통용되고 있었다. 그런데 『제인 에어』는 그러한 통념을 깨뜨리고 나타났고, 그래서 이 소설이 갖는 다른 결점들을 덮고서 '세계명작'의 대열에 낄 수가 있었다.

사실 한 소설이 주제나 구성, 문체 등에 있어 고르게 완벽한 작품성을 확보하기는 어렵다. 설사 그런 작품이 있다 하더라도, 그런 소설보다는 특별히 독창적인 주제를 내세우거나 이전의 소설이 보여주지 못했던 새로운 유형의 인물을 창조해 낸 소설이 훨씬 더 가치가 있다. 『제인 에어』는 바로 그런 새로운 인물을 창조해 낸 소설의 대표적인 예다.

『제인 에어』의 스토리는 너무나 부자연스럽고 작위적이다. 고아인 여주인공이 대지주 로체스터의 양딸 가정교사로 들어가서 결국 그와 결혼하게 된다는 얘기인데, 말하자면 '신데렐라 스토리'라고 할 수 있다. 물론 그 중간에 갖가지 우여곡절을 거치긴 한다. 로체스터의 본부인이 광녀(狂女)라는 점과, 그 광녀가 집에 불을 지르자 로체스터가 불을 끄려고 하다가 눈을 다쳐 맹인이 된다는 설정은 독자에게 드라마틱한 재미를 선물해 준다.

그런데 본부인이 불에 타죽어 법적으로 떳떳한 홀몸이 된 로체스터를 제인이 다시 찾아가 결혼을 하게 되고, 또 결혼해서 한두 해 지난 뒤 로체스터가 수술에 의해 기적적으로 눈을 뜨게 된다는 설정은, 너무 해피엔딩으로만 치달려간 것 같아 어쩐지 껄끄럽다. 또 사실 제인이 못생겼다는 점도 마음에 걸리고, 대지주가 그런 여자를 좋아했을 것 같지도 않다.

영화로 만들어진 〈제인 에어〉 중에서는 제피렐리 감독의 〈제인 에어〉

가 가장 원작에 충실하고 있었다. 스토리를 조금 바꾸긴 했지만, 어쨌든 제인 에어를 정말로 못생긴 여자로 만들어놓았기 때문이다. 이전에 제작된 영화에서 제인 역을 맡았던 조앤 폰테인이나 수재너 요크는 당대의 일급 미녀 스타였다. 그리고 로체스터 역으로 나온 오슨 웰스나 조지 스코트 역시 빼어난 미남은 아니지만 씩씩하고 용감한 이미지를 가진 매력적인 스타였다. 원작 소설에 나오는 로체스터는 미친 여자를 부인으로 맞아들이는 바람에 오랫동안 심적 고통에 찌들어버린 얼굴을 하고 있다. 그런 점에서 볼 때 원작의 남주인공 이미지에 들어맞는 캐스팅을 한 것도 제피렐리 감독의 〈제인 에어〉라고 할 수 있다.

하지만 나는 세 번째로 영화화된 〈제인 에어〉가 가장 재미없었다. 아무리 눈을 씻고 봐도 제인 역을 하는 여배우의 얼굴에서 손톱만치의 매력조차 발견할 수 없었기 때문이다. 그건 여자 관객의 경우도 마찬가지였을 거라고 생각된다. 로체스터 역을 하는 남자 배우의 얼굴 역시 형편없는 용모였기 때문이다.

소설에서는 제인 에어의 얼굴이 '예쁘지 않다'고만 말할 뿐 자세한 얼굴 묘사를 하고 있진 않다. 그래서 독자들은 '그래도 설마 아주 못생긴 건 아니겠지……' 하는 마음으로 소설을 읽어가게 된다. 그런데 영화에서는 그게 안 통하는 것이다.

사람의 외모 문제는 여자든 남자든 누구나 고민하는 문제이고, 가장 첨예한 갈등을 일으키는 문제다. "마음이 고와야 여자지 얼굴만 예쁘다고 여자냐" 따위의 사탕발림 식 훈계는 전혀 해결책이 될 수 없다. 회사에서 여자 신입사원을 뽑을 때 실력보다는 용모 위주로 뽑는다고 해서, 여성단체 등이 발끈 들고 일어나는 일이 요즘도 자주 벌어지고 있다. 하지만 그게 어찌 여자에게만 국한된 문제이랴. 못생긴 용모 때문에 고민하는 것은 남자도 마찬가지다. 그래서 이젠 '마음의 아름다움' 따위로 외모 문제를 덮어두기보다는, 성형의학이나 화장술을 통해 인공미(人工美)의 개발을 적극적으로 꾀해 볼 때가 되지 않았나 싶다.

각설하고, 그러나 어쨌든 『제인 에어』만큼 재미있게 읽히는 소설도 드물다. 문학성에 있어서는 언니가 쓴 『제인 에어』보다 동생인 에밀리 브론테가 쓴 『폭풍의 언덕』이 더 잘된 작품으로 평가되지만, 읽는 재미로는 『제인 에어』가 훨씬 위인 것 같다. 『폭풍의 언덕』은 스토리가 괜히 복잡하고 나오는 등장인물이 너무 많다.

『제인 에어』가 재미있게 읽히는 까닭은 주인공 제인 에어가 갖고 있는 독특한 성격이나 못생긴 외모 때문이 아니라, 스토리 라인이 '그로테스크의 미학'에 바탕을 두고 있기 때문이다. 고풍스런 저택이 나오고 그 저택에서는 밤마다 여인의 기괴한 웃음소리가 들린다. 그래서 그 기괴한 웃음소리의 주인공이 누군지 궁금해 하며 책장을 넘기다 보면 어느새 책 한 권을 훌떡 읽어버리게 되는 것이다. 물론 그 웃음소리의 주인공은 꼭대기 다락방에 숨겨둔 로체스터의 본처다. 그러므로 이 소설은 일종의 추리 소설적 기법을 쓰고 있다고도 볼 수 있다.

어찌 보면 『제인 에어』와 『폭풍의 언덕』은 비슷한 모티프로 이루어진 소설이다. 『폭풍의 언덕』에서 역시 그로테스크한 유령세계의 분위기가 등장하기 때문이다. 브론테 자매는 목사의 딸로 태어나 황량한 시골의 목사관에서 자라며 기괴한 공상소설들을 많이 읽었다. 영국에서는 18세기부터 '고딕 노블(Gothic Novel)'이라고 불리는 기괴한 공상소설이 유행했기 때문이다. 아버지의 엄격한 종교교육과 황량한 들판의 분위기는 그녀들을 더욱더 공상 속으로 도피하게 만들었을 것이다.

『제인 에어』에 나오는 '로우드 학교'는 숨 막힐 듯 살벌한 분위기로 엄격한 종교교육을 실시하고 있는데, 이는 샬롯 브론테의 실제 체험이 그대로 반영된 것이다. 꽉 막힌 엄숙주의 일변도로 유지된 당시 영국의 사회 풍토에 대한 반발이 그녀로 하여금 가장 낭만적인 러브스토리를 쓰게 만들었을 것이다.

또한 제인 에어는 샬롯 브론테 자신의 소망적 사고가 만들어낸 인물이라고 할 수 있다. 샬롯 브론테는 못생긴 자기 자신이 괴롭고 서글퍼, 그런 자기를 죽도록 사랑해 줄 남성을 소설의 낭만적 판타지를 통해 형상화시키고 있는 것 같다.

4. 사드의 소설들

사드(Donatien Alphonse Francois, marquis de Sade, 1740~1814)는 변태성욕의 대명사처럼 불리는 사디즘(sadism)이란 심리학 용어를 낳게 한 장본인으로서, 마조히즘(masochism)이란 말을 낳게 한 오스트리아의 작가 마조흐(Masoch)와 함께 변태적 성 심리 문학의 창시자로 알려져 있다.

우리나라에서는 한때 사드 소설이 완역된 적이 없었고 조잡한 발췌역이 밤거리의 리어카 서적상에서 음성적으로 팔리곤 했다. 그러나 지금은 우리나라에도 사드의 대표작이라고 할 수 있는 『소돔 120일(Les 120 Journéss de Sodome)』과 『규방철학(Le Philosophie dan le Boudoir)』과 『미덕의 불운』, 『악덕의 번영』이 완역본으로 출간되어 있다. 예전 같으면 엄두도 못 낼 일이었으나, 범사회적인 개방화 추세와 함께 영화·연극 등 다른 예술 장르들이 소재 제한의 벽을 허물어뜨리기 시작한 것과 때를 같이하여 이루어진 일로 여겨진다.

사드의 문학은 동물적 존재로서의 인간 실존의 근거를 '가학 욕구'에서 찾아냈다는 점에서 철학사적이고 문학사적인 의의를 지닌다. 특히 이성(理性) 우월주의와 기독교적 인간중심주의를 근간으로 하는 서구의 계몽주의 철학이 판을 치던 18세기 말엽에 그의 사상과 작품이 잉태됐다는 것은, 그의 사상적 독자성과 예술적 천재성을 입증할 수 있는 증거가 된다고 볼 수 있다.

서양에서는 기독교의 인간관, 즉 인간은 하느님을 닮았으므로 동물 위에 있다고 보는 견해가 인간관의 주축을 형성해 왔다. 인간은 원래 양심과 이성을 가지고 태어났으므로 마음속에 도덕률을 지니고 있을 수밖에 없다는 것이다. 물론 여기에 기독교의 원죄론(原罪論)이 끼어들어 비관적인 눈으로 인간을 바라보는 태도가 곁들어지긴 했지만, 역시 바람직한 인간관의 근거가 되어준 것은 성서에 나오는 예수의 말인 "하느님이 온전하신 것같이 너희도 온전하라"는 계율이었다.

그러다 보니 영적인 하느님의 표상만을 쫓아가게 되어, 인간의 육적(肉的) 본성을 죄악시하는 사상이 중세기 암흑시대 이후로 서양 사상의 기본 테마가 되었다. 그래서 인간의 성욕은 그 성격이 단지 종족보존을 위한 '필요악' 정도로 되어 버렸고, 성(性)은 '은밀한 곳에서 몰래 행하는 비밀스런 범죄'의 양상을 띠게 되었던 것이다.

사드의 생존 연대는 프랑스의 구제도(앙시앵 레짐)가 부패의 극을 달할 때부터 프랑스혁명 이후까지이다. 이 시기에는 종교적 도덕성에 기초하는 '낮의 생활'과 동물적 탐욕에 기초하는 '밤의 생활'이 극단적으로 양극화되어 이중화되었던 시기였다. 그런 환경에서 성장한 사드는 자신의 다양한 여성 편력을 토대로 하여 사디즘의 성 문학을 창출해 냈던 것이다.

그러므로 사드의 문학은 기성의 가치체제에 대한 저항으로서의 문학이요, 인간의 실존을 적나라하게 펼쳐 보여주는 실존주의적 성격의 문학이라고 볼 수 있다. 비록 성을 소재로 삼고 있긴 하지만 일반적인 도색 문학과는 달리 선정주의적 성격을 지니고 있지 않고, 오직 해부학적 방법에 의해 인간심리의 밑바닥을 집요하게 추적하고 있을 뿐이다.

사드는 20세기 초 초현실주의자들에 의해 문학적 재평가를 받았고, 그 이후에 다시 실존주의자들에 의해 불문학의 소중한 유산으로 인정받게 된다. 20세기 초에 등장한 정신분석학 이론의 영향과 제1·2차 세계대전을 치르고 난 후에 유럽인들이 갖게 된 비관주의적 인간관이 사드를 재조명할 수 있는 계기를 마련해 준 셈이다.

사드는 1740년 파리에서 출생했다. 그의 아버지는 전통 있는 지방 귀족의 후예였으며, 어머니 역시 명문가의 자손이었다. 청년 사드 후작은 10년 가까운 세월을 군 장교로 근무했다. 결혼 후 그는 파리와 프로방스를 전전하며 방탕한 생활을 계속하다가, 마침내 1778년에 구속되어 12년간 감옥살이를 했다.

12년이란 기나긴 수형 생활은 대귀족을 일개 힘없는 인간으로, 절제할 줄 모르던 탕아를 절제할 줄 아는 인간으로 변모시켰다. 그는 감옥 안에서 우울한 기분을 전환시킬 겸 소설 집필을 시작했는데,『소돔 120일』등 그의 주요 저작물들의 대부분은 감옥 안에서 집필된 것이다.

혁명 후 그는 감옥에서 풀려나 생계를 꾸려 나가기 위한 직업 작가가 되었다.『쥐스띤느 혹은 미덕의 불운』『신(新) 쥐스띤느 혹은 미덕의 불운』『그의 언니 줄리에뜨의 이야기』『사랑의 죄악』등이 이 시기의 대표작이라고 할 수 있다. 그러나 직업 작가로서의 사드가 집필한 소설들은 사회적 규범을 지나치게 의식한 나머지 거의가 권선징악적인 플롯을 채용하고 있어, 문학적 완성도의 면에서 결함을 보인다. 말하자면 사디즘을 그리긴 그리되 사디스트의 비참한 말로를 보여줌으로써, 당시 도덕주의자들의 비판을 모면해 보려고 한 것이다.

그럼에도 불구하고 그의 작품들은 사회의 도덕적 질서를 훼손시켰다는 죄목이 붙게 되었고, 그는 1801년에 다시 투옥되었다. 그때부터 사드는 그 이후의 여생을 감옥과 정신병원을 전전하며 보내지 않으면 안 되었다. 그 동안에도 그는 집필활동을 계속했는데, 언제나 집필 금지와 원고 압수라는 끊이지 않는 위협에 시달려야 했다.

사드의 사상은 우선 계몽주의에 뿌리를 두고 있다. 볼테르 등이 주장한 계몽주의 사상은, 인간의 정열을 복원시키고 사회 변혁의 필요성을 주장하는 것이었다. 그러나 그는 긴 감옥생활 동안 다양한 독서 체험과 사색의 시간을 가지게 됨으로써, 계몽주의 사상이 지니고 있는 낙관론의 오류를 제거할 수 있었다.

계몽주의 철학에서는 '인간의 진보'를 기정사실로 인정하고, 악(惡)은 얼마든지 피할 수 있으며 지상에서의 행복 또한 얼마든지 가능하다고 믿는다. 그러나 사드는 여기에 반발하여, 교양주의적 인간관은 인간의 실체를 인식하는 데 아무 쓸모가 없는 것이라고 주장한다. 사드에 의하면 인간의 삶은 오직 쾌락의 추구로 점철되는 것이며, 쾌락의 본질은 '삶의 파괴'에 있다. 따라서 '자연'이란 '신의 섭리'의 대명사가 아니라 '파괴적인 힘'의 대명사가 되는 것이다. 그는 말하자면 극단적 반신주의(反神主義)의 태도를 취했다고 볼 수 있다.

사드의 이러한 사상은 그것이 비록 소설로 표현되어 난잡하고 산만하게 개진되고 있긴 하지만, 프로이트의 정신분석학이 출현하기에 앞서 인간 심리의 심연을 미리 꿰뚫어본 결과로 나온 것이다.

프로이트는 인간의 2대 본능을 에로스(Eros)와 타나토스(Thanatos)라고 이름을 붙였는데, 말하자면 에로스는 삶의 욕구요, 타나토스는 죽음 및 파괴의 욕구이다. 에로스와 타나토스의 개념은 성(性)의 문제를 빼놓고는 동양의 음양 철학과도 그 궤를 같이한다. 음양 철학에서도 역시 양(陽)을 삶의 욕구로, 음(陰)을 죽음의 욕구로 상정하고 있기 때문이다. 다만 음양철학에서는 프로이트가 성욕을 '에로스'에 편입시킨 데 비해, 성욕을 음에 속한 것으로 보는 점이 다를 뿐이다.

그러므로 사드의 섹스관은 프로이트의 타나토스 개념보다도 음양 사상에서의 '음'의 개념 쪽에 더 가깝다고 볼 수 있다. 즉, 인간의 성욕은 죽음의 욕구나 파괴의 욕구와 다름없는 것이요, 건강하고 밝은 성(性)이나 아름다운 사랑 따위는 허구일 뿐이라는 것이다. 사드의 문학에서 남자는 주로 사디스트로 그려지고 여자는 주로 마조히스트로 그려지는데, 사디스트든 마조히스트든 '파괴 욕구' 자체에서는 하나도 다를 바가 없다. 남을 파괴시키든 자신을 파괴시키든, 그것은 결국 양태상의 차이일 뿐 본질적으로는 같다.

따라서 사드에 의하면, 성(性)은 인간이 갖고 있는 파괴 욕구를 가장 본질적으로 드러낼 수 있는 '유희'가 된다. 전쟁이나 살인 같은 것도 파괴 욕구의 발로이지만, 그것은 어디까지나 성욕을 대리적으로 발산시키는 데 불과한 것일 뿐이다.

사드의 대표작인 『소돔 120일』은 1785년에 쓰인 것인데 사드의 생전에는 출판되지 못했다. 원고가 바스티유 감옥 당국에 의해 압류되어 사드 자신도 그것을 되찾겠다는 생각을 단념하고 말았기 때문이다. 그런데 그 원고가 극적으로 재발견되어 1931년에 출판됨으로써 다시 빛을 볼 수 있게 되었다.

『소돔 120일』은 작가로서의 사드가 아니라 감옥 안에 갇힌 죄수로서의 사드가 쓴 소설이기 때문에, 비평가나 독자들의 눈치를 전혀 보지 않고 썼다는 점에서 대표작으로서의 가치를 지닌다. 일체의 윤리적 코멘트나 도덕적 설교 같은 것 없이 오로지 인간의 극악한 본성만을 집요하게 뒤쫓고 있는 것이다.

사드는 『소돔 120일』을 통하여 인간심리의 저변에 깔려 있는 온갖 가학욕구들을 그대로 노출시키고 있다. 따라서 이 소설은 에로틱한 맛을 전혀 풍겨주지 않으며, 다만 무시무시한 그로테스크(grotesque)의 미학을 보여주고 있을 뿐이다.

이 소설의 줄거리는 이렇다. 루이 14세의 통치 말기에 특권계급에 속하는 네 명의 귀족들이 그들의 부(富)를 이용하여 그들의 권능에 절대적으로 복종하는 마흔 두 명의 희생자들을 거느리고 어느 외딴 성에 칩거한다. 네 명의 부인, 여러 명의 소년 소녀들과 요리사 및 하인들로 구성된 이 집단은 성 안에서 온갖 변태성욕을 실험하면서 논다. 이 작품은 일기체로 되어 있는데, 11월 1일부터 이듬해 2월 28일까지 넉 달 동안 날마다 하나의 이야기와 그 이야기에 따른 에로틱한 실습의 내용이 기록되고 있다.

이야기가 진행됨에 따라 독자들은 대수롭지 않은 성희들로부터 점점 더 대담하고 무시무시한 성희들과 만나게 된다. 마지막 부분에 이르러서는 거의가 잔혹한 고문과 살인으로 채워지게 되며, 세부적 묘사는 줄어들고 단장(斷章)의 형태를 띤 문체로 마치 신문 기사처럼 사건의 개요만을 제시한다. 그래서 종말에 가서는 이야기꾼을 포함한 열두 명만이 살아남게 되는 것이다.

　이 소설에서 실험되는 사디스틱한 성희들은 사디즘을 이야기할 때 흔히 등장하는 것처럼 여자를 '채찍질'하는 정도의 것이 아니다. 그러므로 이 작품은 사디즘의 성 심리만을 단순하게 묘사한 소설이라고 볼 수 없다. 사디즘뿐만 아니라 마조히즘·페티시즘(fetishism)·동성애·항문성교·관음증(觀淫症 : voyeurism)·시애(屍愛 : necrophilia)·소아성욕(小兒性慾 : pedophilia) 등이 골고루 실험되어 마치 온갖 변태성욕의 전시장 같은 느낌을 준다.

　이 작품에서 특히 주목되는 것은 페티시즘이다. 페티시즘의 대상이 사랑하는 이성의 육체의 한 부분(예컨대 손톱이나 머리카락 등)에 국한될 경우에는 그것이 성적(性的) 흥분의 상승 작용을 일으켜 아름다운 에로티시즘의 미학으로 발전될 수도 있는 것이지만, 『소돔 120일』에 나오는 페티시즘은 페티시즘의 극단적 양태라고 할 수 있는 '분변(糞便) 페티시즘'인 것이다. 분변 페티시즘은 이성(이 작품에서는 주로 여성)의 소변이나 대변을 만지작거리거나 먹어보면서 성적 만족을 얻는 것을 말한다.

　분변 페티시즘은 인간의 무화욕구(無化欲求)를 반영한다. 인간이 갖고 있는 죽음에의 욕구는 결국 불안정한 유기체의 상태로부터 벗어나(즉, 사망하여) 자연 속의 무기물로 분해된 후 영원히 안정된 상태로 돌아가려고 하는 욕구이다. 인체의 배설물인 소변과 대변은 우리 몸 안에서 만들어져 자연 속으로 귀의하는 물질이므로 인생의 고해에서 벗어나고 싶어하는 사람들의 눈으로 볼 때는 진정 부러운 대상이 아닐 수 없다. 분변이 아니더라도 페티시즘의 일반적 대상은 육체 가운데서도 손톱이나 머리털 등 신경을 가지고 있지 않은 부분이나 완전한 무생물인 각종의 장신구나 속옷 같은 것들인 것이다. 그러므로 이 소설이 내포하고 있는 인생관은 극단적인 비관주의요 허무주의라고 볼 수 있다.

또한 이 작품에는 "하느님은 개새끼!"라는 말이 중간중간 자주 나온다. 인간을 비극적인 인생 속으로 던져놓은 조물주에 대한 저주인 셈인데, 역시 작가가 가지고 있는 허무주의적 인생관을 보여주는 대목이라고 하겠다.

『규방철학』은 대화체 형식을 빌려 사드의 사상을 개진해 놓은 책이다. 열여섯 살의 소녀 위제니에게 생땅즈 부인과 돌망쎼가 성교육을 시키는 것을 기둥 줄거리로 하고 있는 이 책은, 사드의 다른 작품들과 대동소이한 주제를 다루고 있다. 하지만 다른 소설들에 비해 사드의 성철학과 윤리관, 그리고 종교관 등을 좀 더 자세히 음미해 볼 수 있다는 점에서 우리의 흥미를 끈다.

사드가 『규방철학』에서 일관되게 주장하고 있는 것은 '쾌락 추구의 정당성'이다. 강간, 살인, 근친상간, 간통, 동성애 등 이른바 일탈적(逸脫的)이고 변태적인 방법을 사용한다 하더라도, 우리는 그것이 쾌락을 가져다 준다면 서슴지 않고 그런 것들을 수용해야 한다는 것이다. 사드는 신을 부정하고 있지만 우리를 창조한 주체가 신이 됐든 자연이 됐든 그가 우리에게 '쾌감'을 느낄 수 있는 능력을 부여한 이상, 우리는 그것을 아낌없이 사용할 권리가 있다고 역설한다.

그러면서 『규방철학』에서는 바람직한 성행위 방법으로 '구강섹스(oral sex)'와 '항문섹스(anal sex)'를 적극 추천하고 있는데, 섹스는 오직 쾌감을 위해서만 존재해야 하고 자식 낳기의 수단이 돼서는 안 된다는 믿음 때문이다. 작가는 그래서 혹시 아이가 생기면 가차 없이 유산시켜 버려야 하고, 유산을 못 시킨 경우라면 낳은 뒤 죽여 버려도 괜찮다고 주장한다.

이것은 '생명' 자체에 대한 작가의 부정적인 혐오감을 여지없이 드러내는 대목인데, 이런 주장이 과장적인 억지라고 생각될지도 모르지만 최근의 성문화 추세가 '생식적 섹스'로부터 '비생식적 섹스'로 이행돼 가고 있다는 사실을 상기할 때, 먼 미래를 미리 내다볼 수 있었던 작가의 상상력을 칭찬하지 않을 수 없다. 그는 이 책에서 인구 조절의 필요성까지 역설하고 있으며, 인구 억제의 방법으로 구강섹스 등의 비생식적 섹스를 권장하고 있는 것이다.

그 중에서도 특히 '항문섹스'가 강조되고 있는 이유는, 그 방법이 양성애(兩性愛)에 적합하기 때문일 것이다. 사드는 동성애와 이성애 사이의 경계를 인정하고 있지 않으며, 동성 간이든 이성 간이든 항문섹스를 통하여 쾌감을 만끽할 수 있으면 그것으로 충분하다고 생각한다. 하지만 그가 항문성교를 더 높이 평가하고 있는 이유는 역시 그것이 임신을 방지해 주기 때문일 것이다. 그만큼이나 그는 '삶' 자체를 혐오하고 있으며, 따라서 생명을 창조해 내는 행위 자체를 죄악이라고 보고 있는 것 같다.

또한 이 책에서는 가학(加虐)의 즐거움이 성적 쾌감을 증진시킨다는 주장이 끊임없이 되풀이된다. 이를테면 사람이 고통스럽게 죽어가는 것을 보면서 성행위를 하면 한층 기분 좋은 오르가슴을 느낄 수 있다는 것이다.

『규방철학』에서 시종일관 주장하고 있는 '방탕의 철학'을 당장 현실적으로 수용하긴 어렵다. 그렇지만 우리의 잠재적 방탕 욕구를 일단 인정하기만이라도 할 때, 그때 비로소 이중적으로 은폐된 구조 속에서 자행되는 음성적 퇴폐가 줄어들 수 있다는 사실을 감안한다면, 우리는 사드의 방탕 철학을 일종의 '과장적 데먼스트레이션'으로 이해해 줄 수도 있는 것이다. 그런 관점에서 보면 『규방철학』은 엉뚱하긴 하지만 오히려 신선하고 참신한 이미지를 띠고서 우리에게 다가온다 하겠다.

사드의 문학은 그것을 수용하는 독자의 태도에 따라 가치평가가 달라질 수밖에 없다. 그의 소설을 단순한 '변태적 포르노'나 '파렴치의 극치'로 보는 독자들한테는 사드 문학은 오직 정신병자의 추악한 자기 고백으로 끝나버린다.

그러나 '인간 심성의 철저한 해부'라는 입장에서 그의 작품을 본다면, 우리는 사드의 문학을 기초 자료로 삼아 인간을 고통으로부터 구원할 수 있는 새로운 해결책을 모색할 수 있게 되는 것이다.

지금 우리가 살고 있는 이 시대는 사드가 살았던 시대와 비교해 볼 때 별로 달라진 게 없다. 20세기에 발발한 여러 전쟁들 역시 그 원인이야 어찌 됐든 잔악한 사디즘의 발로라고 볼 수밖에 없는 것이다. 철학과 종교가 점점 더 발달하고 휴머니즘의 인간 존중 사상이 계속 소리높이 외쳐지고 있지만, 인류는 20세기에만도 수많은 전쟁을 치러냈다. 그러면서도 계속 '인간 영혼의 고결함'이나 '인간 내면에 선천적으로 자리 잡고 있는 양심' 같은 것들이 마치 실제로 존재하는 것처럼 간주되고 있다는 것은 모순이 아닐 수 없다.

그러므로 앞으로 우리가 다가올 인류의 파국을 막아내려면, 단순한 개량주의나 교양주의, 또는 이성적 사색에 기초한 여러 가지 이데올로기에 의지해서는 별 효과가 없다고 나는 생각한다. 인간의 외적(外的)인 면보다는 내적(內的)인 면, 그리고 이성적인 면보다는 감성적이고 본능적인 면을 좀 더 깊게 해부하고 조명해 봐야만 우리는 보다 더 적절한 치유책을 찾아낼 수 있는 것이다.

사드의 문학세계는, 그것이 독자들을 위해 쓰인 것이라기보다는 그

스스로가 욕망의 대리배설을 위해서 쓴 것이라고 보는 편이 더 확실한 이해의 틀을 마련해 준다. 말하자면 그는 고독에 못 이겨 백일몽을 꾸고 있는 것이다. 그렇기 때문에 그의 소설은 아름답고 관능적인 표현으로서가 아니라 지극히 짜증스럽고 고통스럽고 과장적인 문체로만 점철되어 있다.

따라서 우리는 사드의 경우를 본보기로 삼아, 어떻게 하면 인간의 동물적 가학욕구를 온전하게 발산시킬 수 있느냐 하는 문제에 대한 심각한 논의를 지금부터라도 시작해야 한다. 다시 말해서 '명분 있는 전쟁' 등 그럴 듯한 구실로 타인에게 괴로움을 끼치는 방법에 의하지 아니하고서도, 스스로의 가학욕구를 대리배설 시킬 수 있는 방도를 마련해야 한다는 말이다.

속에서는 쓰레기가 썩어 들어가고 있는데 겉에다가 도덕이라는 뚜껑만 덮어씌워 놓고 있는 꼴이 되어서는 안 된다. 인간 역시 동물이기 때문에 가학성을 생존의 무기로 삼을 수밖에 없고, 또 문명이 발달하여 생존경쟁이 심해져 갈수록 이러한 가학성은 그 이빨을 더욱 드러낼 수밖에 없다. 이렇듯 사드의 문학은 인간 실존의 진면목을 적나라하게 드러내줬다는 점에서 크게 칭찬받아 마땅할 것이다.

5. 파스테르나크의 『의사 지바고』

　요즘은 노벨문학상 수상 작품의 번역·출판 열기(熱氣)가 시들하다. 최근 몇 해 동안 노벨상을 받은 작품이 국내에서 번역·출판되어 크게 성공한 적이 한 번도 없다. 국내에 거의 안 알려진 작가들이라서 그렇기도 하고, 수상자 중 시인이 많아서 그렇기도 하다. 하지만 가장 큰 원인은 역시 노벨문학상 운영 방침이 달라졌기 때문일 것이다.

　1960년대 중반까지만 해도 노벨문학상은 '작품' 위주로 수여됐다. 그래서 40대 정도의 젊은 작가가 수상자로 결정되는 경우도 있었고, 수상작 대부분이 작품의 완성도 면에서나 대중성 면에서나 어느 정도 성공을 거둔 것들이었다.

　그런데 그 이후부터는 노벨문학상이 일종의 '공로상'처럼 되어버려 가지고 늙은 원로작가들에게 주어지고 있다. 게다가 우선 수상 국가를 정하고 나서 그 나라의 최고 원로작가에게 상을 주는 식으로 운영되기 때문에, 수상 작품 자체가 갖는 문학성과 매력이 별로 참작되지 않는다. 살아서 한 나라의 '원로작가' 대접을 받으려면, 물론 예외도 있겠지만, 대개 '문단정치'나 '정부와의 공조(共助)'가 필요하기 때문이다.

내가 읽은 노벨문학상 수상 작품 가운데 감동과 재미를 함께 느낀 작품은 몇 안 된다. 어니스트 헤밍웨이의 『노인과 바다』나 모리악의 『사랑의 사막』, 그리고 펄 벅의 『대지』나 보리스 파스테르나크의 『의사 지바고』 정도이다. 그중에서도 『의사 지바고』는 통속적 재미와 사상적 감동을 함께 맛본 잊을 수 없는 소설이다.

『의사 지바고』는 작품을 가지고 노벨문학상을 수여한 대표적인 경우에 속한다. 이 작품으로 노벨상을 받은 1958년 당시 파스테르나크는 소련의 원로작가도 아니었고, 오히려 당국의 감시를 받으며 번역이나 해서 먹고 사는 '요주의(要注意) 인물'이었다. 그는 원래 시인으로 출발했는데, 자유주의적 성향이 강한 시를 쓰는 바람에 작품 발표의 길이 막혀 근 20년 동안이나 침묵을 지켜오고 있었던 것이다. 그러다가 그가 생애 최초로 써본 장편소설이 바로 『의사 지바고』였고, 그것의 일부가 운 좋게 국내 잡지에 발표되는 바람에 세인의 이목을 끌게 됐던 것이다. 흐루시초프 집권 초기의 이른바 '해빙(解氷) 무드' 덕분이었다.

그러나 레닌의 공산혁명을 부정적 시선으로 바라본 이 소설은 곧 국내에서 출판 금지되었고, 이탈리아 출판업자의 눈에 띄어 우선 이탈리아어로 번역·출판되었다. 그래서 삽시간에 베스트셀러가 되고, 곧이어 여러 나라 말로 번역되어 노벨문학상을 받게 되기에 이른 것이다.

나는 이 과정에서 파스테르나크가 당국에 체포되어 형(刑)을 살지 않은 것을 보고 놀라움을 금치 못했다. 소설 몇 줄이 야하다고 전격 구속되는 변을 당해본 나로서는, 소련의 정치체제 자체를 부정하는 이 소설이 단지 '출판 금지' 처분 정도를 당하는 데 그친 것이 신기하게까지 생각되었다. 나중에 노벨문학상이 수여되자 소련 당국은 작가에게 수상을 거부하도록 종용했고, 작가는 결국 이를 받아들이게 되는 곤욕을 치르기는 했다.

거의 평지돌출(平地突出)로 태어난 『의사 지바고』가 노벨문학상을 받게까지 된 것은 물론 자유진영의 정치적 계산이 개입됐기 때문이다. 그러나 오로지 그런 정치적 계산 때문에 『의사 지바고』가 노벨문학상을 수상한 것 같지는 않다. 이 작품은 설사 노벨상을 받지 못했다 하더라도 명작의 대열에 영원히 남을 만한 뛰어난 작품성을 지니고 있다.

『의사 지바고』는 시인이자 의사인 주인공이 혁명기 내란의 와중에서 가족을 잃고 표랑(漂浪)하며 쓸쓸히 죽어가는 과정을 전기적(傳記的) 터치로 그린 소설이다. 부유한 상인의 아들로 태어난 지바고는 당연히 공산혁명을 부정적 시선으로 바라볼 수밖에 없었고, 특히 그의 몸 깊숙이 배어있는 시인기질은 혁명을 핑계 댄 가학(加虐)과 파괴의 아수라장을 증오하게 만들었다.

그러나 이 소설이 주인공의 그런 자유주의 사상을 설교식으로 풀어 쓴 것이었다면 명작이 되었을 리 만무하다. 지바고는 섬세한 감성만을 지닌 무기력한 인텔리겐차의 전형으로 나오기 때문에 뚜렷한 사상적 기초를 가지고 있지 않다. 그는 다만 내란의 와중에서 무고한 사람들이 비참하게 죽어가고, 마을이 황폐화되고, 사랑 대신 증오만 가득 차게 되는 것을 감상적 눈길로 바라볼 뿐이다. 말하자면 소박한 휴머니즘인 셈인데, 이런 솔직한 감성의 토로가 이 작품을 가슴 뭉클한 페이소스로 이끌어 갔다고 볼 수 있다. 이는 우리 문학이 크게 참고해야 할 사항이다.

　연애가 빠지면 소설은 존재할 수 없다는 생각을 다시 한 번 확인시켜 주는 작품이 바로 『의사 지바고』다. 지바고는 염복(艶福)도 많아서 40년 남짓 사는 동안 세 여자를 거친다. 그것도 그냥 사귀는 정도가 아니라 다 마누라로 들어앉히는 것이다.
　첫 번째 여성은 토냐라는 이름의 성실한 주부이자 친구이긴 하지만 정열적인 사랑을 교환할 수 있는 상대는 못된다. 토냐가 두 번째 아이를 임신했을 때 지바고는 적군(赤軍) 빨치산의 군의(軍醫)로 납치되고, 토냐는 친정 식구들과 함께 프랑스로 추방된다.
　두 번째 여성은 이 소설의 여주인공이라고 할 수 있는 라라. 지바고가 제1차 세계대전에 나가 군의관으로 있을 때 종군 간호사로 일하고 있어 알게 된 여자다. 라라의 남편은 과학 선생이었다가 열렬한 공산주의자가 되어 잔인한 학살을 자행하고, 그 와중에서 라라와의 인연이 끊긴다.
　지바고가 빨치산 부대에서 탈출해 고향으로 돌아왔을 때 가족은 이미 떠나버린 뒤여서, 그때부터 라라와의 동거가 시작된다. 채 1년도 같이 못 살고 나서 라라는 지바고의 아이를 임신한 채 블라디보스토크로 떠나게 된다. 지바고와 라라의 생이별 장면은 이 소설에서 가장 슬프면서도 감미로운 대목이다.
　세 번째 여성은 라라와 헤어진 지바고가 다시 모스크바로 나와 알게 된 여자인 마리나. 지바고가 꼬셨다기보다는 마리나 쪽에서 열을 올려 할 수 없이 데리고 살게 된 여자다. 지바고는 마리나와의 사이에서도 두 아이를 낳고, 몇 년 못 가 지병인 심장병이 도져 급사하게 된다.
　지바고가 죽자 마리나는 몇날 며칠을 울고, 그때 우연히 모스크바에 들른 라라도 달려와 통곡한다. 지바고의 본처인 토냐 역시 남편의 죽음을 전해 듣고 슬피 울었을 것이다.

지바고는 대체 어떤 매력을 갖고 있었길래 세 명이나 되는 여인한테서 사랑을 받은 것일까. 소설 속에 묘사되어 있는 지바고는 선량한 휴머니스트이긴 하지만 약간 우유부단하고 신경질을 자주 부리는 전형적인 시인 기질 남성으로 나온다. 요즘 같으면 그런 남자는 여자에게 별로 인기가 없을 것이다(내가 지금 애인이 없는 것만 봐도 그렇다). 그런데 그때만 해도 대부분의 여성들은 일종의 모성애를 갖고서 그런 유약한 남성을 지극정성으로 사랑해 줬던 것 같다. '시'와 '낭만'이 아직은 존재했던 시대였기 때문일 것이다. 아무튼 슬픈 연애소설로도 손색이 없는 작품이 바로 『의사 지바고』이다.

6 김동인의 『감자』

　정치적 민주화운동의 바람이 문학의 영역에까지 깊숙이 파고들어, '예술로서의 문학'보다는 '정치적 운동으로서의 문학'이 오히려 올바른 문학인 것처럼 여겨지고 있는 것이 요즘의 현실이다. 이러한 최근의 동향은 독자로 하여금 어떤 의무감이나 부담감조차 느끼게 하고 있다. 그 한 예가 작가 김동인에 대한 평가절하이다. 얼마 전까지만 해도 뛰어난 문학성, 사실주의와 탐미주의 문학의 선구자, 근대적 단편소설의 확립 등의 공적으로 김동인은 찬사를 받곤 했다. 그러나 요즈음 소위 '민족문학' 계열의 문학인들은 김동인을 역사의식이 결여된 작가라 하여 그의 문학작품의 가치를 하락시켜 평가하곤 하는데, 나는 이러한 현상에 거부감을 느끼지 않을 수 없다.
　김동인의 문학세계는 오히려 그 '가식 없는 탐미성(耽美性)' 때문에 가치가 있는 것이다. 그의 문학정신이 가장 잘 반영되어 작품으로 표출된 것이 바로 『감자』다.

이광수처럼 주인공을 통해 설교를 하려 하지 않고, 또 주인공이 처한 극한상황에 대한 정치적·사회적 논평을 유보하면서, 인간의 성적(性的) 욕구를 억압하는 사회의 온갖 가식과 위선적 도덕률을 냉소적으로 비꼬고 있는 것이 바로 이 작품의 장점이라고 나는 생각한다.

이러한 작가정신은 김동인의 개인적 체험에서 자연스럽게 우러나온 것이다. 김동인의 청년 시절은 그야말로 술과 여자로 채워진 것이었다. 동인 스스로 말하듯이 "정오쯤 요리집에 출근하여 1차, 2차, 3차 심지어는 4차까지 돌다 새벽 4시쯤 집에 돌아와 한잠 자고, 다시 정오쯤 해서 요리집으로 출근하는" 생활의 반복이었고, 그의 여자관계 또한 매우 복잡하여 아키코, 김산월, 김백옥, 김옥엽 등 열 명쯤에 이른다. 동인은 이런 여자관계들을 부끄러워하지 않고 숨김없이 기록으로 남겼다는 점이 특기할 만하다.

더욱이 그는 직업적 기생이나 매춘부들만을 상대로 했고, 이런 여성들 이외의 이른바 '규수'라는 여인들에 대해서는 도착적 불감증을 느낀다고 토로하고 있다. 이런 방탕생활(사실은 방탕생활이 아니라 성욕의 원활한 배설에 의한 정신적 안정기라고 할 수 있지만)이 절정에 달했던 1925년에 쓰인 작품이 바로 『감자』이고, 그와 그를 사랑했던 여인들이 가졌던 자유로운 성 관념을 투영시켜 창조해낸 주인공이 바로 『감자』의 주인공인 '복녀'인 것이다.

작가에게 있어 스스로의 본능을 솔직하게 표출하며 살아가는 것이 창작활동에 얼마나 크나큰 도움을 주는가 하는 사실은, 김동인이 이러한 생활을 청산하고 평범한 가정의 지아비 노릇을 시작한 1930년 이후의 작품들을 보면 잘 알 수 있다. 1930년대 이후의 작품들은 대부분이 역사소설이나 야담류들로서, 그의 초기 작품에 비해 훨씬 문학성이 떨어지는 졸작들이었다.

지금까지 많은 평론가들은 『감자』의 주제를, '주인공 복녀를 통한 당시 사회의 타락상 고발'이나 '무절제한 성적 방탕과 비도덕성이 가져온 복녀의 죽음을 통해 독자에게 윤리적 교훈을 주려는 것' 등으로 해석했다.

그러나 '교훈'이니 '고발'이니 하는 것들은 김동인에게는 전혀 부합될 수 없는 단어들이다. 그는 문학의 목적을 탐미적 쾌락에 두었고, 자신의 천재성에 자부심을 느끼며 자유분방한 생활과 창작활동을 했으며, 일시적인 사회현상인 '기층민(基層民)의 고통' 같은 것에는 그다지 신경을 쓰지 않았음이 너무도 명백하기 때문이다.

물론 기층민의 고통을 덜어주려는 노력은 중요하다. 그러나 예술가가 그러한 책무(責務)까지 짊어져야 한다는 요즘의 이론에 나는 동의할 수 없다. 예술가는 '실제적 삶'에 도움을 주는 사람이 아니라 '꿈속의 삶'에 도움을 주는 사람이기 때문이다. 인간은 잠을 자지 않고서는 살 수 없으며, 꿈이 없는 잠은 불건강한 잠이라고 볼 때, 예술가가 '꿈의 공급'을 통해 일반 민중에게 봉사하는 역할 또한 결코 무시되어서는 안 된다고 생각한다.

김동인은 『감자』를 통해서, 섹스가 얼마나 무서운 힘으로 우리의 생활을 지배하고 있는가를 보여주고 있으며, 섹스를 통한 완벽한 오르가슴에의 도달을 억압하는 일체의 제도나 도덕 따위의 허울들을 비웃고 있다.

나의 이러한 해석을 뒷받침해줄 만한 부분이 본문 안에 나온다. 복녀는 송충이잡이를 하다가 감독관과 섹스를 하고 난 후에 '이것이야말로 소위 삼박자'라는 뜻으로 말하고 있다. "일 안 하고 돈 더 받고, 스릴과 긴 장감 넘치는 쾌감이 있고, 빌어먹는 것보다 점잖고 하니 얼마나 좋은가." 그리하여 복녀는 "처음으로 한 개의 사람이 된 것 같은 자신(自信)이 생긴다"고 말하는 것이다.

복녀의 남편은 20년이나 연상이며 따라서 복녀는 남편을 통해 성적 만족을 얻을 수 없었다. 그래서 감독관에 의해 처음으로 만족스런 섹스를 한 것이 그녀에게 '드디어 사람이 된 것 같은 만족감'을 안겨준 것이었다. 게다가 빌어먹는 것보다 몸 파는 것이 더 점잖다는 표현은, 그녀 자신이 스스로의 성적 본능을 조금도 부끄러워하지 않고 당당하게 드러내고 있다는 사실을 보여준다. 김동인은 인간의 성 본능을 금기시하는 유교적 사회의 모럴을 통렬히 비꼬면서, 복녀를 구습 타파의 상징적 인물로 내세운 것이다.

그 이후로 복녀에게 있어 섹스는 먹기 위한 돈벌이의 수단이라기보다는 진정한 쾌락을 주는 삶의 활력소로 작용하고 있다. 그래서 그녀는 그 뒤에 만난 왕서방과의 섹스를 통하여 단지 1, 2원의 돈보다 더 큰 기쁨을 얻었던 것이며, 바로 이것이 왕서방이 다른 여자에게 장가가는 것 때문에 빚어진 '한밤의 활극'의 원인으로 작용한다.

서구의 경우 앙드레 지드 같은 소설가는 『좁은 문』에서 정신적 사랑을 운위하면서 육체적 사랑의 개입이나 존재조차 완전히 무시하고 있다. 그러나 로렌스의 『채털리 부인의 연인』은 여주인공이 단지 남자의 '육체'만 보고 끌리게 되어 거듭되는 성적 쾌락 속에서 정신적 사랑의 대상일 수밖에 없는 남편을 과감히 버리고 사랑의 탈출을 감행한다. 『좁은 문』보다 로렌스의 소설이 20세기에 많은 독자들에게 더 큰 감동과 경악을 준 것은, 우리의 삶에 있어 성적 본능이 주는 쾌락이 그 무엇보다 가치가 있는 것이고, 이것들을 죄나 되는 것처럼 억압하고 있는 갖가지 억압과 금기(禁忌)들이 정치적 압제의 목적으로 이용되었다는 것을 깨달은 '민중'들의 진정한 해방욕구가 본능적으로 터져 나왔기 때문일 것이다.

이러한 맥락에서 볼 때, 『감자』는 '도덕에 대한 본능의 승리', '위선에 대한 자연스러움의 승리'를 표현해내고자 한 김동인의 역작이다. 복녀의 죽음을 두고 그 죽음을 무마시키기 위해 왕서방과 복녀의 남편 사이에 거래되는 '돈'에 대해서, 많은 평론가들은 김동인이 자본주의 사회를 비판하려 했다고 설명하고 있는데 이러한 해석은 별 설득력이 없다. 마지막 장면의 설정은 오히려 복녀라는 여인의 본능적 몸부림에 대해 아직도 이해를 하지 못하고 억압과 자기기만을 계속하기만 하는 이 사회에 대한 작가의 사실주의적 풍자와 묘사일 뿐이다.

김동인의 작품은 요즘같이 '비판적 리얼리즘'이니 '총체성'이니 하는 개념을 염두에 두고 쓰인 것이 아니라 작가의 당당한 배설욕구(排泄慾求)에 의해서 쓰인 것이지만, 요즘 작품보다 더 '리얼'하다. 그것은 이 작가가 '총체성'이라는 이름하에 억지로 당시 사회상을 짜 맞춤으로써 작품이나 작중 인물의 개성을 말살하기보다는, 자신의 체험과 직관에 의지해 작품을 썼기 때문이라고 생각한다. 그는 그야말로 먹은 만큼 배설해내고자 했던 것이다. 작가는 자신이 쓰고 싶은 것을 '당위적(當爲的) 요청'으로서가 아니라 '단순한 배설욕구'에 의해 가식 없이 써내려가야 한다.

천재적 작가들에게 공통적으로 나타나는 일종의 '광기(狂氣)'는, 작가의 본능적 의지와 위선적이고 억압적인 왜곡된 현실 사이에서 빚어지는 마찰에서 나온다. 작가 또는 모든 민중들의 본능적 배설욕구들이 이념의 틀로써 부정되거나 흑백논리에 의해 매도당하지 않는 풍토, 그것이 바로 진정한 '문화의 민주화'가 아닌가 한다.

7. 나쓰메 소세키의 소설들

일본에서 지금 제일 높게 평가받고 있는 작가를 들라면 아마도 나쓰메 소세키(夏目漱石)가 될 것이다. 1995년에 노벨문학상을 받은 오에 겐자부로(大江健三郎)나 1968년에 노벨문학상을 받은 가와바다 야스나리(川端康成)는 나쓰메 소세키만큼 전국민적 사랑을 받고 있지 않다. 특히 오에 겐자부로는 문단에서나 독자들에게서나 시큰둥하게 취급받고 있다. 생각컨대 오에의 작품이 지나치게 서구적 지성과 관념으로 충만돼 있기 때문이 아닌가 한다. 오에에 비하면 가와바다의 작품(특히『설국(雪國)』)은 가늘고 섬세한 일본적 정서와 감상(感傷)을 다루고 있기 때문에 훨씬 더 사랑받고 있다.

나쓰메 소세키가 지금 1,000엔짜리 일본 화폐에 초상이 들어갈 정도로 존경받고 있는 까닭은, 작품 자체도 훌륭하지만 그가 일본 근대문학의 개척자이기 때문이다. 1867년에 태어나 1916년에 죽은 그는 말하자면 일본의 이광수라고 할 수 있다. 출생 시기로는 25년의 차이가 있으나, 나쓰메가 명치(明治)유신 직후에 태어났고 이광수가 갑오경장 직전인 1892년에 태어났다는 점으로 볼 때, 두 사람 다 개화기의 시운(時運)을 타고 탁월한 업적을 남긴 인물들이라고 볼 수 있다.

그런데 두 사람 문학의 다른 점은 나쓰메 소세키는 아직까지도 국민들에게 애독되고 문학성 면에서도 크게 칭찬받고 있지만, 이광수는 그렇지가 못하다는 것이다. 내가 봐도 이광수의 소설은 그 주제가 너무나 진부하고 교훈적이다. 이광수가 말년에 친일을 했고 안 했고를 떠나서, 이광수의 문학은 이제 고작 문학사적 가치가 있는 작품으로밖에는 인정받지 못하게 되었다.

이 점이 바로 내가 원통하고 절통하게 생각하는 점인데, 일본이 우리의 원수라고 아무리 따져봤자, 그리고 "일본은 없다"고 아무리 외쳐봤자, 문화의 측면에서 보면 우리는 아무래도 일본에게 한 수 밀리고 있다는 생각을 하지 않을 수 없기 때문이다. 굳이 그 까닭을 유추해 보자면 일본은 근대문학 초기부터 문학의 독자성을 인정하고 들어갔고, 우리나라는 문학을 유교윤리 위주의 관념적 포장물이나 훈민적(訓民的) 계몽서로밖에는 보지 않았다는 점에 있다. 사실 솔직히 말해서 지금의 한국문학 역시 '이광수주의(主義)'로부터 한 발짝도 못 벗어나 있다.

내가 나쓰메 소세키의 작품을 처음 읽은 것은 고등학생 때였다.『나는 고양이다』와『봇짱(도련님)』이 그것이었는데, 특히『봇짱』을 읽고 나서 나는 미칠 듯한 울화와 질투를 느꼈다. 일본 근대문학 초기에 쓰인 작품임에도 불구하고 이광수 식의 촌스러운 훈계나 잔소리가 전혀 없었기 때문이다. 뿐만 아니라 옛날에 쓰인 케케묵은 작품이라는 느낌이 전혀 들지 않을 만큼 생생한 보편성을 확보하고 있었다.

『나는 고양이다』는 연작 형태로 된 일종의 '수필적 소설'인데, 나쓰메 소세키의 데뷔작이다. 어느 중학교 선생의 집에서 기르는 고양이를 화자(話者)로 삼아, 인간이란 동물의 위선과 허위의식을 냉소적으로 풍자·비판하고 있는 작품이다. 말하자면 윤리·도덕·철학 등 외형적인 가치보다는 인간 심리의 심연에 보다 깊숙이 접근해 들어간 소설인 것이다. 이 작품에 비해 볼 때 한국 최초의 근대소설인 이광수의 『무정』은 오로지 엘리트적 시혜의식(施惠意識)과 유치한 윤리의식으로만 가득 차 있다.

『봇짱』은 짧은 중편인데, 내가 나쓰메 소세키의 소설들 가운데 제일 좋아하는 작품이다. 우직할 정도로 단순·솔직한 성격을 지닌 남주인공이 전문학교를 졸업하고 시골 중학교의 수학 선생으로 부임해 가서 겪는 일종의 모험기. 그 학교 선생들은 교장에서부터 하나같이 다들 썩어 있다. 뇌물을 받거나 하는 것은 아니지만, 다들 승진에만 눈이 시뻘개져 가지고 복지부동과 무사안일, 그리고 이중적 위선으로 똘똘 뭉쳐 있어 주인공을 화나게 만든다. 그래서 주인공은 그중에서 가장 대표적으로 못된 위선자 두 명을 흠씬 두들겨 패주고 학교를 떠난다는 얘기다. 이 작품은 성격 창조의 면에서 크게 성공한 소설인데, 관념적이고 현학적인 사고를 즐기는 우유부단한 지식인이 아닌 단순·솔직한 지식인을 창조해 냈다는 점에서 빼어난 독창성을 지니고 있다.

일본은 우리나라처럼 민족이니 역사니 하는 것들을 주제나 소재로 삼는 소설을 써야만 역량 있는 작가로 인정받는 문학 풍토가 없다. 그래서 그들의 문학은 어느 정도 '세계성'을 확보할 수 있었다. 국경과 시대를 초월한 인간 개인의 문제에 깊이 천착할 수 있을 때, 문학은 비로소 세계적 보편성을 갖는다. 이념이나 이데올로기도 문학의 몫은 아니다. 그것 역시 시대에 따라 변덕스럽게 변하게 마련이기 때문에, 관념적 주제를 가진 작품에만 가치를 매기다 보면 '세계문학'을 바라보기 어렵다. 그러므로 우리는 일본이 얄미워서라도, 한시바삐 관념적 교훈주의 문학에서 벗어날 필요가 있다.

나쓰메 소세키의 대표적 소설로는 위의 두 작품 말고도 『마음』과 『그 후』 등이 있는데, 우리나라에도 번역돼 나와 있다. 『마음』은 나쓰메가 위궤양과 극도의 신경쇠약으로 세상을 떠나기 두 해 전에 발표한 작품인데, 전형적인 연애소설이다. 이 소설의 남주인공은 사랑을 쟁취하기 위해 친구를 죽음으로 몰아넣은 과거로 인해 괴로워한다. 헤어날 길 없는 죄의식으로 인해 자기부정에 사로잡혀 살아가는 주인공. 그는 결국 자살하기에 이른다.

『마음』은 인생을 비관적·도피적 관점에서 바라본 소설이기 때문에 『봇짱』이나 『나는 고양이다』보다는 박력이 떨어진다. 병약하여 대학교수직까지 사임해야 했던 작가의 심경이 그대로 반영돼 있는 작품이다. 일본 문학은 대체로 소극적·도피적인 인물들을 주인공으로 내세워 성공하고 있는 경우가 많은데, 가와바다 야스나리의 『설국』 역시 비슷한 주인공을 내세우고 있다.

『그 후』도 비슷한 내용의 연애소설. 지금은 친구의 아내가 되어 있는 지난날의 연인을 질깃질깃 못 잊어하고 있는 남주인공의 심경을 그린 작품이다.

관능적 묘사는 전혀 안 나오지만, 어쨌든 연애심리 자체만을 그렸다는 점에서 나는 『마음』과 『그 후』가 마음에 든다. 우리나라의 경우라면 연애소설이라 해도 반드시 거기에 사회 문제나 정치 문제, 또는 종교나 이념

문제를 양념으로 끼워 넣어야만 한다는 것이 어떤 '강박 관념'처럼 작가들의 뇌리를 지배하고 있기 때문이다.

내가 소설에서 그런 '군더더기'를 싫어하는 것은 이념이나 종교, 정치, 사회 문제가 하등의 가치가 없는 것이라서가 아니다. 그런 것들은 에세이나 논설 등 다른 장르의 글에 얼마든지 담을 수 있는 것이기 때문이다.

아무튼 일본문학은 '작고 섬세한 문제'들을 다룸으로써 스스로의 깜냥에 맞는 수준 높은 문학작품을 생산할 수 있었다. 그런 점에서 일본문학은 같은 동양권에 속해 있는 우리에게 큰 참고가 된다.

8. 서머셋 모옴의 소설들

 '문학을 보는 눈'에 있어, 내가 제일 마음에 드는 견해를 가진 작가는 서머셋 모옴이다. 그는 소설이란 오로지 '재미'를 주기 위한 것이고, 나아가 '현실 도피'를 위한 것이라고 했다. 지식이나 교훈을 얻기 위해서 소설을 읽는 독자는 하나도 없다는 사실을 그는 늘 강조하며 '어려운 글'이나 '교훈적인 글'을 비웃었다. 어렵고 교훈적이란 글이란 대개 알맹이가 없는 글이요, '못쓴 글'이라는 이유에서였다.

 그래서 모옴의 문학에서는 '사상'이나 '메시지' 같은 것을 찾아볼 수 없다. 인생이 어렵고, 더럽고, 허무한 것이라고 강조하며 늘 투덜거릴 뿐이다. 그러면서 현학적이고 위선적인 도덕군자들을 비아냥거리는데, 이 점에 있어 내 문학세계와 아주 유사하다는 것을 느낀다. 물론 모옴은 성문제를 깊이 다루지는 않았다. 그러나 같은 영국 작가 D.H. 로렌스에 비해 성을 바라보는 태도가 훨씬 솔직하고 자유롭다. 모옴은 성(性)을 그저 쾌락을 위한 '놀이' 정도로만 보았다.

모옴이 소설의 '재미'를 너무 강조했기 때문인지 모옴의 소설들은 비평가나 문학 연구자들에게 아직도 신통한 대접을 못 받고 있다. 그가 생전에 누렸던 대중적 인기를 시샘해서 그런지 그를 그저 '통속 작가' 정도로 치부하는 문학사가들이 많고, 플롯 위주의 스토리텔러로 간주하여 평가절하 하는 견해가 여전히 우위를 점령하고 있다.

모옴에 대한 그런 평가는 제임스 조이스나 버지니아 울프에 대한 평가와는 대조적이다. 조이스의 『율리시즈』나 울프의 『등대로』 같은 작품은 정말로 읽기 어려운 소설이다. 도무지 재미라곤 찾아볼 수 없고, 조금 주의 깊게 읽어볼라치면 마치 고문당하는 느낌마저 받게 된다. 그런데도 비평가들은 조이스나 울프가 시도한 '소설의 새로운 형식(즉 '의식의 흐름' 기법)'에 홀려 그들을 들입다 칭찬하고 있는 것이다.

모옴은 형식주의 소설에 대해 냉소적이었는데, 소설이란 장르는 형식예술이 아니라 내용예술이고, 내용의 핵심을 이루는 것은 '이야기 줄거리'라는 이유에서였다.

모옴의 인생관이 가장 잘 드러나 있는 작품은 『인간의 굴레』이다. 이 소설에서 모옴은 "인간은 태어나서, 고생하다, 죽는다"는 유명한 명제를 남기고 있다. 그런 비극적 인생관을 가지고 있었기에, 그는 이데올로기든 종교든 사상이든, 그 어떤 것이든지 인간에게 '허망한 희망'을 주는 것은 다 거부했다. 그러면서 일종의 '쾌락주의'를 삶의 원칙으로 삼았는데, 어차피 고생하다 죽을 바에야 조금이라도 더 쾌락을 맛보다 죽는 게 낫다는 생각에서였다.

이러한 '쾌락'에의 열정이 가장 잘 드러나 있는 작품이 그의 출세작인

『달과 6펜스』이다. 화가 폴 고갱을 모델로 삼은 이 소설은, 중견 회사원으로 행복한 가정을 이루며 그럭저럭 잘 살아가던 주인공이 어느 날 갑자기 가족을 버리고 남태평양의 외딴 섬으로 들어가 미술에 전념하게 되는 과정을 그리고 있다. 그에게는 '미술에 전념하는 것'이 바로 가장 지극한 '쾌락'이었던 셈이다.

우리나라의 소설은 아직도 사상과 역사, 또는 민족 중심의 교훈주의 소설이 주류를 차지하고 있다. 그래서 대하역사소설이 아직도 '존경'을 받고 있고 '재미있게 잘 쓴 소설'은 '존경'을 받지 못하고 있다. 재미있게 쓴다는 것 자체가 얼마나 어려운 일인지를 비평가들이 아직도 잘 모르고 있어서 그렇다. 이런 점에서 우리 문학계는 모옴에게 배울 것이 많은 것 같다.

모옴은 역사소설이나 대하소설 같은 것은 하나도 쓰지 않았고, 소설의 대부분을 자기의 직접체험에서 취재하여 썼다. 그러다 보니 엄청난 모험이나 전쟁, 이데올로기적 갈등 같은 것들이 소설에 등장하지 않는다. 그는 인간이 이룩한 문화나 사상체계 같은 것에 냉소적이어서, 주로 지식인의 이중적 위선이나 속물근성을 야유하는 것으로 일관했다.

특히 『과자와 맥주(Cakes and Ale)』에 나오는 소설가 올로이 키어의 주도면밀한 처세술에 대한 조소는 아주 통쾌하다. 나는 그 부분을 읽으면서, 내가 하고픈 말을 모옴이 대신해 주고 있는 것 같은 느낌을 받았다. 요컨대 건강한 풍자정신이 모옴 문학의 주축을 이루고 있다고 할 수 있다.

모옴의 소설은 우리나라에 번역된 것만도 꽤 많아서, 위에서 꼽은 작품 말고도 『크리스마스 휴가』, 『인생의 베일』, 『면도날』, 『크래독 부인』,

『어셴덴』 같은 장편소설이 소개되었다. 그리고 「비」나 「빨강 머리」 등 많은 단편소설이 번역되어 여전히 사랑받고 있다. 그 가운데 내가 가장 재미있게 읽은 작품은 『과자와 맥주』이다. 모옴의 대표작으로는 흔히 『인간의 굴레』가 꼽히는데, 모옴 자신은 『과자와 맥주』에 가장 애착이 간다고 했다.

내가 『과자와 맥주』를 재미있게 읽은 이유는 여주인공 '로지'가 풍겨내는 독특한 매력 때문이다. 로지는 말하자면 '사랑에 헤픈 여자'로 나온다. 카페 여급 출신인 로지는 작가 드리필드(토머스 하디를 모델로 삼았다고 해서 물의를 빚었다)의 아내가 된다. 그러나 권태로운 결혼생활을 이겨내지 못하고 예전의 버릇대로 이 남자 저 남자와 끊임없이 바람을 피운다. 그러다가 결국 어느 건달 유부남과 눈이 맞아 미국으로 도망쳐 버린다.

그런데도 이 소설에서 로지는 시종일관 '너무나 사랑스러운 여인'의 이미지로 그려진다. 말하자면 전혀 죄의식 없이 바람을 피우며 섹스를 즐기고, 자기를 원하는 남자라면 누구든 가리지 않고 쾌락을 베풀어주는 여자가 바로 로지다. '천의무봉(天衣無縫)한 성격'이란 말은 로지에게 딱 들어맞는 표현 같다.

로지는 조금도 허식과 허위가 없다. 그녀의 육체는 남자를 굴복시키기 위한 도구도 아니고, 아름다움을 자랑하기 위한 방편도 아니다. 그녀의 육체는 스스로도 즐거움을 느끼면서 남에게도 즐거움을 주는 사랑의 샘물이다. 그렇기 때문에 그녀와 잠자리를 같이하는 남자들은, 그녀가 자기 이외의 남자와 놀아나는 것을 뻔히 알면서도 전혀 질투심을 느끼지 못한다. 그것은 로지의 남편 역시 마찬가지다.

그런 로지가 건달 유부남을 택해 미국으로 사랑의 도피행을 하는 것도, 그 남자만 사랑했기 때문이라기보다는 그에게 강한 동정심을 느꼈기 때문이다. 그 사내가 파산을 하고 도망가는 신세가 되자, 무일푼이 된 사람을 자기라도 돌봐줘야겠다는 의무감이 로지로 하여금 남편을 배반하게 만든 것이었다. 로지는 말하자면 '야한 백치미'를 가진 순진무구한 여성의 전형이라고 할 수 있다.

나는 고등학교 시절에 『인간의 굴레』를 읽었고, 대학에 들어가 영어 강독 시간에 「빨강 머리」를 읽었다. 그런 다음 『달과 6펜스』를 읽고서 예술가의 꿈을 키웠고, 20대가 끝나갈 무렵에 『과자와 맥주』를 읽으며 '육체적 사랑'의 중요성을 배웠다.

『인간의 굴레』는 나의 인생관 확립에 많은 도움을 주었고, 『달과 6펜스』는 나로 하여금 예술가적 열정을 평생토록 유지하게 하는 힘이 되어주었다. 나는 글을 쓰는 틈틈이 취미로 그림을 그리다가 1994년부터 여러 번 개인전을 열었는데, 아직까지도 미술에의 열정을 갖고 있는 것은 『달과 6펜스』 덕분이라고 할 수 있다.

내가 '야한 여자'를 주인공으로 삼아 『권태』·『광마일기』·『즐거운 사라』·『돌아온 사라』·『별것도 아닌 인생이』 등의 장편소설을 쓰게 된 것은 『과자와 맥주』에 나오는 '로지'의 인상이 내 머릿속에 너무나 깊이 각인되었기 때문이다. 성(性)에 죄의식 없이 자유로운 여자, 그리고 한없이 따뜻하고 화려한 여자, 그런 여자에의 원망(願望)이 나의 연애 체험을 더욱 다양하게 해주었는데, 내가 추구했던 이상적 여성상의 원형은 '로지'였다.

서머셋 모옴은 60세 이후에 더욱 왕성하게 활동했다. 다른 작가들이 40세 이후부터 보수적 권위주의자로 돌변하거나 작품생산에 무력감을 느껴 정치적 처신으로 일관하는 데 비해, 모옴은 늙어갈수록 더욱 자유분방한 열정을 추구했다. 이 또한 내게 영향 준 바 크다. 나 역시 모옴처럼 '늙는 것'에 굴복하지 않고 더욱더 열정적으로 야한 예술혼을 불태우고 싶다.

9. 나관중의 『삼국지』

　우리나라에서 제일 많이 팔리고 읽힌 소설을 꼽으라면 그건 아마 『삼국지(三國志)』가 될 것이다. 나관중(羅貫中)이 쓴 연의체(演義體) 소설인 『삼국지』는 해방 전에 박태원이 처음으로 직역체 완역본을 냈고, 이후 김동성, 김구용 등의 직역체 완역본이 나온 후 박종화, 정비석, 이문열, 황석영, 장정일 등의 번안체 역본으로 이어지고 있다. 또 번안체 일본어 역본인 『길천영치(吉川英治) 삼국지』도 한국어로 번역되어 꽤 많이 읽혔다.

　내 독서 경험으로는 번안체 역본보다 직역체 역본(정소문 씨 번역본이 최고다)이 훨씬 더 낫다고 본다. 원작에다가 역자가 임의로 추가하거나 재구성한 번안체 역본은, 담박하고 간결한 원문의 맛을 손상시킬 가능성이 높기 때문이다. 이것은 다른 중국 고전들, 예컨대 『수호전(水滸傳)』, 『서유기(西遊記)』, 『금병매(金甁梅)』, 『홍루몽(紅樓夢)』 같은 소설의 경우에도 역시 똑같이 해당되는 사항이다.

『삼국지』는 원래 진(晋)나라의 진수(陳秀)가 편찬한 정사서(正史書)이다. 우리나라에서는 진수의『삼국지』역시 번역돼 나왔는데, 연의체『삼국지』에 밀려 거의 읽히지 않는 것 같다. 그러다 보니 일반인들이 중국 삼국시대의 역사를 소설『삼국지』에 나오는 대로만 알고 있어 문제가 되고 있다. 물론 정사라고 해도 저자의 일방적 관점이 개입되는 것은 마찬가지겠지만 말이다.

일설에 의하면, 진수는 삼국시대 때 촉(蜀)나라 제갈량(諸葛亮)에게 찾아가 벼슬을 구했다고 한다. 그런데 제갈량이 그를 받아들이지 않자 화가 나 위(魏)나라 편에 붙어버렸다는 것이다. 그런 뒤 사마염(司馬炎)이 위나라를 뒤엎고 진(晋)나라를 세운 후 삼국을 통일하자,『삼국지』편찬을 맡아 촉나라의 위상과 제갈량의 치적을 가혹하게 깎아내렸다고 한다.

그래서 그런지 진수의『삼국지』는 위·촉·오(吳) 세 나라 중 촉나라에 할당된 분량이 가장 적다. 그리고 진나라의 전신인 위나라를 역사의 주역으로 삼고 있다. 그러다 보니 나관중의『삼국지』에서는 간웅(奸雄)으로 묘사된 조조(曹操)를 진수의『삼국지』에서는 구세(救世)의 영웅으로 기술하고 있다.

사실 역사를 객관적으로 들여다보면 진수의 역사관이 현실과 사실에 더 잘 부합된다. 촉나라는 땅덩이 자체가 가장 협소하고 궁벽했을 뿐만 아니라, 제갈량을 빼면 변변한 인물조차 별로 없었다. 우리가 연의체『삼국지』를 읽으면서 소설을 이끌어가는 주인공이 마치 제갈량인 것처럼 착각하게 되는 것은 그 때문이다. 유비(劉備)라고 해봤자 한(漢)나라 왕실의 피를 이어받았다는 점만 장점으로 부각될 뿐, 인품이나 기량(器量) 면에서 볼 때는 쩨쩨하고 비겁하기 짝이 없다.

또 한나라 왕실의 혈통이란 것도 따지고 보면 별 의미가 없는 것이다. 중국이 태고(太古) 이래 한나라 하나로만 이어진 것이 아닌 만큼, 왕실이 부패하고 무능하여 쓰러진다는 것은 당연한 일이기 때문이다.

그런데도 우리는 나관중의 『삼국지』를 읽을 때 조조의 월권과 지략(智略)에 분노하고 유비의 복고주의와 제갈량의 충성심에 감동한다. 아마도 우리나라가 아직도 봉건적 충효사상으로 단단히 무장된 나라라서 그런 것 같다. 자기네들이 무능하고 우매하여 자멸을 자초한 조선 왕실에 대해서도 여전히 동정과 추모(追慕)를 계속하는 한국인들의 이상한 복고주의 심리가, 『삼국지』를 읽을 때도 여전히 크나큰 위력을 발휘하고 있는 셈이다.

『삼국지』가 여전히 우리나라 독서 시장을 석권하고 있다는 사실은 많은 우려를 낳게 한다. 참된 민주화란 수구적 봉건윤리의 극복 없이는 이루어질 수 없는 것이기 때문이다. 『삼국지』를 그냥 '싸움 책' 정도로만 읽으면 모르겠으되, 충효사상이 주제로 돼 있는 '우국충정의 서(書)'로 읽으면 곤란하다. 유비나 제갈량, 또는 관우나 장비가 그토록 악을 써가며 싸웠던 것은 권력을 잡기 위해서였지 진짜로 민중을 걱정해서는 아니었다. 그 점에서 볼 때 유비가 조조보다 특별히 더 낫다고 볼 수도 없다.

또 제갈량이 화공법(火攻法)을 자주 쓴 것만 해도 당시의 전쟁윤리로 보면 아주 잔인하고 파격적인 것이었다. 당시의 전쟁방법은 주로 대장 대(對) 대장의 승부 겨루기에 있었지, 졸병들을 몽땅 태워 죽이는 식의 치사한 방법은 가급적 쓰지 않았기 때문이다. 그래서 정사(正史) 『삼국지』에서는 제갈량을 그저 '꾀돌이'로만 묘사할 뿐, 소설 『삼국지』에서처럼 '신의 도움을 받아 도술을 부리는 신비한 인물'로는 묘사하지 않고 있다.

소설 『삼국지』에 나오는 제갈량의 신비한 도술이나 예지능력에 대한 얘기는 몽땅 다 허구다. 적벽대전(赤壁大戰) 때 천지신명께 기도하여 동남풍(東南風)을 만들어냈다든지, 자기가 죽을 것을 미리 알고 천지신명께 기도하여 10년 간 목숨을 연장시켜 달라고 했으나 위연(魏延)의 방해 때문에 등불이 꺼져 결국 조사(早死)하고 말았다는 것 등이 그것이다. 또 제갈량이 발명했다는 일종의 로봇인 '목우유마(木牛流馬)'도 의심스러운 부분이 많다.

그리고 촉나라가 결국 위나라에 질 것을 알고서도 유비의 충성심과 삼고초려(三顧草廬)에 감복하여 유비의 부하가 됐다는 것도 허구다. 또 좁은 골짜기에 위나라 장수 사마의(司馬懿) 3부자(三父子)를 유인해 넣고 화공법으로 불태워 죽이려 했으나, 갑자기 소낙비가 내려 사마의 3부자가 살아나게 됐다는 것도 허구다.

나관중은 촉나라의 멸망이 제갈량의 무능 때문이 아니라 천운(天運) 때문이었다는 구실을 만들기 위해 이런 장면을 일부러 만들어 넣었던 것이다.

『삼국지』에 나오는 인물 중에 그래도 가장 인품이 순수한 사람은 '관우(關羽)'다. 관우는 도원결의(桃園結義)를 한 이후 형인 유비가 무능하고 의심이 많아도 끝까지 의리를 지켰다. 그가 보여준 의리는 봉건적 충효사상과는 달라서 일종의 '약속 이행 정신'이었다고 볼 수 있다.

그러나 적벽대전이 촉나라와 오나라의 승리로 끝난 후, 관우가 도망가는 조조를 붙잡고서도 옛정을 생각해 풀어줬다는 대목만은 허구다. 이 역시 관우의 인품을 과장적으로 부각시키기 위해 나관중이 교묘하게 만들어 넣은 장면이라고 볼 수 있다.

『삼국지』는 민중 중심의 역사소설이 아니라 기득권 귀족계급과 권력자 중심의 역사소설이다. 사실 삼국시대의 와중에서 중국의 민중들은 이를 부득부득 갈며 통치자들을 저주했다. 끊임없이 계속되는 병역(兵役)과 부역(賦役)에 시달리고 집단살상에 녹아났기 때문일 것이다.『삼국지』보다는『수호전』이 차라리 민중의 아픔과 반항정신을 담고 있고,『수호전』보다는 차라리『금병매』가 인간의 적나라한 본성을 숨김없이 그려내고 있다.

10. 자허 마조흐의 『모피(毛皮)를 입은 비너스』

『모피를 입은 비너스(Venus in Fur)』는 오스트리아 작가 자허 마조흐(Sacher Masoch)의 장편소설로서, 19세기 중반에 발표되어 유럽 전역의 독자들에게 큰 충격을 줌과 동시에 호평을 받은 작품이다. '펭귄 클래식 시리즈'로 한국어 완역본도 나왔다.

이 소설은 작가 자신의 체험을 바탕으로 쓰인 고백적 성 심리 작품이라고 할 수 있다. 마조흐는 오스트리아의 프라하에서 역사와 법률을 공부하고, 그라츠 대학에서 교편을 잡으면서 역사에 관한 몇 가지 저작을 발표하기도 했다. 그러나 점차 소설에 깊은 관심을 갖게 되어, 인생을 성 심리 측면에서 세심하게 다루는 작품을 집필했다.

마조흐의 소설은, 남성이 아름다운 여성에 의해 정복당하고 노예처럼 취급되는 마조히즘적 성 심리를 정밀하게 묘사하고 있어 당대 젊은 여성들의 호기심과 인기를 끌 수 있었다.

그는 37세 때 '반다 듀나에'라는 필명의 여류 문사 지망생과 결혼했는데, 그들의 결혼생활은 1906년에 발간되어 당시 독서계에 일대 센세이션을 일으킨 그녀의 회고록에 세세하게 기록되어 있다. 그래서 그의 작품에 나타난 변태적 성욕이 단순한 공상에 의한 것이 아니라, '모피'에 대한 페티시즘적 애착과 채찍질에 의한 고통을 즐기는 작가 자신의 체험과 연관된 것임을 독자들은 알 수 있었다.

그녀의 회고록에 따르면 그는 아내에게 값비싼 모피 코트를 자주 선물했으며, '모피 코트를 입고 있는 거만한 귀부인'처럼 보이는 아내에게 스스로 절대적으로 복종하기를 원했다고 한다. 그리고 모피 옷을 입은 아내, 그리고 가정부와 함께 노상강도 놀이를 하면서 자신을 밧줄로 묶게 하고 채찍으로 때려줄 것을 요구했다고 한다.

그러나 채찍질을 통한 쾌감만으로는 만족하지 못하고 아내에게 정부(情夫)를 만들 것을 요구했지만(질투심과 모욕감이 섞인 감정은 정신적 마조히즘을 상승시켜 주므로) 거절당하자 글쓰기를 중단하기까지 했다고 한다. 그의 작가적 영감은 오로지 마조히즘에 바탕을 두고 있었던 모양이다. 이러한 그의 체험이 작품으로 형상화된 것이 바로 『모피를 입은 비너스』이다. 우선 이 소설의 줄거리를 요약해 보면 다음과 같다.

앞부분의 짧막한 부분은 제페린의 친구인 '나'가 모피를 입은 비너스상(像)에 대한 꿈을 꾸는 것으로부터 시작되는데, 이는 작품 전체에 대한 암시적 프롤로그의 역할을 한다. '비너스'는 호화로운 모피 옷 속에 대리석과 같은 살결의 발가벗은 몸뚱어리를 파묻고 있는 여인인데, '나'는 꿈속에서 그를 사랑하게 된다. '나'는 꿈에서 깬 후 귀족이며 지주인 젊은 친구 제페린에게 꿈 이야기를 해준다. 그러다가 얼마 후 제페린의 집에서 꿈속에서 본 비너스의 모습과 같은 그림을 발견하게 된다.

그 그림은 풍성한 머리털을 고풍스럽게 땋아 올린 한 아름다운 여성이, 미소를 띠운 채 침대 모서리에 비스듬히 앉아서 쉬고 있는 모습을 그린 것인데, 나체 위에 검정색 모피 코트 하나만을 입고 있다. 그녀의 바른 손에는 채찍이 쥐어져 있고, 그녀의 발밑에 노예처럼 엎드려 있는 사나이의 등에 한쪽 발을 올려놓고 있다. 노예나 개의 자세로 엎어져 있는 사나이의 말끔한 얼굴에서는 우울한 고뇌의 표정과 정열적인 헌신의 표정이 한데 합쳐서 기괴한 분위기를 자아낸다.

제페린은 '나'에게, 여자는 자기 힘의 바탕을 남자의 정욕 속에 두고 있는데, 남자가 그것을 모르고 있으면 여자는 반드시 그 힘을 앙칼지게 휘둘러댄다고 말한다. 그러므로 남자는 여자를 대할 때 폭군이 되든지 노예가 되든지 둘 중의 하나를 선택해야만 한다고 역설한다. 그러고 나서 자신의 경험을 기록한 '어느 관능이 뛰어난 사나이의 고백'이라는 제목의 원고 한 뭉치를 건네준다. 그 다음부터는 제페린이 건네준 원고의 내용인데 이 소설의 기둥 줄거리가 된다.

제페린은 카페이샨 산맥 속의 한 요양지에 있는 별장에서 어느 미망인과 함께 머무르고 있었다. 그 미망인은 스물너덧 살도 채 되지 않은 상당한 미인이긴 하지만, 제페린은 언젠가 목장을 산책하다 보았던 대리석으로 만든 '비너스 상(像)'을 마음속으로 사랑하고 있기 때문에 그녀에게 강하게 끌리지는 않는다.

그러던 어느 날 제페린은 그 비너스 상을 보러 나갔다가 풍성한 검은색 모피 코트를 입고 있는, 마치 살아 있는 비너스처럼 보이는 반다 듀나에라는 이름의 미망인을 발견한다. 그녀는 바로 별장 이층에 머물고 있는 미망인이었다. 제페린은 곧바로 그녀를 사랑하게 되고 결혼해 달라고 조른다. 그러나 그녀는 한 남자만을 언제까지나 사랑할 수는 없다고 하면서 그의 구애를 거절한다.

그러나 제페린이 계속 애원하자, 두 달 동안이라는 기간을 통해 두 사람이 정말로 어울리는 부부로서 함께 살 수 있다는 것을 자기에게 믿게 만들면 아내가 되어주겠다고 약속한다.

제페린은 점점 더 그녀를 열정적으로 사랑하게 되고 그녀가 자기의 소유로만 된다면 모든 것을 참아내겠다고 맹세한다. 그리고 자기는 사랑의 행복을 충분히 즐기지 못한다면 차라리 거꾸로 사랑의 괴로움과 고통이라도 맛보고 싶기 때문에, 사랑하는 여성으로부터 마음껏 학대당하기를 원하고 있다고 고백한다. 이런 얼빠진 상태가 된 제페린에게, 그녀는 장난하는 기분으로 그러면 기꺼이 당신을 자신의 노예로 삼겠다고 말한다.

그 이후로 제페린은 그녀로부터 학대당하는 것을 갈망하며 노예처럼 짓밟힘으로써 성적(性的) 쾌락과 만족을 얻고자 한다. 제페린은 땅바닥에 엎드려 그녀의 발에 열렬히 키스하며, 주저하고 망설이는 그녀에게 자기의 팔다리를 묶고 매질하면서 그녀의 아름다운 발로 자기를 짓밟으며 학대해 달라고 애원한다.

그러자 그녀는 모피 코트를 입은 모습으로 러시아 귀족들이 노예들에게 사용하는 멋진 채찍으로 우아하고 잔인하게 그를 내려친다.

그렇지만 다음날이 되면 그녀는 미안하다는 말과 함께 그녀의 뜨거운 입술과 풍만하고 옥 같은 살결과 아름다운 유방으로 그를 애무해 주고, 육감적인 사랑으로 그를 황홀하게 해준다. 그리고 다음날이 되면 그녀는 다시금 제페린의 집요하고도 열렬한 요구에 계속 응하여 가학적인 사랑을 베풀어주는 것이다.

그러는 중에 그녀는 점점 채찍질에 재미를 느끼게 된다. 이와 같은 가학과 피학의 러브 게임이 반복되던 중 반다는 이탈리아 여행을 계획하게 되는데, 여행을 떠나기 전 제페린에게 "몽상가인 당신은 결코 나의 남편이 될 수 없다."고 선언한다. 남편으로서가 아니라 노예로서라면 받아들이겠다는 것이다.

그래서 그녀는 그의 이름도 제페린에서 그레골로 바꾸어버린다. 그는 주인이 된 반다에 의해 철저히 노예 취급을 당한다. 그녀는 그를 채찍으로 때리며 학대하는 한편, 이따금씩 육감적 사랑을 적선 삼아 퍼부어주기도 한다. 제페린은 학대받으면 받을수록 더욱더 그녀를 사랑하고 숭배하게 될 뿐이라고 말하면서 그녀의 발에 키스를 보낸다.

이탈리아 여행 중 반다는 아르노 강가의 아름다운 이층집 별장에 머물게 되는데, 그날 저녁 그녀는 제페린이 그녀의 진짜 노예가 되겠다는 서약서에 서명하라고 강요한다. 제페린은 매혹적인 그녀의 눈길에 끌려 기꺼이 서명을 한다. 그러자 그녀는 그를 발길로 차고, 세 명의 흑인 여자를 불러 그를 기둥에 묶도록 명령한다. 그녀는 그를 비웃고 경멸하며 무자비한 채찍질을 가한다. 그러나 맞으면 맞을수록 제페린의 기쁨은 더 커질 뿐이다.

제페린은 반다와 함께 식사를 하던 중 시중드는 하녀 하이테의 풍만한 육체를 엿보다 들켜, 그녀의 분노를 사게 되어 꽁꽁 묶여 지하실에 감금되기도 한다. 굶주림과 추위에 시달리다 며칠 뒤 풀려난 그는, 반다의 목욕 시중을 해주던 중 거울에 비친 그녀의 황홀한 육체에 매료되어, 그 아름다운 모습을 그림으로 영원히 남기자고 제안한다. 그녀의 허락이 떨어지자 그는 젊은 화가를 불러 그림을 그리게 한다. 반다는 맨몸뚱이에 수달피 모피 코트를 걸치고 채찍을 만지작거리면서 빌로드 쿠션 위에 비스듬히 눕고, 그녀의 한 발로는 땅바닥에 엎드린 제페린의 몸뚱어리를 힘있게 짓누르는 포즈를 취한다. 그 모습을 그리는 화가 역시 황홀한 여성 숭배의 쾌감과 마조히즘의 도취경에 빠져든다. 완성된 그 그림을 제페린은 〈모피를 입은 비너스〉라고 명명한다.

그러던 어느 날 반다는 마차를 타고 거리를 가던 중, 멋지고 화려한 옷에 모피 외투를 걸친 한 미남자를 만나게 된다. 이튿날 그리스 대사관의 무도회에서 그녀는 그 미청년(美靑年)에게 완전히 사로잡히고 만다. 그녀는 집으로 돌아와 사자와 같이 굳세고 아름답고 강렬한 그 청년을 사랑하게 되었다고 제페린에게 토로한다. 그는 질투심에 불타 자살을 생각하고 집을 떠나려 하지만, 결국 반다가 그리워져 다시 집으로 돌아오게 된다.

어느 날 반다와 그리스 청년 사이에 심한 말다툼이 벌어져, 청년은 화를 내고 채찍으로 그녀를 실컷 갈겨주고서 그녀 곁을 떠나버린다. 그녀는 계속 제페린에게 그리스 청년을 열렬히 사랑하고 존경한다고 하소연한다. 제페린이 그녀에게 그 청년과 결혼하면 당장에 죽여버리고 말겠다고 협박하자, 그녀는 미태(媚態)를 지어 보이며 제페린과 결혼하겠다고 말하면서 그를 무마시킨다.

이튿날 그녀는 제페린을 불러 키스를 하는 척하다가 그의 두 팔을 뒤로 돌려 죄수처럼 묶는다. 그러고 나서 그리스 청년의 이름을 부르자, 침대 밑에 있던 그가 튀어나온다. 배신감과 질투심에 몸부림치는 제페린을 그리스 청년은 살이 헤지고 뼈가 부서지도록 무섭게 채찍질한다. 혼몽한 제페린의 정신은 절망의 나락으로 떨어져 버리고, 그녀는 그리스 청년과 함께 마차를 몰고 어디론가 떠나가 버린다.

원고는 여기서 끝나고, 그 이야기의 주제가 무엇이냐고 묻는 '나'에게 제페린은 자신이 바보였다며, "단 한번만이라도 그녀를 실컷 때려줄 수 있었더라면 좋았을 걸"하고 말하면서 후회하는 표정이 된다.

이상이 이 소설의 대체적인 줄거리이다. 이 작품에 대해 19세기 정신병리학의 권위자 크라프트 에빙은, 이 소설에 나타난 주인공의 연애 심리가 이성으로부터 정신적·신체적 학대와 굴욕을 받음으로써 쾌감을 느끼는 색정광(色情狂 : erotomania) 심리의 일종이라고 보고, 이러한 심리를 마조흐의 이름을 따 '마조히즘(masochism)'이라 이름 붙였다.
　크라프트 에빙의 평가처럼 이 소설은 인간이 가지고 있는 피학적 심리, 즉 마조히즘을 심리적 차원에서 명료하게 보여주고 있는 작품이다. 소설의 주인공인 제페린은 여주인공 반다로부터 신체적 고통을 받음으로써 성적 쾌감과 만족을 얻는 철저한 마조히스트로 행동한다. 이를테면 소설 속에서 제페린은 반다에게 폭행·채찍질·짓밟기·밧줄로 옭아매기·손톱으로 할퀴기·깨물기·언어적 모욕·지하실에 처박아 넣기 등의 가혹 행위를 요구하며 그것을 즐기기까지 하는 것이다.
　이 소설에서는 주인공이 반다 부인을 철저한 사디스트로 만들어 그녀를 통해서 마조히스트로서의 쾌감을 느껴보려고 하지만, 그 꿈이 반다에 의해서 깨어지고 마는 것으로 되어 있다. 즉 반다는 끊임없이 자신을 지배하며 돌봐줄 남자 주인을 찾았던 것이지, 자신의 사디즘적 쾌락을 받아줄 남자 노예를 찾았던 것은 결코 아니었던 것이다.
　제페린이 마지막에 가서 "그녀를 실컷 때려주었더라면" 하고 말하는 것으로 미루어볼 때, 작가 마조흐가 마조히즘의 심리와 마조히스트로서의 모습을 소설 속에서 보여주려고 한 의도가 충분히 전달되고도 남는다. 그는 이왕이면 여자 쪽이 마조히스트가 되는 게 더 낫다는 생각을 뒤늦게나마 하게 된 셈이다. 하지만 작가 자신이 남자 마조히스트였기 때문에 이 작품은 결국 우울한 결말에 이르고 만 것이다.
　남·녀의 신체 구조는 음양 원리의 측면에서 살펴볼 때 근본적으로 여성은 마조히스트로, 남성은 사디스트로 구분되는 것이 옳다. 모든 종교의 공통적 교리인 '절대자에게 복종하는 신앙심'을 마조히즘의 심리구조로 파악할 때, 교회나 절을 찾아가는 신도들 가운데 여성이 많은 수를 차지하고 있다는 사실은, 여성이 남성보다 마조히스트로서의 속성이 훨씬 강하다는 것을 증명해 주는 것이라 하겠다.

이 소설에서는 남성의 특징인 '공격적 들이밈'으로서의 사디즘 심리와 여성의 '수동적 받아들임'으로서의 마조히즘 심리가 전도되어 나타나는 것처럼 보이지만, 이 작품을 좀 더 면밀하게 살펴보면 마조히스트로서의 여성과 사디스트로서의 남성 심리가 궁극적으로 확인되고 있다는 것을 알 수 있다.

그것은 반다가 미남의 그리스 청년에게 그녀의 온 마음을 빼앗겨 연연해 할 때, 제페린과의 성관계시에는 반드시 입었던 동물적 사디즘의 상징물로서의 모피 코트를 입지 않고 검은색 비단 가운을 입고 있으며(이는 순종적이고 다소곳한 여성의 분위기를 자아낸다), 그리스 청년과의 말다툼 끝에 그로부터 채찍질을 당하고 만족해하는 모습에서도 잘 나타나 있다. 그래서 반다는 이 소설의 마지막 부분에서, 실의와 분노에 떨며 기둥에 묶여 있는 제페린에게 다가가 슬픈 어조로 다음과 같이 말하는 것이다.

"저는 이제 새로운 노예를 가진 게 아니에요. 새로운 주인을 모시게 된 거지요. 여자에게는 주인이 필요해요. 여자는 주인을 존경하며 복종할 수밖에 없는 존재랍니다."

이 작품에 나타난 특징 중의 하나는, 마조히즘적 쾌감이 '모피 코트'

와 '채찍'과 같은 특정한 물건에 인해 상승되고 있다는 점에서, 페티시즘(fetishism)의 심리와 연결되어 있다는 점이다. 페티시즘이란 신체의 특정 부위나 무생물의 어느 부위를 보거나 접촉함으로써 성적 흥분이나 만족을 얻는 것을 말한다. 따라서 페티시즘은 살아 있는 것이 아닌 무생물적 물질이나 상태에 대한 집착이라고 할 수 있다.

이러한 심리가 가능한 이유는 '살아 있음'에 대한 증오와 공포로 인한 '죽음에의 욕구(Thanatos)'가 인간을 지배하고 있으며, 그래서 사람들은 무생물이나 육체의 한 부분(특히 무생물에 가까운 머리털이나 손톱, 또는 하이힐 등)에 집착하고, 그것을 물신화(物神化)하여 간접적으로 죽음의 욕구를 충족시키려 하고 있기 때문이다.

마조히즘 역시 죽음에의 욕구를 전제로 하기 때문에 페티시즘과 마조히즘은 밀접하게 연결된다. 이 작품에 등장하는 페티시즘의 주된 대상은 '모피'이지만, 그 이외에도 신체의 한 부분인 '손'에 대한 집착과 생명이 없는 조각품에 불과한 '비너스 상'에 대한 사랑이 역시 등장한다.

먼저 주인공의 손에 대한 집착을 살펴보면, 제페린이 열네 살쯤 되었을 때 친척인 조오본 아주머니의 손을 사랑하게 되었다는 회상이 나온다. 그녀는 난폭하게 장난치는 제페린을 밧줄로 묶고 모피 깃을 단 재킷을 입고서 채찍으로 때린 적이 있는데, 그때의 그 잔인한 쾌감을 생각하면서 그는 여성의 '손'에 대해 집착하는 자신의 심정을 이렇게 고백하는 것이다.

"나는 아주머니 앞에 꿇어 앉아서 그녀의 손에 입 맞추었습니다. 얼마나 즐거운 일이었겠습니까? 아름다운 모양을 한, 섬세하고 통통하게 살이 찐 얼마나 희고 고운 손이었던지! 나는 사실 아주머니의 손을 사랑했습니다. 나는 그녀의 손을 가지고 놀면서, 검은 모피 옷 속에 넣었다가 뺐다가 볕에 비쳐 보았다가 하면서 그칠 줄 모르고 그녀의 손만 바라보았습니다."

이상과 같은 신체의 특정 부위에 대한 집착 이외에 '비너스 상'이라는 무생물에 대한 집착이 있다. 처음에 주인공은 애인이 있기 때문에 젊고 아름다운 미망인에게 강하게 끌리지 않았다고 말하는데, 그의 오래된 애인은 바로 대리석으로 만든 '비너스 상'이었던 것이다. 이는 그가 어렸을 적에 아버지의 서재에 있던 비너스 상을 늘 바라보고 키스해 보기도 하면서 격렬한 전율을 느꼈던 기억이 있다는 회상문을 통해서도 잘 알 수 있다.

이와 함께 이 작품에서 가장 중요한 페티시즘의 대상이 되는 것은 역시 '모피'인데, 이것은 주인공의 마조히즘적 쾌락을 충족시키는 데 필수적인 도구가 된다. 그래서 그는 그녀가 채찍질을 해줄 때마다 반드시 모피 옷을 입고 해달라고 애원한다. 그냥 채찍으로 때리는 것만 가지고는 만족을 얻을 수 없는 것이다.

예전부터 모피는 부(富)와 권위의 상징인 동시에 동물적인 힘과 야수성 등을 나타내주는 것으로 생각되었다. 『구약성서』를 통해서 알 수 있는 바와 같이, 투사 삼손이 지닌 엄청난 힘의 근원은 그의 긴 머리카락이었다. 그런데 그 머리카락이 요부 데릴라에 의해 잘려지자 그가 힘을 전혀 쓸 수 없었다는 얘기는, 털이 어떤 강력한 힘과 권위를 나타내준다는 해석을 가능케 한다.

또 여성이 모피 옷을 입는 행위 자체가, 마조히스트로서의 여성의 피학적 욕망을 특징적으로 보여주는 좋은 예라고 할 수 있다. 맨살에 닿는 짐승 털의 바늘 같은 촉감, 남성의 잘 다듬어진 근육처럼 부드럽게 일렁이는 가죽 표면 등이 여성으로 하여금 남성의 건강한 육체에 의해서 감싸져 있다는 환상을 환기시켜 주기에 충분하다. 원래 추운 지방의 방한용 피복으로만 사용되던 모피가, 그다지 춥지 않은 지역에 사는 많은 여성들에게도 선망의 대상이 되는 까닭은, 여성이 지닌 마조히즘적 심리 때문이라고 볼 수 있다.

이 작품 속에서도, 피를 보기 좋아하는 잔인한 폭군들이나 이교도를 학살한 종교 재판관들, 그리고 색정적인 기질의 아름다우면서도 광폭한 성품을 가진 귀부인들은 모두 수달 모피로 깃을 단 외투를 입고 있었다는 이야기가 나온다. 이러한 경우들도 같은 의미로 해석될 수 있는데, 모피를 입음으로써 자신의 권위를 강조하고, 풍성하고, 치렁치렁한 모피 코트로 자신의 몸뚱어리를 감쌈으로써 어떤 강력한 힘에 의해 자기가 보호되는 것 같은 심리를 느끼고 싶기 때문이라고 생각한다.

이 소설에는 페티시즘·마조히즘·사디즘 등의 심리뿐만이 아니라 나르시시즘의 성(性) 심리도 엿보이고 있다. 나르시시즘은 일종의 자기 만족감으로서 모든 생물이 당연히 가지고 있는 '자기 보존 본능'의 에고이즘을 리비도, 즉 성욕의 면에서 보충한 것이다. 대개 적극적이며 능동적인 특성을 갖는 사디스트의 경우에 가질 수 있는 자신감과 정복욕을, 나르시시즘과 연관시켜 생각해 볼 수 있다. 이 자신감과 정복욕을 만족시키기 위해서, 남이 자신을 숭배하도록 하기도 하고 혹은 자신이 스스로를 숭배하기도 한다. 이 작품의 여주인공 반다는 나르시시스트의 성향을 잘 보여주고 있다.

> 그녀는 흰 비단 옷을 입고 방 한가운데 서 있었다. …… 수달피로 깃을 단 새빨간 재킷을 걸치고, 머리 분(粉)을 뿌린 백설 같은 머리 위에는 다이아몬

드를 박은 여왕의 관을 쓰고 있었다. …… 그녀는 거울 앞에 서서 자신의 모습을 거울에 비추어 보며 자랑스럽고 만족한 듯한 표정을 짓는 것이었다.

나르시시즘은 될 수 있는 대로 많은 사람이 자기를 숭배해주어야만 그 만족도가 높아지기 때문에 색정광으로 발전하는 경향이 있다. 반다의 남성 편력증은 일정하게 어느 한 남자에게만 머물 수 없어, 제페린과의 처절한 러브 게임을 하면서도 옛 남자 친구, 러시아 왕자, 젊은 화가, 그리스의 미청년 등을 편력하며 다중적(多重的)이고 연속적인 남녀 관계를 맺어가는 것이다.

지금까지 소개한 마조흐의 『모피를 입은 비너스』는, 19세기 초반에 가학적 성 심리를 소재로 소설을 발표하여 독창적인 사디즘 문학을 만들어 낸 프랑스의 작가 사드(Sade)의 작품과 더불어 19세기 유럽의 성 심리 문학의 발전에 지대한 공헌을 한 작품이다. 마조히즘만이 아니라 다양한 성 심리를 복합적으로 다루고 있어 그야말로 성(性) 문학의 고전이며 지침서라고 할 수 있다.

이 소설에서는 복잡한 성 심리가 작가 자신의 구체적 경험을 바탕으로 형상화되면서 집요하게 추적되고 있고, 설교조(調)나 관념조의 '도덕적 포장'이 배제돼 있어 더욱 박진감 넘치는 공감을 이끌어낸다.

어찌 보면 이 소설의 주인공인 제페린과 반다는 둘 다 사도마조히즘의 심리 구조를 복합적으로 가지고 있다고 보는 것이 타당할 것이다. 이 작품에도 나타나 있는 바와 같이, 사디즘과 마조히즘의 성향은 결코 확실히 분리된 상태로만 나타나는 것은 아니기 때문이다.

언제나 문제가 되는 것은 변태성욕 그 자체가 아니라 다양한 성행동에 대해 지나치게 편협한 '문화적 기준'이다. 사도마조히즘이나 그 밖의 성심리에 대해 지나치게 부정적이거나 윤리적인 잣대로 사전 검열하는 태도는 바로 '문화적 파시즘'의 횡포가 되기 쉽다.

그런 측면에서 볼 때, 이 작품엔 조금 아쉬운 부분이 있다. 제일 처음에 쓰인 마조히즘 소설이라서 그런지, 남주인공이 결말 부분에 가서 자신의 마조히즘 심리에 대해 열등감 섞인 한탄을 하고 있기 때문이다. 하긴 그 점이 바로 이 작품을 리얼한 쪽으로 이끌어간 원인이긴 하지만, 마조히즘을 변태심리로만 인정하는 것 같아 씁쓸한 기분을 느낄 수밖에 없다.

하지만 그것은 작가 자신의 마조히스틱한 욕구가 부인에게서 받아들여지지 않았기 때문에 고뇌할 수밖에 없었던 작가의 실제 체험에 의해 이 작품이 쓰였기 때문일 것이다. 앞서 소개한 부인의 회고록에 의하면, 마조흐의 부인은 남편의 성 심리를 도저히 이해할 수 없어 결국 그의 곁에서 달아나고 만다.

성적 마조히즘이 소설 속에서 긍정적인 측면으로 묘사된 것은 20세기에 들어서면서부터였다. 일본의 다니자키 준이치로의 『치인(癡人)의 사랑』이나 프랑스의 여류작가 폴린 레아주의 『O의 이야기』에 이르러서야, 자신의 성적 메커니즘 취향을 당당하게 받아들이는 남녀 주인공들이 등장한다. 또한 그 상대역(役)을 하는 남녀 역시 다 '당당한 사디스트'로서의 자질을 갖춘 인물들이다.

내가 보기에 남성이 마조히스트로 될 수 있는 것은, 여러 가지 심리적 원인보다도 그 남성이 가지고 있는 예리한 심미안(審美眼)을 충족시켜 줄 수 있는 미(美)의 화신으로서의 여성을 만나냐 못 만나냐에 달려 있다. 그런 의미에서 본다면 제페린은 그래도 행복한 남자였다.

11. 알렉산드르 뒤마 피스의 『춘희(椿姬)』

 소설 중에서는 연애소설이 가장 재미있고, 연애소설 가운데서도 비극적 결말로 끝나는 비련(悲戀)의 러브 스토리가 재미있다. 이상하게도 우리들은 소설이건 영화건 간에 해피엔딩으로 끝나는 것보다 슬픈 결말로 끝나는 것을 더 좋아한다. 실컷 울고 나면 가슴이 후련해지기 때문인지도 모른다.

 그래서 문학사(文學史)에는 독자들이 두고두고 잊지 못하는 비극적 러브 스토리가 고전으로서 몇 편 존재하게 되었는데, 그 가운데서 단연 첫 손가락으로 꼽을 수 있는 것이 바로 알렉산드르 뒤마 피스의 『춘희(椿姬)』라고 하겠다.

 『춘희』는 작품의 성격으로 보면 통속적 연애소설의 범주에 드는 것이어서 비평가들에게는 순수문학 작품으로서의 평가를 제대로 못 받고 있다. 하지만 이 작품이 씌어진 19세기 중반 이래로 전 세계 수많은 나라의 독자들에게 끊임없는 사랑을 받고 있는 것이다. 소설 자체를 읽어본 사람은 많지 않다 하더라도, 영화로, 연극으로, 오페라로 만들어져서 대중들의 심금을 울려주고 있다.

나는 한국영화로 제작된 〈춘희〉(한번은 최은희 씨가, 두 번째는 오수미 씨가 춘희로 나왔다)도 보고, 베르디가 〈라 트라비아타〉로 제목을 바꾸어 만든 오페라도 보았다. 또 1930년대에 그레타 가르보가 주연을 맡은 『춘희』와, 프랑스에서 만들어진 TV용 영화도 보았는데 언제나 짜릿한 감동과 함께 순수한 센티멘털리즘을 맛볼 수 있었다.

『춘희』는 앞으로 아무리 시대가 바뀐다고 하더라도 계속 대중들의 사랑을 받을 것이다. 아무리 이데올로기가 변하고 생활양식이 변하고 과학이 발전한다고 해도, '사랑'만은 우리 인류가 원시시대부터 지금까지 가슴속에 지니고 내려온 가장 소중한 삶의 목적이요, 가치이기 때문이다.

『춘희』의 줄거리는 간단하다. 파리의 사교계에서 고급 창녀로 이름을 떨치고 있는 '마르그리트 고티에'가 무명의 청년작가인 '아르망'을 만나 순수한 사랑을 불태우다가, 그만 아르망 부친의 반대로 그 뜻을 이루지 못한 채 열 달 만에 헤어지고 만다는 이야기다.

마르그리트는 아르망의 나쁜 소문 때문에 그의 누이의 혼인문제가 난관에 부딪쳤다는 아버지의 호소에 승복하여, 일부러 아르망을 배반하는 체하며 그의 곁을 떠난다. 아르망은 오해를 하고 그녀를 잊기 위해 여행을 떠나는 데, 여행에서 돌아와 보니 마르그리트는 폐병 3기의 몸으로 이미 죽어 있었다. 그녀는 그와 헤어진 뒤에 매일같이 아르망에게 보내는 편지체의 일기를 썼다. 아르망은 그 편지들을 읽어 보고 그녀의 청순한 마음씨에 감동되어 눈물을 흘린다.

마르그리트에게 춘희, 즉 동백아가씨라는 별명이 붙은 것은 그녀가 극장에 갈 때마다 동백꽃을 한 아름 들고 갔기 때문이다. 그녀는 한 달 중 25일 간은 흰 동백꽃들, 5일 간은 빨간 동백꽃을 가지고 나타나는데, 소설 내용에서는 그 이유를 잘 모르겠다고 되어 있다. 그러나 아마도 내 짐작으로는 빨간 동백꽃을 들고 오는 5일 동안이 여자의 월경기간임을 암시하는 것인 듯하다.

이 소설을 쓴 알렉산드르 뒤마 피스는 『몽테크리스토 백작』으로 너무나 유명한 알렉산드르 뒤마의 아들이다. 그런데 부자의 이름이 똑같아서, 그 구별을 위해 두 사람을 각각 아버지 뒤마(뒤마 페르), 아들 뒤마(뒤마 피스)라고 부른다. 우리나라에서는 대(大)뒤마, 소(小)뒤마로 표기하기도 한다.

모든 소설작품들, 특히 작가의 처녀작은 대개 자기 자신이나 주변 인물을 모델로 하는 경우가 많다. 『춘희』도 예외는 아니다. 이 작품에 나오는 아르망은 뒤마 피스 자신이요, 마르그리트는 뒤마 피스가 사랑했던 '마리 뒤프레시'라는 고급 콜걸이기 때문이다. 다만 소설에서는 아르망의 부친이 소설가가 아니라 시골의 모범적인 관리로 나오는 것과, 헤어지는 과정이 조금 다를 뿐이다.

이 작품에 전개되는 이야기와 거의 똑같은 일을 겪은 뒤마 피스는, 애인의 죽음을 추모하기 위하여 이 소설을 쓴 것이라고 한다. 그때 뒤마 피스의 나이는 25세. 한창때라 젊은 청춘의 열기와 사랑에의 순진무구한 집념이 구절구절마다 어려 있다.

뒤마 피스는 1824년 뒤마 페르의 사생아로 태어났다. 사생아의 신분으로 자라나면서 겪은 서러움과, 평생 그늘 속에서만 지낸 어머니에 대한 연민의 정이, 그로 하여금 남에게 손가락질 받는 창녀의 사랑에 더욱 동정적이게 만들었는지도 모른다.

뒤마 피스의 어머니인 '카트린느'는 뒤마 페르의 무명작가 시절, 같은 하숙집에 사는 인연으로 그를 만나 동거에 들어갔다. 그때 그녀는 벌써 한 남자에게 버림받아 삯바느질로 근근이 연명해 가는 불쌍한 하층계급의 여자였다. 배운 것도 별로 없고 다만 아름다운 마음씨와 인내심만을 가지고 있던 그녀는 결국 임신을 하게 된다. 뒤마 페르에게 결혼을 해달라고 간청하지만 끝내 거절당하고 혼자서 쓸쓸히 아들 뒤마를 낳는다. 그러고는 다른 남자와 결혼하지도 않고 평생을 혼자 지낸다.

그녀는 뒤마 피스의 어린 시절까지는 그래도 아들과 함께 있다는 기쁨을 누리며 살아가지만, 뒤마 피스가 중학교에 갈 때쯤 되어 아버지가 아들을 빼앗아가 버렸기 때문에 그 뒤로는 혼자서 빈곤과 싸우며 외롭게 살았다. 낭비벽이 심했던 뒤마 페르는 그녀에게 생활비도 잘 안 보내주었다. 그러나 그녀는 남편을 원망하지도 않고 묵묵히 외로운 삶을 견뎌나갔다고 한다.

아들 뒤마는 어머니에 대한 연민과 부친에 대한 적개심으로 상당기간 동안 갈등을 겪었다. 결국 뒤마 페르는 카트린느가 죽어간다는 소식을 들을 때쯤 되어서야 비로소 그녀가 측은하게 느껴져 카트린느에게 달려가 황급히 결혼식을 올린다. 하지만 카트린느는 결혼서약을 말할 기운조차 없어서 그저 기쁨의 눈물만 흘리며 임종하고 말았다.

이와 같은 성장배경을 가진 뒤마 피스는 『춘희』뿐만 아니라 다른 작품들 예컨대 『사생아』, 『여자들의 친구』 등에서도, 연약한 여자들의 입장을 옹호하고 학대받는 하층계급의 사람들의 처지를 고발하는 내용을 다루고 있다. 『춘희』말고는 그의 대부분의 작품들은 거의 희곡이다. 모두 일종의 사회 문제극이라고 할 수 있다. 『춘희』 역시 소설로서보다는 작자 자신이 1852년에 희곡으로 개작 상연함으로써 공전의 히트를 기록했다.

뒤마 피스의 실제경험과 이 소설의 도입부분은 완전히 일치한다. 그는 파리 시내를 지나다가 한 대의 말쑥한 마차에서 눈부실 만큼 아름다운 여자가 가볍게 뛰어내려 가까운 의상점 안으로 사라지는 것을 보고 그만 첫눈에 반하고 마는 것이다. 검은 머리와 상아같이 흰 얼굴을 금실로 수놓은 캐시미어 숄로 감싼 그 미인의 모습은 젊음과 순결의 화신처럼 그의 뇌리에 새겨졌다. 그때 작가의 나이는 24세, 그리고 '마리 뒤프레시'의 나이는 22세였다.

소설에서는 마르그리트가 20세로 두 살이 줄어져 나온다. 그 이후로 그는 사랑의 열병을 앓게 되어 매일같이 그녀의 뒤만 쫓아다녔다. 마리의 매력은 직업적인 콜걸이면서도 전혀 천한 분위기가 느껴지지 않고 오히려 지극히 우아하고 청순한 느낌을 준다는 데에 있었다.

소설에 나오는 여주인공, 특히 영원히 잊히지 않는 여주인공들은 거의가 '천한 신분'과 '우아한 외모'를 동시에 가지고 있다. 『부활』의 카추샤도 그렇고 『죄와 벌』의 소냐도 그렇다. 귀족의 딸이 우아하다면 그것은 당연한 사실이기 때문에 별로 감동을 못 준다. 반면 천한 신분이면서도 지극히 우아한 아름다움을 가지고 있다는 것은 크나큰 매력과 신비감, 그리고 연민의 정을 자아내게 한다. 거기에 불치의 병이라도 덧붙여지면 그녀는 더욱 고혹적이면서도 애잔한 매력을 풍기게 되는데, 뒤마와 만날 당시의 마리는 이미 폐병 때문에 그녀의 젊음을 갉아먹어 가고 있었다. 그와 처음 만날 때도 마리는 상당량의 각혈을 한다.

어린 시절을 가난하게 보낸 마리였는지라 처음엔 이 무명의 작가 지망생인 뒤마 피스가 그저 귀여운 애송이 정도로만 보였다. 하지만 그가 차즘 진실한 사랑을 주는 것에 따라 그녀의 마음도 움직여 드디어 그와의 사랑을 허락한다. 그 이후의 10개월 동안은 두 사람의 청춘남녀에겐 꿈속 같은 사랑의 나날이었다.

그러나 파리 시내의 소문을 듣고 두 사람의 사랑을 알게 된 아버지 뒤마는 아들을 그 여자와 떼어 놓으려고 결심하게 된다. 그래서 아들을 어르고 달래어 같이 스페인으로 여행을 떠나버린다. 마리는 그가 돌아오기를 손꼽아 기다리며 밤손님 받는 것도 끊고 슬픈 나날을 보낸다. 결국 그녀는 폐병이 악화되어 애인을 만나보지도 못하고 죽는다. 뒤늦게 파리에 도착한 뒤마 피스는 여인의 주검 앞에서 통곡할 뿐.

진실한 사랑을 못 이루어서 불쌍하기도 하지만, 마리라는 여인의 일생은 너무나 불행한 인생이었다. 그녀는 열 살 때 수프를 얻어먹기 위하여 처녀성을 팔아버릴 정도로 가난했다고 한다. 그녀의 가족들은 염소우리 속에서 염소하고 같이 지낼 정도로 비참한 생활을 했다.

그래서 그녀는 열두 살 때 맨발에 넝마를 걸치고 파리로 온다. 글이라곤 쓸 줄도 모르고 생전 목욕탕에도 가본 적이 없었다. 그러나 그녀는 얼마 안 가서 자기가 남자들에게 호감을 주는 여자라는 것을 알게 되었다. 그로부터 급속히 연애수법을 배워서 차츰 부자 애인들을 갖게 되었던 것이다. 그리고는 겨우 22세의 나이로 세상을 떠났다.

그녀가 죽은 지 이미 1백 50여 년의 세월이 흐른 지금도, 몽마르트르의 생 샤르르 묘역에 있는 마리 뒤프레시의 묘지엔 많은 참배객들에 의해 헌화되는 희고 붉은 동백꽃이 끊이지 않는다고 한다. 마리는 어찌 보면 죽어서 오히려 행복하게 된 여인이라고 할 수 있지 않을까. 예부터 우리나라에서도 "기생의 환갑은 스무 살"이라는 말이 있었듯이 여자 나이

스무 살이 넘으면 벌써 시들어버리기 때문이다.

만일에 실제 뒤마와 마리의, 또는 소설 속의 두 남녀의 사랑이 이루어지고 또 여자가 죽지 않고 오래 살았다면 어떻게 되었을까? 두 사람의 사랑이 영원한 것이 되었으리라는 보장은 없다. 여자가 늙어갈수록 남자는 권태와 환멸을 느끼게 되고, 여자 자신도 젊은 시절의 청초한 아름다움보다는 질투심과 심통만 늘어가게 마련이기 때문이다. 여기에 사랑이 갖는 원초적 비극성이 있다. 그래서 연애소설 가운데는 여주인공을 젊은 나이에 죽어버리게 만드는 게 너무나도 많다. 『폭풍의 언덕』, 『독일인의 사랑』, 『러브 스토리』, 『마농 레스코』, 『카르멘』, 『개선문』 등등.

남들에게 축복받는 당당한 사랑보다는 이룰 수 없는 불륜의 사랑이 더 애틋하고, 결혼으로 골인하는 사랑보다는 미완(未完)의 사랑이 더 아름답다. 그래서 특히 여주인공은 반드시 죽어버리거나 어디론가 멀리 떠나버려야만 한다.

누구나 겉으로는 사랑의 완성을 원하면서도, 잠재의식 가운데서는 사랑의 끝남, 사랑의 파괴를 원하고 있는 이 묘한 심리, 이러한 심리가 『춘희』를 영원한 명작으로 만들었고 마르그리트를 구원(久遠)의 여인상으로 만들어주었는지도 모를 일이다.

12 안데르센의 동화들

안데르센의 동화를 읽다 보면 인간이 태어날 때부터 사디스트라는 생각을 하며 다시 한 번 비관적인 기분에 빠져들게 된다. 순진한 아이들이 좋아하는 명작동화가 대개 '은근한 가학성(加虐性)'에 기초하고 있다면, 우리는 맹자가 주장한 성선설(性善說)을 본격적으로 의심해 보게 되고, 순자(荀子)의 성악설(性惡說)을 다시 한 번 재조명해 보게 된다.

안데르센의 동화에는 그만큼이나 잔인한 장면이 많이 나온다. 그의 대표작이라고 할 수 있는 『백조왕자』, 『빨간 구두』, 『인어공주』 등의 작품이 특히 그렇다. 그중 몇 장면을 뽑아 여기 인용해 보기로 한다. 예전엔 무심코 읽었던 구절들이 오싹 소름이 끼치며 다가오는 것을 느낄 수 있을 것이다.

……목 베는 관리는 그 말을 듣고 칼렌의 발목을 빨간 구두와 함께 잘라

버렸습니다. 빨간 구두는 칼렌의 발과 함께 밭을 넘어 깊은 숲속으로 춤을 추며 뛰어 들어가고 말았습니다. (『빨간 구두』)

……그럼 약을 만들어주지. 그것을 가지고 내일 아침 해가 뜨기 전에 언덕에 올라가 마시도록 해. 그러면 네 꼬리는 둘로 갈라져 다리가 될 거야. 그러나 그때는 마치 예리한 칼로 찌르는 것처럼 아프단다. 게다가 걸음을 옮길 때마다 날카로운 칼날 위를 걷는 것같이 아플 텐데, 그래도 참을 수 있겠니? (『인어공주』)

……인어공주는 마음을 단단히 먹고 눈을 꼭 감은 채 혀를 내밀었습니다. 그러자 마귀할멈은 공주의 혀를 싹둑 잘라버렸습니다. 잠시 후 마귀할멈은 자기의 가슴을 마구 할퀴어 피를 내어, 그것을 커다란 솥에 뚝뚝 떨어뜨렸습니다. 고약한 냄새와 함께 요란한 소리를 내며 마귀할멈의 피가 끓기 시작했습니다. (『인어공주』)

……꺾어낸 엉겅퀴 풀을 발로 꼭꼭 밟아 가느다랗게 쪼개면 실이 되지. 그것을 삼실처럼 가늘게 꼬아서 옷을 열한 벌 짜요. 다 되거든 백조들에게 입혀주어요. 그러면 당장 마술의 힘이 사라져버릴 거야. 그런데 한 가지 잊어서는 안 될 것은, 몇 년이 걸리더라도 그 옷이 다 될 때까지 말을 해서는 안 돼. 만약 말을 하면 그 말은 금방 칼날이 되어 오빠들의 심장을 찌르게 된단다. (『백조왕자』)

……엘리자 공주는 당장 보드라운 손으로 엉겅퀴를 꺾기 시작했습니다. 가시는 사정없이 엘리자 공주의 손을 찔렀습니다. 공주는 입술을 꼭 깨물며

아픔을 참았습니다. 손바닥은 금방 상처투성이가 되어 피가 뚝뚝 떨어졌습니다. (『백조왕자』)

이 밖에도 『눈의 여왕』이라든가 『백설공주』 같은 작품 역시 잔인한 가학성에 기초하고 있다. 『백설공주』가 왜 사디스틱한 작품이냐 하면, '못생긴 여자의 슬픔'을 그리고 있기 때문이다. 안데르센의 동화에는 구체적으로 잔인한 장면만이 아니라, 못생긴 여자에 대한 지독한 비아냥거림이 자주 등장한다. 그리고 예쁜 여자는 마음씨도 착하고 못생긴 여자는 마음씨도 사악하다는 투의 흑백논리가 단골 메뉴로 쓰인다.

어릴 때는 그런 내용의 동화를 읽어도 그저 재미있기만 하다. 그러나 어른이 되어 거울을 통해 들여다보이는 자기 얼굴을 보면 그만 죽고 싶은 생각이 들게 된다. 왜냐하면 사람들은 거의 다 못생겼기 때문이다.

안데르센은 너무 못생겨 평생 연애 한 번 못해보고 죽었다. 그래서 여자가 잔인한 고통을 당하는 장면을 동화 속에 많이 집어넣었다는 설이 있다. 말하자면 열등감 섞인 울화를 대리배설했다는 얘기다. 일리가 있긴 하지만, 그보다는 인간이 워낙 잔인한 동물이기 때문에 그렇게 썼다고 보는 게 맞을 것이다.

어린아이들은 야(野)하다. 말하자면 동물 그 자체이다. 어머니의 젖이 잘 나오면 맛있게 빨아먹고, 잘 안 나오면 심통 사납게 물어뜯는다. 그러나 아이들에게는 어른들 같은 사악한 이중성(二重性)은 없다. 안데르센은 그런 점을 잘 간파하여 진짜 동심(童心)에 걸맞은 작품들을 써냈던 것이다. '아름다운 교훈'만 있는 동화는 사실 가짜 동화다.

안데르센의 동화든 그림의 동화든, 모든 창작동화들은 대개 전설이나 설화를 소재로 만들어졌다. 그러므로 안데르센이라는 사람이 사디스틱한 성격이라서 사디스틱한 내용의 동화가 쓰인 게 아니라, 아이들이 좋아하는 동화나 전설은 거의 모두가 사디스틱한 것이라서 그런 동화를 썼다고 보는 게 맞다.

안데르센의 동화가 세계적인 명성을 얻게 된 이유는, 그의 동화에서는 '빤한 교훈'이 별로 드러나 있지 않기 때문이다. 물론 『성냥팔이 소녀』 같은 작품은 가난한 이들에게 동정심을 베풀라는 교훈을 주제로 삼았다고 볼 수도 있다. 하지만 그런 교훈이 주제의 밑바탕을 형성하고 있다고는 해도, 그것이 겉으로 노골적으로 드러나 있지는 않기 때문에 그 작품은 성공할 수 있었다. 오히려 우리는 『성냥팔이 소녀』를 통해 어떤 '환상의 아름다움' 같은 것을 느끼게까지 된다. 그리고 '죽음의 미학' 같은 것도 느끼게 된다.

안데르센은 동화 말고도 많은 작품을 썼다. 그중에서 가장 많이 알려진 성인용(成人用) 장편소설은 『즉흥시인』인데, 한 소년이 어려움을 무릅쓰고 시인으로 성공하는 스토리를 담고 있다. 거기에는 아름다운 사랑도 있고 애절한 이별도 있다. 그러나 이 작품이 그의 동화만큼 평판을 못 누린 까닭은, '착한 마음을 가지고 노력하면 성공한다'식의 상투적 교훈을 소설의 메시지로 채택하고 있기 때문이다.

성인소설은 동화에 비해 원초적 본능을 환상적 장치를 통해 대리배설시킬 수 있는 자유를 확보하기 어렵다. 답답한 도덕군자들이 늘 치밀한 감시망을 펼쳐놓고 있기 때문이다.

그렇지만 동화는 '환상' 또는 '상상'을 핑계로 그런 '도덕적 간섭'으로부터 한결 자유로울 수 있다. 한국의 창작동화가 별 재미를 못 주는 까닭은, 동화 속에서도 역시 고리타분한 교훈적 설교를 계속하고 있기 때문이다.

동화는 환상이나 망상을 통해 원초적 본능을 대리배설하는 것이고, 아울러 그런 환상적 도취를 통해 현실로부터 도피하는 것이다. 안데르센은 이런 심리적 메커니즘을 확실히 파악하고 있었기 때문에 시공(時空)을 뛰어넘는 폭넓은 독자층을 확보했다고 볼 수 있다.

잘 알려진 안데르센의 동화 가운데 『벌거벗은 임금님』이 있다. 이 동화는 어린이들이 읽기엔 좀 벅차다 싶으리만큼 날카로운 풍자 정신을 담고 있는 명작이다.

어떤 나라에 허영심 많은 임금이 한 명 있었다. 그래서 그 허영심을 이용하여 돈을 벌어 보려고 사기꾼들이 찾아온다. 그들은 왕에게 세상에서 가장 아름다운 옷을 만들어 드리겠다고 호언장담하고는, 매일같이 빈 직조기(織造機)만 돌려 댄다. 임금이나 대신들이 그 희한한 옷감을 짜 내는 광경을 구경하러 찾아가 직조기를 들여다보면, 아무리 눈을 씻고 살펴봐도 실 한 오라기 안 걸려 있는 빈 기계일 뿐이다.

그래도 사기꾼들은 그 이유를 잘도 둘러 댄다. 즉, 그 옷감은 마음이 착한 사람의 눈에만 보인다는 것이다. 그래서 임금도 신하들도 계속 꿀 먹은 벙어리가 될 수밖에 없었다. 만약에 옷감이 보이지 않는다고 말했다가는 자기가 사악한 마음을 가진 사람으로 낙인찍혀 버리기 십상이기 때문이다. 아니 꿀 먹은 벙어리 정도로 그치는 게 아니라 오히려 그들은 한술 더 떠 옷감의 아름다움을 들입다 칭찬해 대기까지 한다.

드디어 옷이 완성되었다. 임금은 벌거벗은 채 사기꾼들이 입혀 주는 옷을 입는다. 마음속으로는 의구심을 감출 길이 없었지만 주위의 신하들이 하도 입에 침이 마르게 옷의 훌륭함을 칭송해 대는 바람에, 임금은 드디어 자기가 입고 있는 옷이 진짜로 아름답고 굉장한 옷이라고 확신하기까지에 이른다.

그가 새 옷을 입고 거리를 행진하자 거리의 백성들 눈에는 벌거벗고 걸어가는 임금님의 모습이 보일 뿐이었다. 그러나 감히 어느 누구 하나 임금님이 벌거벗었다고 말하는 사람은 없었다. 다들 건성으로 칭찬을 해 댈 뿐이다.

그래서 임금은 더욱 의기양양해져서 벌거벗은 채 사람들 사이를 활보하며 지나간다. 하지만 결국 진실은 드러나게 마련인 법. 한 어린아이의 입을 통해서 이 기상천외의 사기극은 들통이 나 버렸다. 구경나온 어린아이 한 명이 무심코 크게 소리를 질러 버리고 말았던 것이다.

"어머나, 임금님이 벌거벗었어!"

이 얘기를 통해 작가 안데르센은 인간이 갖고 있는 허영심과 위선을 예리하게 고발하고 있다. 또한 자기의 직관적 판단보다는 남들의 눈치에 더 매달리고 사회적 통념에 이끌려 다니기만 하는 줏대 없는 인간들의 나약한 분별력을 비판한다. 특히 어린이와 어른을 비교하여, 어렸을 때는 누구나 순진무구한 직관을 소유하고 있는데, 어른만 되면 갖가지 선입관과 지적(知的) 허영심 때문에 현학적인 궤변론자가 돼 버리고 마는 것을 풍자하고 있다.

살아가면서 나는 이 『벌거벗은 임금님』의 얘기를 상기하게 되는 경우가 많다. 예술작품의 경우라면 영화 〈아마데우스〉가 들어왔을 때도 그랬고 〈파리 텍사스〉 때도 그랬다. 적어도 내가 보기에 두 영화는 온통 과장과 감상(感傷), 그리고 따분한 설교로만 가득 찬 것이었다. 그런데도 많은 사람들, 특히 고급 지식인들일수록 두 작품에 대해 그야말로 게걸스럽게 칭찬을 해대는 것이었다.

물론 진심으로 감동을 받았다면 얼마든지 칭찬할 권리가 있다. 그러나 내가 보기에 고급 지식인들일수록 보신주의적(補身主義的) 태도가 심하여, 어떤 경로로든 일단 우수작으로 선전된 작품에 대해서는 입을 다물어 버리는 경향이 있는 것 같다. 그래서 매스컴이 큰 힘을 발휘하게 되고, 당연히 평론가들과 문화부 기자들이 큰소리를 치게 된다.

또한 종교나 이데올로기 문제를 소재로 하는 예술작품들이 대충 비난의 화살을 모면하게 되는 것도 같은 이치에서이다. 일단 어떤 카리스마적 권위를 가지고 있는 사상에 대해서, 많은 비평가들이 마치 '뜨거운 감자'를 대하듯 적당히 넘어가 주기 때문이다.

1970, 80년대를 풍미한 비판적 리얼리즘 계열의 문학작품들은 다 그런 경로로 하여 적당히 '우수작'의 대열에 끼어들 수 있었다.

정치나 사회문제 등도 마찬가지다. 다들 확실한 소신이나 직관이 없이 세인들의 눈치나 보며 엉거주춤 그렇고 그런 발언들만 해댄다.

반면에 에로틱 판타지가 중심이 된 작품에 대해서는 '부르주아적 퇴폐'를 운위하며 건성으로라도 욕을 해 댄다. 그런데 같은 에로물이라 할지라도 외국작품에 대해서는 한없이 너그러우니 신기한 일이다.

『성경』에 보면 예수는 언제나 '어린아이같이' 될 것을 강조했다. 우리가 어린아이의 마음으로 돌아가지 않는다면 결단코 천국에 들어갈 수 없다고도 말했다.

어린아이의 마음이란 과연 어떤 것일까. 쉽게 말하여 본능과 직관에 솔직할 수 있는 마음이다. 아무리 비싼 음식이라도 맛이 없으면 없다고 하고, 아무리 비싼 장난감이라도 싫증이 나면 금세 부서뜨릴 수 있는 마음이다.

  관능적으로 이끌리는 외모의 이성을 보면 "참 섹시하군"하고 곧장 고백할 수 있는 마음, 아무리 명작으로 정평이 난 작품이라 할지라도 "거 참 더럽게 지루하고 재미없는데"라고 토로할 수 있는 마음, 이런 마음이 바로 어린아이의 마음이다. 이런 마음 없이 우리가 바라는 민주화는 도저히 달성될 수 없다.

  벌거벗은 임금님은 벌거벗었다. 절대로 그 이상도 그 이하도 아니다.

13 드라이저의 『제니 게르하르트』

'그늘진 인생을 사는 여인'을 주인공으로 삼은 소설들은 너무나 많다. 대표적인 예로는 뒤마 피스가 지은 『춘희』가 있고, 우리나라의 경우엔 최인호의 『별들의 고향』이 있다. 이런 소설들은 대개 사회적으로 천대받는 매춘부나 호스티스로 살아가면서도 끝까지 순정을 지켜 한 남자를 사랑하는 내용으로 되어 있다.

이런 종류의 소설들이 19세기 이후로 소설의 한 영역을 차지하다시피된 것은, 역시 도시의 산업화에 따른 유흥문화의 증가 때문일 것이다. 지금도 우리나라의 젊은 여성들 가운데 열 명에 두 명은 접객업소 종사자라는 얘기가 있다.

매춘부나 매소부(賣笑婦)의 수요가 그 정도로 많은 걸 보면, 고루한 도덕주의자들이 아무리 '퇴폐 척결'을 외쳐본댔자 '몸을 파는 아가씨'들의 숫자가 줄어들 것 같지 않다. 요즘 들어 예전과 달라진 게 있다면, 여권신장의 결과로 이젠 몸을 파는 아가씨뿐만 아니라 '몸을 파는 총각'들 숫자 역시 서서히 늘어나고 있다는 사실일 것이다.

하지만 요즘은 돈 때문에 몸을 팔거나 부자의 세컨드 노릇을 하는 여성을 주인공으로 삼는 소설이 거의 안 나오고 있다. 예전과는 달리 여성의 직업선택 기회가 늘어났고, 따라서 '돈 때문에 할 수 없이 몸을 파는 여성들'보다는 '당당한 직업의식을 갖고서 몸을 파는 여성들'이 훨씬 더 많기 때문인지도 모른다.

아무리 리얼리즘 소설이라고 해도 소설에는 역시 감상적(感傷的) 동정심을 유발하는 여주인공이 나와야 재미가 있다. 흔히 '최루성(催淚性) 멜로드라마'라고 불리는 비련의 러브스토리가 아직도 많은 독자를 확보하고 있는 것은 그런 이유 때문일 것이다.

그런 종류의 소설 가운데서 내가 가장 감동을 받은 소설은 20세기 초의 미국 작가 시어도어 드라이저가 쓴 『제니 게르하르트(Jennie Gerhardt)』이다. 여주인공의 이름을 그대로 제목으로 삼은 이 소설은, 한국에서는 『아, 제니이』, 『제니의 슬픔』 등의 제목으로 번역·소개되었다.

드라이저의 다른 대표작으로는 『미국의 비극』과 『시스터 캐리』가 있는데, 소설보다는 영화로 더 유명해졌다. 〈젊은이의 양지(陽地)〉라는 제목으로 영화화된 『미국의 비극』은 한창때의 엘리자베스 테일러와 몽고메리 크리프트가 나왔고, 〈황혼〉이란 제목으로 한국에 소개된 『시스터 캐리』는 로렌스 올리비에와 제니퍼 존스가 주인공으로 나왔다. 나는 『제니 게르하르트』가 더 잘된 작품이라고 생각하는데, 이 소설은 이상하게도 영화화된 적이 없다. 미국에선 영화화됐는데 한국에 소개되지 않았는지도 모른다.

『제니 게르하르트』는 매춘부 소설은 아니다. 그녀는 찢어지게 가난한 집안의 맏딸로 태어나, 병든 아버지를 대신해 가족을 부양한다. 많은 동생들을 공부시키는 것도 그녀의 몫이다. 그런 소설들이 다 그렇듯 제니는 빼어나게 고운 미모를 가진 여성으로 나오는데, 다른 점이 있다면 마음씨까지도 천사처럼 착하다는 점이다.

그녀는 열여덟 살 때 어느 고급 호텔 세탁부로 들어가 일하게 되면서 나이 많은 독신 국회의원에게 정조를 빼앗긴다. 그러나 순진한 그녀는 곧바로 그 남자를 사랑하게 되고, 국회의원도 제니와 결혼할 결심을 한다. 그러나 그는 얼마 안 있어 심장마비로 죽고, 제니는 유복자를 낳는다.

아이를 어머니에게 맡기고 다시 부잣집 하녀로 들어간 제니에게 그 집 아들이 접근해 온다. 가족을 부양하기 위해 그를 받아들이는 제니. 두 사람은 비밀리에 동거생활에 들어가지만 결국 정식 결혼은 이루어지지 않는다.

남자는 재산을 상속받기 위해 제니를 버리고 아버지의 뜻을 좇아 어느 부잣집 딸과 결혼한다. 혼자가 된 제니는 국회의원의 핏줄인 딸아이를 기르며 쓸쓸히 살아가지만 결국 그 딸마저 일찍 죽어 혼자가 된다. 다시 고아를 데려다가 키워보는 제니. 그러나 그녀에게 새로운 행복은 찾아오지 않는다.

모파상의 『여자의 일생』을 연상시키는 이 소설은, 여주인공이 극빈계급의 여성이라는 점에서 『여자의 일생』과는 다르다. 나는 이 소설을 읽으면서 몇 번이나 가슴 뭉클해지는 감동을 받았는데, '여성의 힘'에 대한 새로운 인식을 갖게 됐기 때문이다.

나는 홀어머니의 외아들로 자라나면서 어머니와 누나의 극진한 보살

핌을 받았다. 그리고 누나가 가족을 위하고 동생을 위하는 마음이 나보다 훨씬 더 한 수 위라는 것을 알게 되었다. 어머니 역시 많은 동생들을 위해 애쓰시다가 한국전쟁 때 동생들을 다 잃어버리고는, 지금껏 그리워 눈물 짓고 계신다.

꼭 가족을 위해 몸을 파는 여성이 아니더라도 여자들 모두는 희생정신에 있어 남자들보다 거룩하다. 하지만 요즘 여성들은 모두 얄미운 이기주의자들이 되어가는 것 같아 아쉽기 짝이 없다.

페미니즘의 측면에서 보면 여성에게만 희생정신을 강요하는 것이 지독한 남성이기주의로 비쳐질지도 모른다. 하지만 어쩌랴. 남자든 여자든 모두 엄마 뱃속에서 나온 이상 '모성애에의 그리움'을 말릴 도리는 없지 않을까.

드라이저는 '최후의 자연주의자'로 알려져 있다. 프랑스의 에밀 졸라가 시작한 자연주의를 뒤늦게 받아들여 평생 동안 자연주의 소설만 썼기 때문이다. 자연주의는 사실주의보다 한걸음 더 나아가, 더욱 냉혹한 '현실의 해부'를 모토로 한다. 그러다 보니 사회의 밑바닥 인생을 자주 그리게 되고 인생의 비극성을 더욱 과장적으로 부각시키게 되었다.

『제니 게르하르트』 역시 미국이라는 거대 산업사회의 밑바닥을 해부하고 고발한 작품이다. 부자들은 흥청망청 돈을 물 쓰듯 써대는데, 제니의 집안은 매일 끼니 걱정을 해야 한다. 제니의 아버지를 가난한 노동자로 그린 것은, 산업 발달의 과정에서 노동자들의 희생이 얼마나 컸는가를 부각시키기 위해서이다.

그리고 그토록 예쁘고 착한 제니가 결국 부자의 정부(情婦) 노릇을 하다가 쓸쓸히 노년을 맞게 되는 과정을 그린 것도, 하층계급 신분으로 태어난 여성의 억울한 불행을 고발하기 위해서이다.

하지만 아이러니컬하게도, 이 소설은 자연주의 소설이라기보다는 낭만적 '순정소설' 같은 느낌으로 독자에게 다가온다. 제니라는 인물 설정 자체가 지극히 비현실적인 '청순무구'형으로 만들어졌기 때문일 것이다. 이 점이 같은 작가의 소설 『시스터 캐리』와 다른 점인데, 캐리는 시골의 가난한 집 딸로 태어났지만 대도시로 와 빼어난 미모 덕분에 연극의 대스타로 출세한다. 그러나 제니는 글자 그대로 '여필종부'형으로 그려지고 있다. 하지만 그런 점이 오히려 독자들의 심금을 울리게 만들었다고 본다.

제니는 지금까지도 모든 남자들에게 이상형의 여인으로 다가온다. 집안 좋고 얼굴까지 예쁜 여자라면 얼마나 콧대가 높을 것인가. 집안도 형편없고 학벌도 없는데, 얼굴은 우라지게 예쁘고 게다가 마음씨까지 착하다……. 그런 여자가 있다면 나라도 지금 당장 달려가 청혼을 하겠다. 이 역시 극성파 페미니스트 여성들한테 뺨맞을 소리지만.

14. 밀란 쿤데라의 『참을 수 없는 존재의 가벼움』

체코슬로바키아의 작가 밀란 쿤데라의 소설 『참을 수 없는 존재의 가벼움(The Unbearable Lightness of Being)』을 읽었다. 이 작품을 원작으로 필립 카프만이 연출한 영화는 우리나라에 〈프라하의 봄〉이란 제목으로 1989년에 수입되었는데, 영화가 수입되어 상영되기 이전부터 번역소설로 소개되어 우리나라 독서계에도 꽤 알려졌던 작품이다. 영화의 원래 제목도 소설과 마찬가지로 〈참을 수 없는 존재의 가벼움〉인데, 왜 〈프라하의 봄〉으로 바꿔 버렸는지 알 수가 없다. 아마도 당시 우리나라의 문학, 예술계가 온통 '정치적 민주화'에 대한 관심과 열기에 휩쓸려 들어가고 있는 것을 겨냥하여, 영화 수입업자가 상업주의적 목적에서 제목을 고친 것 같다.

아무튼 나는 이 소설을 영화의 내용과 비교해 가며 감상하면서 많은 생각을 해볼 기회를 가졌는데, 그것은 이 작품에서 작가가 집요하게 추구하고 있는 주제라고 할 수 있는 생(生)의 '무거움'과 '가벼움'의 문제였다. 과연 어떤 인생이 무겁고 어떤 인생이 가벼운 것이며, '무거운 문화'와 '가벼운 문화'의 차이는 무엇인지, 그리고 결국은 쾌락을 좇아 살아가는 우리가 진정한 행복을 발견할 수 있는 것이 '무거움'으로부터인지 '가벼움'으로부터인지, 이러한 여러 가지 상념들이 엇물려 돌아가면서 내 머릿속을 복잡하게 만들어 주었다.

1968년, 이른바 '프라하의 봄'이라 일컬어지는 체코슬로바키아의 민주화운동 시대를 배경으로 하는 이 작품은 주인공 남녀들 간에 벌어지는 사랑의 갈등을 중심 소재로 하면서도, 체코의 정치적 격동기를 사회배경으로 삼아 사랑의 본질과 정치, 그리고 인생철학의 상관관계를 한꺼번에 다루려고 시도하고 있다. 프라하에서 외과의사 노릇을 하고 있는 토마스와 그의 애인인 사비나, 그리고 나중에 토마스와 결혼하게 되는 테레사, 이 세 사람이 살아가는 인생역정이 정치적 격동기 때문에 빚어지는 여러 사건들과 함께 다이나믹하게 그려진다.

토마스는 여자를 엄청나게 좋아하는 독신남이다. 그에게 있어 여자와 성관계를 갖는다는 것은 지극히 '가벼운' 일에 속한다. 그래서 그는 남녀관계에 있어 육체적 사랑만을 가볍게 즐기고 싶어하는 자기를 잘 이해해 주는 여자 사비나와, 정신적 사랑이 배제된 정사(情事)를 당연한 일과처럼 즐기면서 살아간다. 그러다가 수술차 어느 시골마을로 출장을 갔는데, 거기서 그는 카페 여급 테레사를 만나게 된다. 토마스와 테레사는 서로 매력을 느끼지만 토마스는 그냥 프라하로 돌아오게 되고, 얼마 후 갑자기 테레사가 무작정 토마스의 아파트로 찾아온다. 그래서 토마스와 테레사의 사랑은 동거로 발전하고, 결국 토마스는 테레사와의 결혼을 결심하게 되는 것이다.

　테레사는 사비나에 비해 볼 때, 사랑을 '무겁게' 느끼는 여자였다. 그래서 결혼 이후에도 토마스가 계속 가벼운 기분으로 이 여자 저 여자의 품을 전전하는 것을 도저히 이해할 수가 없었다. 토마스는 테레사를 정신적으로 사랑하여 결혼하기까지는 했으나, 마누라 하나만 갖고서는 도저히 성적 만족을 얻을 수 없었던 것이다.

　둘이서 그 문제로 크게 다투던 중 소련군의 체코 침공이 시작된다. 토마스와의 결혼 이후에 사진작가가 되려고 열심히 작업하고 있던 테레사는 소련군의 만행장면을 카메라에 수록하고, 토마스는 토마스대로 반소(反蘇) 데모대의 행렬에 끼어 열렬히 저항한다. 그러나 소련군은 결국 체코에 친소 괴뢰정권을 수립시키는 데 성공하고, 토마스와 테레사는 스위스로 망명할 수밖에 없었다. 한편 사비나 역시 스위스로 망명한다.

　제네바의 병원에서 근무하게 된 토마스는 다시금 사비나와 만나 계속 비밀의 정사를 가진다. 사비나는 사비나대로 테레사에게 접근하여 서로 우정을 키워 나가고, 둘은 서로가 누드사진의 모델이 되어 주기도 하는 등 친숙한 관계로 발전한다. 그때 사비나에게 프란츠라는 이름의 대학교수가 나타나는데, 그는 아내와 이혼할 테니 자기와 결혼해달라고 졸라댄다. 하지만 사비나는 사랑은 역시 '가볍게' 하는 것이 좋다고 생각하는 여자였다. 그래서 그녀는 프란츠를 피하여 다시 미국으로 건너가 버린다.

　한편 테레사는 성실한 남편 노릇을 할 것을 요구하는 자기가 토마스에게 짐이 된다고 생각하고, 부부가 키우던 애견(愛犬) 카레닌과 함께 다시금 프라하로 돌아가 버리고 만다. 그때 그녀는 토마스에게 쪽지 한 장을 남겼는데 그 내용은 이러했다.

"더 이상 당신을 지탱할 수가 없어요. 그뿐만 아니라 나에게는 무거운 짐이었어요. 나에게는 인생이 이다지도 무거운데, 당신에게는 어찌 그리 가벼운지요. 나는 그 가벼움을 참을 수 없어요······."

이 글을 읽고 생각에 잠겨 있던 토마스는 결국 테레사에 대한 자신의 사랑을 깨닫고 뒤쫓아 프라하로 간다. 그러나 프라하에서 그는 유리창닦이로 전락하고, 여전히 '가벼운' 여성편력을 계속해 나간다. 테레사는 자기도 남편처럼 가볍게 외도를 즐기려고 시도해 보지만 결국 실패하고, 남편을 설득해 시골로 가서 농사를 지으면서 살자고 한다.

평화로운 전원 속에서 두 사람과 애견 카레닌은 진정한 평화와 행복을 맛볼 수 있었다. 그러나 카레닌이 암으로 죽자 두 사람은 크나큰 슬픔을 느낀다. 특히 테레사는 카레닌을 통해서, 진정한 사랑이란 질투도 느끼지 않고 어떤 보상도 바라지 않는 것이라는 것을 깨달았기 때문이었다. 얼마 후 두 사람은 트럭을 타고 가다가 교통사고로 죽게 되는데, 사고 직전에 토마스가 한 말은 "테레사, 난 지금 참 행복하다는 생각을 하고 있어"라는 말이었다.

이 작품을 기둥 줄거리만을 중심으로 살펴본다면, 사랑을 '가볍게' 여기던 토마스가 진짜 '무겁고 진지한' 사랑에서 참 행복을 발견해 나가는 과정을 묘사한 것이라고 볼 수도 있다. 그렇게 되면 결국 그렇고 그런 '양다리 걸치기 식(式)' 메시지 중심의 훈계조(調) 소설이 되어 버린다.

사실 내가 처음 이 소설을 읽었을 때 받은 느낌은, '이건 양다리 걸치기 정도가 아니라 세 다리, 네 다리 걸치기의 비빔밥 잡탕식 소설이로구나······'라는 것이었다. 사랑과 성(性)의 본질을 추구해 나간다고 하면서도, 거기에 적당히 정치문제나 사회문제 등을 양념으로 끼워 넣는 소설에 나는 질려 있었기 때문이다. 상업적 의도에서 삽입한 '발가벗고 뒹구는 포르노 장면'을 구차스럽게 변명하기 위해서, 사회악의 고발이니 여성상품화의 고발이니 하는 투로 양다리 걸치는 소설이 사실 요즘 판을 치고 있다.

이런 측면에서 본다면 이 소설에도 분명 그런 요소가 많기는 많았다. 특히 영화화된 걸 봤을 때, 기록영화 필름처럼 흑백으로 처리된 소련군 침공 장면을 지루할 정도로 길게 삽입시킨 연출자의 의도를 나는 이해할 수 없었다. 또 오직 사랑에 목숨을 거는 카페 여급 출신의 테레사가, 갑자기 '애국적 사진작가'가 되어 이리 뛰고 저리 뛰고 하는 것도 도무지 이해가 되지 않았다. '사랑'과 '정치'란 원칙적으로 분리되어야 한다고 나는 믿고 있기 때문이다.

그러나 창작자의 의도가 어디에 있었든지 간에, 나는 이 소설을 통해 나름대로 갖고 있던 인생관과 행복관을 다시금 확인해 볼 수 있었다. 그것은 다름 아니라, 행복한 인생을 위해서는 '가벼운 것'과 '무거운 것'이 완전히 별개로 분리될 수 있어야만 한다는 믿음이다. 아니 분리될 수 있는 정도로 끝나서는 안 되고 반드시 '분리되어야만' 우리의 고달픈 인생이 어느 정도 보람 있는 삶으로 발전할 수 있다는 평소의 생각을 다시 한 번 확인할 수 있었다.

나는 이 소설의 어느 장면이 무척이나 인상적이었는데, 그것은 토마스가 여자 간호사를 세워 놓고 옷을 벗게 하는 장면이었다. 그런데 재미있는 것은 반투명의 유리를 통해서 그 옆방에 있던 동료의사와 환자가 토마스의 방을 엿보며, "저 친구 참 재주도 좋아"라고 중얼거리며 선망어린 시선을 보내는 대목이었다. 그러니까 토마스는 상당한 지위에 있는 중견

의사임에도 불구하고 자기의 방탕한 사생활을 전혀 부끄러움 없이 즐기고 있는 셈이었다.

만약 우리나라의 경우라면 어떠했을까? 점잖은 직업에 종사하는 사람들일수록, 자기들의 '고상한 품위'가 손상되면 사회적으로 매장되어 버릴 것을 겁내어 사생활에 있어서까지도 항상 전전긍긍하는 것이 우리나라의 현실이다. 말하자면 '밤'과 '낮'의 분리가 이루어지지 않는 셈이다.

낮에 학자이면 밤에도 학자여야 하고, 낮에 판사면 밤에도 판사이어야 한다. 특히 성 문제에 있어서만은 더욱 심하다. 소설에 보면 토마스가 상대한 여자의 숫자는 2백 명에 달한다고 되어 있다. 아마 우리나라 같았으면 그는 결국 파렴치한으로 몰려 직장에서 쫓겨났을 게 틀림없다. 남자와 여자의 상호 합의하에 이루어지는 성적 교접은 어떠한 형태의 것이라 하더라도 그 프라이버시를 보장받아야만 한다는 게 내 생각인데, 그게 우리나라에서는 잘 먹혀 들어가지 않는 것 같다.

토마스는 무거움과 가벼움을 분리시켜 생각할 수 있었기에 소련군이 체코에 침공했을 때에도 오히려 데모 대열에 앞장 설 수 있었고, 또 신문에 보수적 공산주의 관료들을 비난하는 글을 쓸 수도 있었다. 그에게 있어 정치적 관심은 무거운 것에 속하는 것이었고, 사랑의 행위는 가벼운 것에 속하는 것이었기 때문에, 이 두 가지 일이 서로 엇섞이거나 혼동되는 법이 없었던 것이다. 이것은 사비나나 테레사도 마찬가지였던 것 같다.

지금 우리나라의 사회적 분위기를 살펴볼 때, 모든 것을 지나치게 '무거움' 쪽으로 몰고 가는 듯한 인상을 받게 되는 일이 많다. 특히 문화계에서조차 자유스러운 개성의 표현이나 상상력의 표출을 마다하고, 모든 예술 장르에 걸쳐 정치적 주제나 이데올로기 문제만을 다루는 것이 마치

이 시대를 살아가는 양심적 문화인의 올바른 태도라고 생각하고 있는 것 같다.

한때 나는 신춘문예에 당선된 소설들을 읽을 때마다 깜짝 놀랄 수밖에 없었다. 작품의 주제가 온통 '무거운 쪽'으로만 쏠려 있었기 때문이다. 분단문제, 통일문제, 이념문제, 노동권 권익 문제 등 요즘 신문의 정치면을 장식하고 있는 테마들이 그대로 고스란히 수용되고 있었다. 가장 자유롭고 개인주의적이어야 할 문학가들마저 주변의 눈치를 살펴 가며 '고민하는 지성인'의 모범을 보이고자 오로지 무거운 쪽으로만 작품을 이끌어 나가고 있는 것이다.

인생을 가식 없이 그려 나가는 것이 문학이라면, 인생에는 무거운 것 못지않게 가벼운 것 또한 많다. 그런데 왜들 다 가벼운 것을 무시하거나 멸시해야만 스스로 체면이나 작가정신이 유지된다고 생각하는 것일까. 나는 몹시도 안타까웠다.

우리 사회에서 가볍게 생각해도 될 것을 지나치게 무겁게만 생각하여 부작용을 초래하고 있는 것의 대표적인 예가 바로 성(性) 문제이다. 성이라고 해서 꼭 행위에 의해서만 충족감을 맛볼 수 있는 것도 아니고, 자유로운 '느낌'이나 '분위기'만 가지고도 얼마든지 충족감을 얻어낼 수 있는 것이다. 그럼에도 불구하고, 모두들 성을 무겁게만 생각하여 아예 차갑게 회피하거나 또는 거꾸로 그것에 미칠 듯이 몰입하거나 하는 것이 우리나라의 현 실정이라고 볼 수 있다.

영화 〈프라하의 봄〉에서는 벌거벗는 장면도 많이 나오고, 변태적인 성행위의 묘사도 많았지만, 관객들은 왠지 모르게 산뜻하고 신선한 느낌을 받을 수가 있었다. 그 까닭은 역시 성은 가벼운 상상력의 유희요, 게임에 불과하다는 믿음을 연출자나 배우가 갖고 있었기 때문이라고 나는 생각한다. 성을 가벼운 놀이로 생각할 때, 또는 가벼운 상상력의 게임으로 생각할 때, 우리는 비로소 성과 죄의식을 연관시켜 생각하곤 하는 위선적 윤리의 질곡으로부터 벗어날 수 있다. 그래야만 우리는 정치 문제나 이데올로기 문제에도 더 무겁고 진지한 접근과 모색을 시도할 수 있는 것이다.

인간은 행복을 얻기 위해서 살아가는 존재이고, 그 행복은 지극히 가벼운 것에서부터 온다. 무더운 여름날 소나기가 쏟아져 내릴 때 우리는 행복하고, 향기로운 커피의 냄새를 음미할 때 우리는 행복하고, 땀으로 뒤범벅이 된 몸뚱어리를 샤워의 물줄기로 시원하게 씻어낼 수 있을 때 우리는 행복하다. 이러한 가벼운 쾌락들을 무시하고 무거운 관념으로써 그것을 억누르는 것만이 우리의 행복을 보장해 준다고 믿었던 중세기의 금욕주의자들은 결국 인류의 역사를 그르쳐 놓았다.

그런데도 아직까지 우리나라에서는, 가벼운 것을 무시하고 무거운 것만을 강조하는 사람들만이 '지도자적 인격을 지닌 지성인'이나 '시대를 아파하고 민중의 고통에 동참하고자 하는 양심적 문화인'으로 간주된다는 것은 참으로 우스꽝스러운 일이 아닐 수 없다. 가벼운 것으로부터 출발하여 무거운 쪽으로 가는 것이 정도(正道)가 아닐까?

모두들 민주화를 주장하고 있는 요즘에 있어서도 사회의 각 기관에는 무거운 것만을 중요시하는 사람들이 높은 자리를 차지하고 앉아 여전히 권위주의적이고 관료주의적인 속성을 버리지 못하고 있는 것 같다. 커다란 대의명분만 내세우면 작은 문제들은 저절로 해결된다고 생각하는 이들이 많은데, 천만의 말씀이다.

중·고등학교의 경우라면 교실에 '교훈'이니 '급훈'이니 하는 거창한 구호를 써 붙여 놓는 것보다, 학생들이 신체발육에 따라 앉기에 편한 걸상을 만들어주는 게 더 중요하고, 학생들의 놀이 공간을 만들어주는 게 더 중요하다.

또 피곤한 교사들을 '연수'라는 명목으로 억지로 집합시켜 거창하고 무거운 교육철학을 주입시키는 것보다는, 교사들의 잡무시간을 줄여준다거나 근무환경을 개선해 주는 것이 더 중요하다. 대학도 마찬가지여서, 아직도 여전히 파벌과 인맥이 난무하며, 교육의 주체로서의 교수가 독자적 학문탐구와 커리큘럼의 개발 등 진보적 교수방법을 모색하는 데 들이는 시간보다, 교수 상호간의 인간관계나 학교 행정당국의 눈치를 살피는 데 더욱 많은 시간을 쏟아 붓게 만들고 있다.

한국의 남성들은 특히 스트레스에 많이 시달리게 되는데, 아주 사소하고 가벼운 문제들이 오히려 그들의 의욕을 꺾거나 근무 능률을 떨어뜨리는 것이다. 직장의 상사에게 인사치레를 제대로 하지 않는다거나 너무 개성적인 옷차림을 하여 왠지 모르게 건방진 인상을 준다거나 하는 등의 사소한 문제들이, 모든 직장인들을 전전긍긍하게 하고 결국 그들을 적당주의자나 타협주의자로 만들어버린다. 이러한 가볍고 자잘한 문제들이 개선되지 않는 한, 우리나라에서 진정한 민주적 분위기의 정착은 요원한 일이 될 것만 같다.

이 소설에서 테레사는 '존재의 가벼움'을 참을 수 없다고 절규한다. 그리고 토마스는 '존재의 무거움'을 참을 수 없다고 말한다. 물론 두 사람이 느끼는 가벼움이나 무거움은 사랑의 문제에 국한된 것이지만 어쨌든 두 사람은 서로의 사랑관(觀)이 상극으로 대치되고 있는 셈이다. 그런데도 종국에 가서 토마스와 테레사는 서로 떨어질 수 없는 사이가 되고, 서로가 서로를 깊이 사랑하게 된다. 말하자면 무거움과 가벼움이 만나 상호보완 관계로 발전하면서 아름다운 조화를 이룬 셈이다. 우리가 바라는 행복한 삶이나 정의로운 사회, 민주적인 정치 등도 결국은 가벼움과 무거움이 사이좋게 결합할 수 있을 때 비로소 가능해질 수 있는 것은 아닐까?

나는 우리 사회가 진정으로 민주화되려면 정치와 경제와 문화가 삼권분립을 이루어야만 한다고 생각하는 사람이다. 그 가운데서 특히 문화는 정치나 경제에 비해 '가벼운' 쪽에 속한다고 나는 본다. 인간의 행복이 '보람 있는 일'과 '관능적인 사랑' 그리고 '즐거운 놀이'의 세 가지 조건의 충족에 의해 달성될 수 있는 것이라고 볼 때, 문화는 아무래도 '즐거운 놀이'에 속하는 것이겠기 때문이다.

물론 철학이나 역사 등의 학문적 영역을 다 문화에 포함시킨다면 문화는 가벼운 놀이일 수만은 없다. 하지만 문학이나 기타 예술장르를 중심으로 문화를 생각해 본다고 하면 역시 문화는 건전한 레크리에이션이요, 시원한 카타르시스로서의 놀이 쪽에 가까운 것이라고 나는 생각한다.

아무리 시대가 어수선하고 정치상황이 복잡하게 돌아간다 하더라도 감상적인 연애소설은 여전히 필요한 것이고, 소위 뽕짝이라고 설움 받는 전통가요 역시 필요한 것이다. 자잘하고 가벼운 스트레스라 할지라도 그것을 어떤 방법으로든 카타르시스 시키지 못하고 그냥 억눌러버릴 때, 우리의 정신은 그 반작용에 의해 더욱 더 무거운 쪽으로만 향하게 된다. 중세의 엄격주의적 종교재판을 방불케 하는 위선적 권위주의가 우리나라에서 아직도 활개치는 것은 이 때문이다.

『참을 수 없는 존재의 가벼움』을 읽고 나서 나는 우리 사회에서 풍미하고 있는 '참을 수 없는 존재의 무거움', '참을 수 없는 위선적 권위주의의 무거움'을 절감할 수밖에 없었다. 그 어느 날에나 우리들은 인생을 더 '자유롭고 가볍고 경쾌한 것'으로 즐기면서, 서로가 화사한 웃음을 나눌 수 있게 될는지!

15. 마가렛 미첼의 『바람과 함께 사라지다』

 얼마 전 텔레비전에서 영화 〈바람과 함께 사라지다〉를 다시 방영한다고 했을 때, 처음에 나는 다시 볼 생각이 없었다. 벌써 대여섯 번이나 본 영화였기 때문이었다. 그런데 막상 영화가 방영되는 날이 오자 나는 어쩔 수 없이 그 영화를 다시 보지 않을 수 없었다. 물론 마침 집에 일찍 들어가 시간이 났기 때문이기도 했다.
 나는 화면을 지켜보면서, 조금 보다 보면 스토리를 빤히 알고 있기 때문에 금세 싫증이 나겠지 하고 생각했다. 그런데 전혀 그게 아니었다. 나는 마치 새 영화를 보는 기분으로 〈바람과 함께 사라지다〉를 끝까지 흥미진진하게 감상할 수 있었다. 영화를 보고 나서 다시 원작이 궁금해져 원작소설을 꺼내 읽어보기까지 했는데, 세 번째 읽는 것인데도 불구하고 나는 밤을 새워가며 역시 끝까지 읽게 되고 말았다.
 『바람과 함께 사라지다』는 영화든 소설이든 그만큼이나 재미있는 작품이다. 특히 영화의 경우에 있어서는 나는 이 작품이 마치 기적의 산물처럼 느껴진다. 1939년 작이니까 토키가 개발된 지 10년 정도밖에 안 됐을 때이고, 또 컬러 촬영이 시작된 지 서너 해밖에 안 됐을 때였다. 그런데도 지금 만들어진 영화들에 비해 모든 면에서 하나도 손색이 없다.

나는 요새 만들어지는 한국영화를 볼 때마다 〈바람과 함께 사라지다〉 생각을 하곤 한다. 70여 년 전에 만든 〈바람과 함께 사라지다〉보다는 훨씬 기술이 발전해 있어야 마땅한 한국영화가, 색채·음향·조명 등 기술 면에 있어 형편없이 수준이 떨어지기 때문이다. 배우들의 연기나 극적 완성도 면에 있어서는 더 말할 나위도 없다.

사실 영화 〈바람과 함께 사라지다〉 때문에 제일 많이 손해를 보는 것은 마가렛 미첼이 쓴 원작소설이다. 영화가 워낙 강한 인상을 주는 바람에 영화만 보고 소설은 안 보는 사람들이 많기 때문이다. 영화 〈바람과 함께 사라지다〉가 그토록 강한 인상을 주고 오랫동안 살아남을 수 있었던 것은, 역시 남녀 주인공 역할을 맡은 클라크 게이블과 비비안 리의 매력 때문인 것 같다.

한편, 『바람과 함께 사라지다』의 속편이 다른 작가에 의해 『스칼렛』이라는 이름의 소설로 만들어지고 다시 TV영화로 만들어진 적이 있는데, 나는 영화를 보기 시작한 순간부터 그만 정이 떨어져버리고 말았다. 남녀 주인공역을 맡은 배우들이 너무나 형편없는 용모였기 때문이었다. 아니 형편없이 못생긴 것은 아니지만, 클라크 게이블과 비비안 리의 매력을 도저히 따라갈 수 없었다.

하지만 클라크 게이블과 비비안 리가 그들의 외모에 맞는 적역을 맡게 된 것도 따지고 보면 원작소설 덕분이라고 할 수 있다. 소설에 나오는 두 남녀의 외모 묘사와 영화에 나오는 두 배우의 외모는 거의 딱 들어맞는다. 또 그만큼이나 이 소설은 매력 있고 개성적인 남녀를 형상화시키고 있다. 소설이든 영화든, 스토리가 등장인물을 이끌어가는 것이 아니라 등장인물이 스토리를 이끌어가야 성공하는 법이다. 그런 점에서 볼 때 『바람과 함께 사라지다』는 소설·영화 다 기막힌 걸작이라 아니할 수 없다.

소설 『바람과 함께 사라지다』가 워낙 긴 장편이기 때문에 영화에서는 많은 부분이 생략돼 있다. 그래서 나는 이 소설이 영화 때문에 크게 손해를 보고 있다는 생각이 드는 것이다.

굳이 비교하자면 소설 쪽이 영화 쪽보다 훨씬 더 상세하고 치밀하게 인물의 심리묘사를 하고 있다. 또 이 소설은 역사소설이기 때문에, 남북전쟁의 정치적 배경이나 사회적 배경 등에 대해서도 소설 쪽이 훨씬 더 풍부한 자료를 담고 있다.

영화 〈바람과 함께 사라지다〉가 기적이듯 소설 『바람과 함께 사라지다』 또한 기적이다. 이 소설을 쓴 마가렛 미첼은 평생 동안 이 작품 하나밖에는 쓰지 않았다. 미첼이 26세 때 쓰기 시작해서 36세 때 완성시킨 작품이 바로 이 소설이다. 그런데 미국문학사상 이 작품만큼 우뚝한 작품도 달리 없는 것이다.

소설 『바람과 함께 사라지다』가 나오자마자 명작이 된 까닭은 여러 가지가 있겠지만, 그중 제일 먼저 꼽을 수 있는 것은 역시 작가의 '솔직성'이다. 『바람과 함께 사라지다』 이전까지 남군(南軍) 편을 들어 남부 사람들의 시각으로 남북전쟁을 그린 소설은 없었다. 모두 다 스토우 부인의 『엉클 톰스 캐빈』식으로 북부 편만 들고 있었다. 북군이 결국 승리했기 때문이기도 하지만, '노예 해방'이라는 명분을 놓고 볼 때 도저히 남부 편을 들 수 없기 때문이었다.

그런데 미첼은 자신의 고향이자 선조들의 고향인 남부 편을 들어 '정치적 대의명분'을 무시한 솔직한 향토문학을 내놓을 수 있었다. 섬세한 감수성을 가진 여류작가라서 그런 '솔직성'이 가능했을지도 모른다.

역사소설의 측면에서 볼 때, 미첼의 『바람과 함께 사라지다』는 톨스토이의 『전쟁과 평화』와 여러모로 비교가 된다. 길이도 거의 비슷하고 주된 스토리가 '연애'라는 점에서도 그렇다. 그런데 두 작품이 갖는 현격한 차이점은 『바람과 함께 사라지다』에는 '도덕적 설교'나 '관념적 설교'가 전혀 안 들어간다는 사실이다.

『전쟁과 평화』에는 톨스토이가 쓴 '논문' 비슷한 장광설이 가끔 가다 불쑥불쑥 튀어나와 읽는 사람을 피곤하게 만든다. 그래서 그런 부분을 건너뛰고 읽게 되는 경우가 많은데, 『바람과 함께 사라지다』는 전혀 그렇지가 않다. 상당히 긴 소설인데도 불구하고 처음부터 끝까지 한군데도 건너뛰지 않고 읽어나가게 만드는 것이다.

바로 이 점이 『바람과 함께 사라지다』를 많은 평론가들이 '우습게 보게 만드는' 이유가 된다. 대다수의 평론가들은, 작가가 스토리와 무관하게 떠들어대는 현학적 설교가 있어야 그 작품의 '사상성'을 인정하는 못된 버릇을 갖고 있다. 그래서 『바람과 함께 사라지다』를 그저 가벼운 '연애소설' 정도로 보아 넘기는 평론가들이 의외로 많다. 하지만 내가 보기에 『바람과 함께 사라지다』는 당대의 일류 작가였던 포크너나 헤밍웨이의 작품과도 겨룰 수 있는 수준을 가지고 있다.

『바람과 함께 사라지다』의 약점은 여주인공 스칼렛이 너무 예쁜 여자로 나온다는 점이다. 그녀가 험난한 역경을 꿋꿋이 이겨나가게 되는 것도 따지고 보면 결국 '미모' 하나 때문인 것이다. 그래서 못생긴 독자들로 하여금 신경질이 복받치게 만드는데, 차분히 생각해 보면 이런 점이 약점이나 문제가 될 수는 없다. 미녀가 나오지 않는 소설은 사실 거의 없기 때문이다. 다만 『바람과 함께 사라지다』의 스칼렛은 '생활력'을 겸비한 미녀로 나와 '그저 멍청한 미녀'만 나오는 다른 소설들에 비해 독자의 질투심을 더 유발시키고 있을 뿐이다.

이 소설이 갖는 매력은 작가의 그런 '뻔뻔스러움'에 있다. 작가는 스칼렛을 황당할 정도로 예쁜 여자로 부각시키고 있을뿐더러, 남주인공격인 레트 버틀러 역시 황당할 정도의 '부자'로 만들어 놓고 있다. 소설이란 원래 '상상적 뻥튀기'요 '황당한 꿈꾸기'라고 볼 때, 작가의 이런 뻔뻔스러움은 오히려 순진한 미덕이 된다. 아무튼 정말 '재미있는' 소설이다.

16 폴린 레아주의 『O의 이야기』

내가 가장 감동적으로 읽은 성 문학 작품은 『O의 이야기』이다. 『O의 이야기(Histoire d'O)』는 프랑스의 여류작가 폴린 레아주(Pauline Réage)가 1954년에 발표한 장편 소설이다. 이 작품은 발간된 이후로 문학계에 센세이션을 일으켜, 20세기에 발표된 에로티시즘 문학 가운데 가장 유니크한 작품의 하나가 되었다. 사디즘(sadism)이란 용어를 만들어낸 18세기말의 프랑스 작가 사드(Sade)의 전통을 이을 수 있는 단 하나의 걸작이라는 찬사를 듣게 되었고, 사드와 마조흐(Masoch, 마조히즘 소설의 창시자)가 막연한 충동을 가지고 시작해낸 도착적(倒錯的) 성 심리(性心理) 소설의 훌륭한 마무리라는 평가를 얻었다. 한국에서는 문학세계사에서 완역판이 나왔다.

20세기에 발표한 서구의 에로티시즘 문학 가운데, 독서계에 경악에 가까운 충격을 주고 또 작품의 수준면에서도 탁월한 작품으로 평가 받은 소설은 『채털리 부인의 연인』, 『로리타』 그리고 이 『O의 이야기』 세 편이라고 나는 생각한다. 이 세 편은 모두 다 영화화되어 공전의 히트를 기록했다. 『O의 이야기』는 1970년대 초에 영화화되어 지금까지도 세계 각지에서 상영되고 있다.

『O의 이야기』가 다루고 있는 성 심리는 주로 마조히즘이라고 할 수 있다. 물론 사디즘과 마조히즘은 서로 한 짝을 이루는 것이기 때문에 사도마조히즘(sado-masochism)이 이 소설의 주제라고도 할 수 있겠다. 그러나 이 소설의 여주인공인 'O'는 마조히스트이고 그의 애인인 '스테판'은 사디스트로 나오지만, 이 작품의 대부분이 여주인공 'O'의 심리묘사로 이루어져 있기 때문에, 『O의 이야기』는 역시 여성의 마조히즘 심리에 대한 정밀한 탐구서라고 볼 수 있는 것이다.

이 소설은 모두 4부로 구성되어 있다. 제1부는 '르왓시 관(館)의 사람들'로서 이 작품의 핵심이 되는 부분이다. 여류 사진작가인 O는 '르네'라는 애인을 가지고 있었는데, 르네는 어느 날 갑자기 O를 르왓시 관으로 데리고 가 그곳 사람들에게 맡겨버린다. 르왓시 관은 일종의 남성 사디스트들의 클럽으로서, 회원의 애인들을 훌륭한 마조히스트로 훈련시키는 곳이다. O는 처음에는 육체적 학대(주로 정기적인 채찍질)와 정신적 모욕(여성은 남성의 영원한 노예라는 생각을 주입시키기 위한 세뇌교육)의 반복에 분노를 느껴 저항한다. 그러나 결국에는 그러한 가혹한 훈련에 의하여 진정한 마조히스트로 변신하게 된 자기 자신에 대해 커다란 희열과 긍지를 느끼게 된다는 내용으로 되어 있다.

……그녀는 2주일 동안 완전히 변해버린 자기의 모습을, 르네의 집요한

젖꼭지 애무를 받으면서 생각하고 있었다. 눈가림을 당하고 이 저택에 끌려온 이래, 침대에 사슬로 묶이고, 매일같이 채찍질을 당하고, 하복부를 언제나 남자들에게 개방해야만 했다. 대체 자기의 마음은 어떻게 되어 있는 것일까. 지쳐 있는 것일까, 그렇지 않으면 몽유병자처럼 멍청해져 있는 것일까. O는 자기로서는 현재의 사고의 흐리멍덩한 상태를 그렇게 생각하고 싶지는 않았다. 꽉 채워진 코르셋, 언제나 몸의 어느 부분인가를 묶고 있는 쇠고리, 강요되는 침묵, 또 일체의 육체적 자유도 없이, 언제나 사내들의 뜻대로 취급당하면서도 끊임없이 정신적 자유를 생각하지 않으면 안 된다는 그들의 이상한 가르침. 그녀는 이 꿈속 같은 심리상태를 어렴풋이 납득해가기 시작했다. ……나는 몸속이 전보다 아름답게 되었음이 분명하다. 외모뿐만 아니라, 사내들이 사용하는 경우, 모든 감각기관이 이전보다 훨씬 민감하게 남자들을 즐겁게 하는데 총동원되고 있다. 입은 언제나 남자들을 떨게 할 만큼의 힘을 가지고 있고, 젖꼭지는 남자의 사랑에 떨며, 두 다리 사이에는 더할 수 없는 쾌락의 도구를 가지고 있다. 남자들에게 모욕을 당할 때도 요즘에 이르러서는 마음속이 즐거움과 자랑에 차고, 성직자나 수녀만이 가질 수 있는, 마음속 깊은 곳에서부터 맑아진 조용한 눈초리로 사내의 몸을 받아들이게끔 되어 있는 것이다. 아무런 사념이 없는 미소로써, 남자들을 어루만지면서 조용히 몸을 한껏 벌리는 것이다. ……이제야 그녀는 참다운 자유를 알 것 같았다. 그것이 이곳에서 반복되며 교육되는 인간의 자유인 것이다. 그렇게 생각하니 지금까지 생각해본 일조차 없는 즐거움이 자기의 마음속에서 우러나오는 것이었다.

위의 인용문에서 보여주는 것처럼, 아무런 이유도 없이 가해지는 육체적·정신적 고통을 겪으면서 여주인공의 눈은 수녀들이 갖고 있는 맑고

투명한 '어린아이 같은' 눈동자로 변해간다. 신에 대한 절대복종에서 자유보다도 더 달콤한 쾌감을 경험하는 수녀들의 심리와, 이 소설 여주인공의 심리는 다를 바가 없다. 종교에서도 채찍질, 금식 등 갖가지 고행을 통하여 자아를 완전히 포기하여 진정한 안식감과 자유를 획득할 수 있도록 노력하고 있으니 말이다.

마조히즘적 쾌감의 극치는 이처럼 심신(心身)이 완전히 공동화(空洞化)되어버린, 절대적 자기무화(自己無化)로부터 얻어진다는 것을 이 작품은 극명하게 보여주고 있다. 그러나 종교는 보이지 않는 대상을 사디스트로 상정(想定)하고 쾌감을 구하는 반면, 이 작품에서는 구체적인 이성(異性)을 대상으로 하여 정신적 쾌감을 성적(性的) 쾌감으로 연결시킬 수 있으니 얼마나 더 즐거운가.

제2부는 '공동(共同)의 연인 스테판'이다. 르네는 호기심에 이끌려 애인인 O를 마조히스트로 훈련시켰지만, 자기 스스로가 진정한 사디스트의 자격을 갖지 못하고 있다고 생각하게 된다. 그래서 그는 사촌형인 스테판에게 O를 양도한다. 처음에는 O를 공동의 소유로 하다가 점차 르네는 한 발자국 물러나 마조히스트적 태도를 취하게 된다. 자기의 애인을 남에게 범하게 하고는 그 광경을 보며 질투 섞인 분노와 치욕을 느끼는 것, 그러면서도 한편으로서는 야릇한 쾌감을 경험하는 것 역시 마조히스트(특히 남성의 경우)의 독특한 심리인데, 르네는 사디스트로서보다도 마조히스트로서의 자신을 발견하게 된 것이다. 사랑스러운 마조히스트로 변해버린 O는 기꺼이 르네의 명령을 좇아 점점 더 스테판의 카리스마적인 권위에 압도되고 또 그를 깊이 사랑하게 된다.

제3부는 '아리안느의 쇠고리'이다. 3부에서 독자들은 한층 가열해진 사도마조히즘의 절정을 보게 된다. 스테판은 O를 더욱 더 깊이 사랑하게 되어, 그녀에게 더욱 완벽한 마조히스트로서의 기쁨을 선사하려고 노력한다. 그래서 그는 여성의 성 심리에 정통하여 여성들을 교육시키는 것을 보람으로 살아가는 아리안느라는 40대 여성에게 O를 맡긴다. 아리안느는 르왓시 관에서 남자들에 의하여 행해지는 여성훈련이 겉핥기에 지나지 않는 것이라고 생각하여, 더욱 철저하게 여성들을 훈련시킨다.

그녀는 여성이 맛볼 수 있는 최상의 희열이란 오직 마조히즘뿐이며, 그러기 위해서는 여자들이 항상 마조히스트로서의 자기를 인식하고 확인할 수 있는 어떤 '장치'를 육체의 어느 부분에 고정시켜놓아야 한다고 믿고 있다.

그래서 스테판은 아리안느와 의논하여 O의 몸뚱어리에 두 가지 증거물을 남긴다. 첫째는 엉덩이에 깊이 1센티미터 정도의 낙인(烙印)을 찍는 것이다. 말이나 소의 엉덩이에 주인의 이름을 낙인찍듯이, O의 엉덩이에도 스테판의 머리글자가 깊숙이 불로 새겨진다. 또 하나는 O의 클리토리스에 구멍을 뚫어 쇠고리를 부착시키는 일이다. 마치 귀에 구멍을 뚫어 귀고리를 끼우듯이, O의 클리토리스 부분에도 구멍이 뚫어져 묵직한 쇠고리가 장착된다. 그리고 거기에 쇠사슬을 늘어뜨려 쇠사슬의 끝부분에 스테판의 이름을 새긴 메달을 단다. O는 처음엔 아픔에 몸부림치지만 결국에 가서는 그러한 '마조히스트의 영원한 상징물'에 자랑과 희열을 느끼게 된다.

……그녀는 스테판의 이름이 새겨진 쇠장식을 몸에 달아매고 있었기 때문에 한 발자국 걸을 때마다 그것이 추처럼 흔들렸다. 낙인된 글씨는 손가

락 세 개 반쯤의 크기로서 둥근 끌로 파낸 듯 볼기에 움푹 들어가 있어서 한 개 한 개가 일 센티미터 깊이가 되었다. 그 글씨를 읽기 위해서는 손가락으로 그녀의 볼기를 어루만져보면 되었다. O는 자기의 쇠고리와 낙인에 열광적인 자랑을 품고 있었다.……스테판은 집에 손님들이 오면 O를 발가벗기고 그녀의 육체에 끼워져 있는 쇠사슬과 낙인의 모양을 천천히 감상시키고 나서 O를 손님들에게 내주기도 했다. 그럴 때마다 O는 이루 말할 수 없이 감미로운 오르가슴을 경험하는 것이었다.

제4부는 '부엉이'로서, 간단한 에필로그이다. 스테판은 O를 발가벗기고 얼굴에 부엉이 가면만을 씌운 다음, 사타구니에 늘어져 있는 쇠사슬을 잡고서 어느 파티장으로 데려간다. 거기서 모든 사람들에게 O를 구경시키며 O를 개처럼 이리저리 끌고 다닐 때, O와 스테판은 서로의 사랑을 다시 한번 확인하게 된다.

『O의 이야기』는 확실히 충격적인 소설이다. 다소 과장된 면이 있긴 하지만, 남성들로서는 도저히 헤아릴 길 없는 여성의 미묘한 성 심리를 숨김없이 파헤치고 있다는 점에서, 이 작품은 에로티시즘 소설이라기보다는 탁월한 심리주의 소설이라고 할 수 있을 것이다.

사랑의 완성을 위해 끊임없이 노력해가는 지고지순(至高至純)한 정신의 소유자인 'O'……! 나는 이 작품을 읽고 몇날 며칠 밤을 그녀의 환상을 좇아 헤맬 수밖에 없었다.

17 나보코브의 『로리타』

　최근 어린 나이의 여학생을 강제로 추행(醜行)하는 사건이 늘어나고 있어 큰 사회문제가 되고 있다. 신문 보도에 따르면 한 달에 평균 다섯 건 정도의 어린이 추행 사고가 경찰에 신고된다고 한다. 중·고교 여학생들을 주 대상으로 하던 강간·추행사고가, 이제는 초등학교 여학생들에게까지 파급되고 있다는 것은 정말 심각한 일이 아닐 수 없다.

　어린 여자아이에게 성적(性的) 욕망을 느끼는 변태심리를 '소아기호증(pedophilia)', 또는 '유치증(幼稚症 : hebephilia)'이라고 하는데, 이러한 변태성욕을 가진 사람들이 점점 많아지고 있다는 사실은 새삼 인간이 가진 본능적 욕망의 정체에 대한 근본적 구명(究明)과 점검의 필요성을 절감케 해준다. 단순히 큰일 났다고 걱정만 해대는 것보다는, 그 현상의 배후에 숨겨져 있는 심리적 동기와 원인에 대한 확실한 이해가 선행되어져야 하겠기 때문이다. 그래야만 보다 더 확실한 해결책이 나올 수 있을 것이다.

그래서 이 글에서는, 성인 남자의 유치증적 애정 심리를 다룬 소설 『로리타(Lolita)』에 대해서 알아보기로 한다. 『로리타』는 러시아계 미국 작가인 블라디미르 나보코프(Vladimir Nabokov, 1899~1977)가 1958년에 발표한 장편소설이다. '로리타'라는 이름의 예쁜 소녀를 사랑하는 40대의 남자가, 그녀가 가지고 있는 육체적 매력과 행동에 있어서의 당돌하고 대담한 관능성에 탐닉하면서, 몇 해 동안 미국 각지를 떠돌아다니는 내용으로 되어 있다. 『로리타』의 서두는 남자 주인공의 다음과 같은 독백으로 시작된다.

로리타. 내 생명의 빛, 내 가슴 속의 불꽃, 나의 죄악, 나의 영혼, 로-리-타. 혀끝은 입천장 밑에서 구른다. 한 걸음, 두 걸음, 그리고 마지막 세 걸음 때에 앞니와 만난다.
Lo-lee-ta.
아침의 그녀는 로(Lo)였다. 신발을 신지 않고 잰 키가 4피트 10인치인 평범한 '로'였다. 바지를 입으면 '로라', 학교에 가면 '둘리'였으며, 서류상의 이름은 '돌로레스'였다. 그러나 내 품속에서 그녀는 언제나 '로리타'였다.

이러한 시적(詩的)인 구절들로 시작되는 이 소설은, '어느 순진한 홀아비의 고백'이라는 부제를 달고 있다. 작가의 서문에 의하면 위와 같은 제목의 수기를, 재판 개시 예정을 수일 남기고 병으로 사망한 험버트라는 이름의 수감자로부터 건네받아 출판하게 된 것이라고 밝히고 있다. 이 서문 자체가 허구인 것은 물론이다. 한 죄수가 배심원들에게 쓴 자서전적 고백이라는 점을 가장하여, 독자들한테 마치 실화인 듯한 느낌을 주기 위한 소설적 장치라고 볼 수 있다.

그래서 이 소설은 주인공 험버트 자신의 유년 시절의 체험에 대한 회고로부터 시작하여 청년 시절을 거쳐 중년 나이에 이르게 되기까지의 자전적 기록 형식으로 되어 있다. 이 글에서는 편의상 유년·청년·중년 시절로 구분하여, 각 단계의 특징을 이루고 있는 성 심리를 추출해 보기로 한다.

유년 시절 ---- 아나벨

주인공 험버트는 1910년 파리에서 태어났다. 부친이 리비에라에서 호화로운 호텔을 경영하고 있는 부유한 집안이었다. 그런데 그가 세 살 때 어머니가 아주 괴상한 사고 때문에 죽어 버린다. 가족이 함께 피크닉을 갔다가 어머니에게 벼락이 떨어지는 바람에 그렇게 된 것이다. 그래서 험버트는 큰 이모뻘 되는 시빌 아주머니의 보살핌을 받으며 자라난다.

부드러운 모래가 끝없이 펼쳐져 있는 바닷가의 왕국이 어린 시절 그의 놀이터였다. 그 바닷가 모래사장 위에서 그는 '아나벨'이라는 이름의 소녀와 첫사랑을 나누게 되는 것이다.

아나벨은 꿀 빛깔의 노르스름한 피부색과 갈색 단발머리, 그리고 기다란 속눈썹을 가진 아주 귀여운 소녀였다.

갑자기 우리는 미칠 정도로, 보기엔 민망스럽고 파렴치하다고 생각될 정도로, 그리고 괴로우리만치 사랑하게 되었다. 더 덧붙이자면 '절망적으로' 사랑하게 되었다고 말해야 할 것이다. 우리 두 사람의 마음속에서부터 미칠 듯이 복받쳐 오른 애정은, 서로가 상대편의 몸과 마음을 송두리째 삼키어 한 덩어리가 되어 버려야만 비로소 가라앉힐 수 있을 정도의 것이었다. 하지만 그때의 주변 사정은 우리 두 사람이 자주 만나는 것조차 허락해 주질 않았다.

아나벨은 넉 달 뒤에 장티푸스로 사망하고 만다. 아나벨의 이미지는 그 뒤에까지 주인공에게 영향을 미쳐, 그가 사랑하는 여자들 대부분이 아나벨과 비슷한 나이 또래의 소녀들이었다. 이 소설의 여주인공인 로리타와의 운명적인 사랑도 아나벨의 존재와 더불어 시작되었다고 볼 수 있다.

아나벨이 죽은 뒤에도 험버트의 마음과 몸은 오랫동안 그녀에 대한 추억 속에서 맴돌고 있었다. 24년 뒤 아나벨의 이미지를 다른 소녀에게 주입(注入)시켜 그 소녀를 아나벨의 화신(化身)으로 만들어버릴 때까지, 아나벨의 영상은 주인공의 뇌리 속에서 좀처럼 사라지지 않았던 것이다.

소년 시절에 이웃집 소녀 아나벨을 만나 사랑하게 되었지만 그것이 어른들에 의해서 좌절당하게 되자, 그 좌절로 인해서 생긴 정신적 외상(外傷)을 보상받으려는 끈질긴 노력이 그의 온 생애를 이끌어갔다고 볼 수 있다. 그래서 아나벨은 그가 청년 시절에 만나게 되는 모든 '님펫'들과 로리타의 원형이 된다.

청년 시절 ---- 님펫

'님펫(Nymphet)'이란 아홉 살에서 열네 살 사이의 소녀들 가운데, 성적으로 유별나게 조숙하여 그녀들보다 두 배, 세 배 되는 나이의 남자들을 홀려내는 소녀들을 가리키는 말이다. 요정(Nymph)이 지니고 있는 귀엽고 깜찍한 아름다움과 관능적 센스를 동시에 소유하고 있는 소녀를 말하는데, 그래서 어린 소요정(小妖精)의 뜻을 가지고 있는 '님펫'이라는 명칭

이 부여되었다고 할 수 있다.

아홉 살에서 열네 살 사이의 소녀들이 다 님펫이 될 수 있는 건 물론 아니다. 사실 님펫의 숫자는 놀랄 만큼 적다. '귀여운 요부' 또는 '어린 악마'의 속성을 지니고 있는 님펫의 이미지를 정상적이고 건전한 발육상태에 있는 소녀들 가운데서 찾아내기란 결코 쉽지 않다.

이 작품에서는 주인공이 유독 님펫에 대해서만 성적(性的)으로 반응하고 있는 심리를 다음과 같이 묘사하고 있다.

……손에 쥐고 있는 책에 정신을 팔고 있는 척하면서도 내가 딱딱한 공원 벤치에 앉아 있을 때, 나의 공상 속에 나타나고 있는 여자애들이 나를 매우 행복한 황홀경으로 이끌어다 주었다. 어떤 때는 검은 색 코트를 입고 있는 완벽한 미모의 님펫 한 명이 내 곁으로 다가와 앉아, 그녀의 다리를 벤치 위에 얹어 놓고서 날씬한 팔을 내게 기댄 채 롤러스케이트 끈을 졸라매고 있는 것이었다.

……가끔 내 집 발코니에서 길 건너편을 바라보면, 전깃불이 켜져 있는 창문을 통해 님펫 같아 보이는 소녀가 거울 앞에서 옷을 벗고 있는 광경을 목격할 수 있었다.

……순진한 아이들 중에서도 우연히 이상한 마력을 가지고 있는 계집애, 즉 새까만 눈과 해맑은 입술을 가진 님펫을 발견했을 때, 나의 심장은 큰 소리로 고동쳐오는 것이었다. 단지 그 애에게 내가 그녀를 사랑하고 있다는 사실만이라도 알려줄 수 있다면, 10년 감옥살이쯤은 내겐 아무런 문제가 아니었다.

험버트는 님펫을 직접적인 성적 접촉의 대상으로 추구하고 있지만, 우유부단한 양심가(良心家)인 그로서는 그것을 실천에 옮길 만한 용기가 없다. 그래서 그가 가진 유치증적 성욕은 단지 엿보면서 쾌감을 느끼는 데 불과한 관음증적(觀淫症的) 성욕의 상태에 머물러 버린다.

중년 시절 ---- 로리타

결혼에 실패한 험버트는 미국으로 건너온다. 그리고 계속되는 우울증과 정신분열증으로 고생하던 중, 조용히 연구도 하고 요양도 할 겸 람스데일이라는 소도시로 가서 하숙 생활을 시작하게 된다. 하숙집 주인 헤이즈 여사는 30대 중반의 여자인데, 처음부터 그에게 호감을 느껴 친절을 베풀어준다. 그러나 허버트의 관심은 그녀의 딸 돌로레스에게로 가 있었다. 이 책에서는 그가 정원에서 로리타를 처음 발견하게 되는 장면이 다음과 같이 묘사되고 있다.

바로 그 소녀였다. 가냘프면서도 달착지근한 꿀빛 살결을 한 어깨, 비단결처럼 부드럽게 뻗어 내린 허리의 선, 그리고 밤색 머리카락……. 바로 영락없는 리비에라의 그 소녀였다. 그녀의 가슴을 둘러싸고 있는 물방울무늬의 검은 스카프는, 늙어가고 있는 지금의 내 두 눈을 가릴 수 있을 것이다. 그러나 영원히 잊지 못할 그날, 아나벨의 아리따운 가슴을 더듬으며 어루만져 보았던 내 어린 시절의 추억을 가리지는 못했다.

험버트는 자기가 로리타를 발견하게 된 게 단지 우연한 일만은 아니라고 말하고 있다. 그는 그의 어린 시절의 기억 중에서 '바닷가 어린 왕자의 영토' 안에서 일어났던 일이, 벌써 로리타와의 숙명적인 만남을 예정(豫

定)하고 있었던 것이라고 믿는 것이다.

　……그녀는 리비에라 시절의 내 옛날 애인과 거의 같은 냄새를 풍기고 있었다. 당장에 나의 자지를 벌떡 일으켜 세울 만치 강렬한 향기였다.

로리타 곁에 영원히 남아 있고 싶어하는 그의 욕망은, 그를 결국 헤이즈 여사와 결혼하도록 만든다. 그러나 얼마 안 가서 그의 비밀 일기가 아내에게 발각되고, 그 충격 때문에 아내는 차에 뛰어들어 자살해 버린다. 아내의 장례를 마치고 나서 험버트는 로리타의 의붓아버지 자격으로 캠프에 가 있는 로리타를 데리러 떠난다.

그녀를 '홀린 사냥꾼'이라는 이름의 어떤 밀폐된 비밀 장소로 데려 가려는 의도에서 그는 수면제까지 준비한다. 그런데 캠프를 떠나 호텔로 가는 차 안에서 로리타는 딸이 아니라 님펫이 되어버리는 것이다.

"전……, 이런 드라이브는 생전 처음이에요."
　우리들이 타고 있는 자동차는 고요한 소도시를 향해 소리 없이 굴러가고 있었다.
"이것 보세요. 우리가 서로 애인끼리라는 걸 알게 되면 어머니는 대단히 화를 내시겠죠?"
"그런 얘긴 이제 그만 두자, 로리타야."
"우린 그래도 애인끼리거든요. 그렇잖아요?"
"그건 나도 모르겠어. 비가 더 오려나? 캠프에서 재미 본 얘기나 좀 해줄 수 없겠니?"

도대체 그녀의 마음은 종잡을 수가 없다. 두 사람은 마침내 '홀린 사냥꾼'에 도착한다.

"우린 한 방에서 자게 되나요?"

하고 로리타가 물었다. 화를 내거나 싫어하는 눈치가 아니었고, 아주 당돌한 표정을 하고 있었다.

"애들 침대 하나를 넣어 달라고 부탁했어. 그것이 좋으면 거기서 자려무나."

"돌았어, 아버진."

하고 로리타는 샐쭉한 표정을 지었다.

"왜? 대체 왜 그러니?"

"왜라니요? 어머니가 이 사실을 알아 봐요. 어머닌 아버지와 이혼하려 할 거고, 날 목 졸라 버릴 거예요."

위의 대화에서도 알 수 있듯이, 로리타 역시 험버트와의 미묘한 관계를 의식하고 있고, 또 한편으로는 그것을 즐기고 있다. 뿐만 아니라 어떤 의미로는 사랑의 라이벌 관계에 있는 어머니에 대해 심술을 부리기까지 한다. 그때부터 로리타 쪽에서 근친상간에 대한 호기심 섞인 열정을 보여주게 된다. 이제는 자기 아버지뻘인 험버트를 이성으로서도 마음대로 주무를 수 있다는 자신감에 넘쳐 있는 자기 자신을 대견스럽게 생각하는 모습이 역력히 드러난다.

험버트와 로리타 사이는 친아버지와 친딸 관계가 아니라 의붓아버지와 의붓딸의 관계이므로 근친애(近親愛)와는 조금 다른 경우지만, 유치증적 성향을 가진 남성과 님펫적(的) 성향을 가진 소녀 사이에 맺어지는 애정 관계에는 근친애적 요소가 잠재해 있다고 볼 수 있을 것이다. 드디어 두 사람은 육체적인 관계를 맺기까지에 이른다.

사지가 둔중하고 악취를 풍기는 어른인 내가, 바로 그날 아침 그 여자 아이와 육체관계를 맺었다. 평생의 소원을 이제야 시원하게 풀어 본 셈이다.

그 후 이 소설의 후반부에서는 험버트와 로리타의 위치가 서로 바뀐다. 변덕스러우면서 자유분방한 기질을 가진 로리타가 험버트를 기만하는 데 반해, 로리타에게 걷잡을 수 없이 깊이 빠져 들어가 있는 험버트가 고통스런 질투의 늪에 빠져 허우적거리는 내용으로 되어 있다. 로리타가 잠적해 버리자 그녀를 추적하던 험버트는 그녀와 육체관계를 맺었던 퀼티라는 사내를 총으로 쏘아서 죽여버리게 된다.

이상이 『로리타』의 대략적 줄거리인데, 다른 성 심리 소설에서와 마찬가지로 이 작품에서도 여러 가지 복합적인 성 심리들이 다양하게 제시되고 있다. 유치증이 관음증과 관련이 있게 묘사되고, 어린 딸 같은 나이의 여자에게 사랑을 느끼게 되는 심리가 근친애적 요소로도 나타난다. 또 험버트가 로리타를 빼앗기고 나서 그녀의 배신에 분노하며 마음의 고통을 느끼는 대목에서는 마조히즘의 심리가 드러나기도 하는 것이다. 그리고 로리타의 인형을 매만져 보기도 하고 그녀의 침대에 파고들기를 좋아하는 험버트의 심리 상태를 페티시즘으로 볼 수도 있을 것이다. 그러나 이 작품에서 가장 중요한 성 심리는 역시 유치증이라고 볼 수밖에 없다.

유치증은 유약하고 미숙한 아동을 성 대상으로 하는 심리이다. 꼭 이성(異性)만이 아니라 동성(同性)의 아이도 그 대상이 될 수 있다고 한다.

유치증은 어린 시절로 퇴행했을 때의 자기 이미지를 가진 아이를 자기와 동일시하여 성적 대상으로 삼게 되는 '진성(眞性) 유치증'과, 노인이나 사춘기의 소년 등 육체적 노쇠 또는 정신 발육의 미숙으로 성숙한 이성에의 접근이 곤란한 상태에서 아동을 성 대상으로 선택하는 '대상적(代償的) 유치증'으로 구별될 수 있다.

말하자면 유치증이란 어린이를 성적 만족의 대상으로 삼는 것인데, 어린이는 동성이라 할지라도 이성적인 요소를 지니고 있다고 볼 수 있다. 역사적으로도 고대 그리스 시대에 플라톤 등의 철학자들이 미소년을 데리고 다니며 사랑하곤 했다는 기록이 있다. 얼핏 보면 이것은 육체관계를 맺는 것이 아니라 어린아이를 귀여워하면서 사랑하는 심리로 보인다.

어린아이의 피부는 여자 아이건 남자 아이건 다 어른과는 달리 보드랍기 짝이 없어서, 살갗접촉(skinship)의 대상으로서 사랑하게 되는 것이라고 설명할 수 있다. 그러므로 일반적인 유치증의 경우 교접에 이르는 경우는 드물고, 신체를 더듬거나 포옹하거나 키스하는 정도로 그치는 경우가 많다.

유치증이 우리나라 말로는 소아 기호증(pedophilia)과 비슷한 의미로 쓰일 수밖에 없지만, 그것을 영어로 '헤베필리아(hebephilia)'라고 할 경우에는 일반적인 소아 기호증과 조금 의미가 달라진다.

헤베필리아라는 용어는 헤베(Hebe)라는 이름의 그리스 신화에 나오는 여신의 이름을 따서 만들어진 용어이다. 헤베는 영원히 늙지 않는 청춘의 여신인데 제우스와 헤라 사이에서 태어난 딸이었다. 신들이 모인 자리에서 술을 따라주는 것이 그녀의 중요한 직책이었는데, 늘 바람기가 많아서 방종한 사랑을 자주 해대므로 신전에서 쫓겨난다.

일반적인 의미의 유치증이 주로 소아 기호증의 의미로 쓰여 사춘기 이전의 어린애들을 보면서 수음을 한다든지 또는 그들과 살갗접촉을 나누는 것을 즐기는 형태로 나타난다면, 헤베필리아로서의 유치증은 좀 더 심각한 증세를 보인다.

남성 유치증 환자는 매우 공격적이거나 충동적이고, 또 판단력의 장애가 있는 사람이 많다. 대개는 어린 시절에 겪은 정신적 외상(外傷)이나 결혼생활에 대한 부적응, 현실 감각에 대한 마비 등이 그 원인이 된다. 그들은 정신적으로 퇴행되어 있으며 알코올 중독자가 많다.

소설 『로리타』의 경우에는 주인공 험버트가 어린 시절에 강렬한 사랑에 빠져들었음에도 불구하고 그 사랑이 이루어지지 않자, 그 여자애와 비슷한 이미지를 가진 여자 아이들을 찾아 헤매다가 유치증적 애정 형태로 빠져들게 되는 내용으로 되어 있다. 그러므로 그를 진성 유치증 환자라고 보기는 어렵다. 어찌 보면 그는 단지 첫사랑의 추억을 못 잊어 평생 동안 고뇌하는 순진한 로맨티스트라고 볼 수도 있다. 이런 예는 요즘 우리 주변에서도 얼마든지 많이 찾아볼 수 있다.

그런데 문제는, 주인공 험버트가 첫사랑을 경험했을 때의 나이가 너무 어렸다는 점에 있었다. 그의 첫사랑의 대상이 소녀였기 때문에 그는 결국 평생 '소녀'만을 사랑하게 된 셈이다.

이렇게 순진한 험버트에 비해 로리타는 님펫으로서의 기질을 선천적으로 타고난 여자애 같아 보인다.

어린 소녀가 나이 많은 남자를 사랑하는 심리에 특별한 명칭을 붙여 변태성욕으로 규정하지는 않는다. 흔히 중·고교 시절에 많은 여학생들이 담임선생님을 마음속으로 짝사랑하게 되는 등, 그런 예가 너무도 많기 때문이다.

하지만 로리타는 짝사랑 정도에 그치지 않고 험버트와 육체적 관계를 맺었으며 또 다른 많은 성인 남자들 사이를 오락가락했다. 이러한 그녀의 심리 상태를 딱 부러지게 설명할 수는 없겠지만, 일종의 엘렉트라 콤플렉스에 의한 근친애적 욕망과 흡사하다고 추측할 수는 있다.

요즘 큰 사회 문제가 되고 있는 어린이 추행 사건은 진성 유치증에 가까운 변태성욕으로 설명될 수 있다. 그러므로 그 해결책은 진성 유치증의 발병 원인이라고 할 수 있는 여러 요소들을 사전에 예방해 주는 데 있다.
역시 가장 중요한 원인은 어린 시절의 정신적 외상(外傷), 특히 부모에게 사랑을 받지 못했을 때 생기는 억압된 증오심이라 하겠다. 험버트 역시 어머니가 일찍 죽었고, 또 그 죽음은 무척이나 끔찍한 죽음이었다. 결혼생활의 부적응이나 알코올 중독 등, 성인이 된 이후에 나타나는 증세들 역시 어린 시절에 그 잠재적 원인의 뿌리를 내리고 있다고 보는 게 옳을 것이다.
요즘 우리나라의 젊은이들이나 성인 남자들이 어린이 추행을 서슴지 않는 것 역시 점점 냉랭해져 가는 가족애에 주요 원인이 있고, 모성애적 애정을 베푸는 것보다 가정의 일체 잡사(雜事)로부터 탈출하고 싶어하는, 소위 '기가 센' 여자들의 증가에 그 원인이 있지 않을까?
급진적 여성해방 운동가들은 '모성애'조차 부인하는 이들이 많고, 남자를 적대시하기까지 한다. 그럴 경우 '아들' 역시 남자이므로 원수가 될 수밖에 없는 것이다.
남자는 '평생 어린애'일 수밖에 없고, 그래서 자궁회귀본능이나 어린 시절로의 퇴행 욕구가 늘 그들을 따라다닌다. 어머니 또는 아내가 포근한 자궁의 역할을 해주지 못할 경우, 그들은 퇴행 욕구가 더욱 간절해져서 퇴행된 자기 자신이라고 생각되는 어린아이들을 통해 나르시시즘의 형태로 대상적(代償的) 욕구 충족을 시도할 수밖에 없다.

 그러므로 결국 모든 성범죄의 근본적인 해결책은, 이 시대의 여성들이 '어머니'라는 역할에 보다 더 당당하고 충실한 자세를 보여주는 것에 있다 하겠다.
 만약 어머니가 되기를 진정으로 싫어하는 여성이 있다면, 그런 여성은 절대로 결혼해서는 안 된다. 노처녀로 지내기가 남 보기에 창피해서 억지로 구색 맞추는 식으로 결혼을 하고, 그 뒤에 '에라 모르겠다, 남들 하는 대로 일단 따라가고 보자'는 식으로 아이까지 낳는다면, 그것은 남편만이 아니라 아이에게까지도 피해를 주는 일이 된다. 이젠 남자건 여자건 '결혼'이라는 상투적 굴레로부터 벗어날 때가 되었다.
 남녀 서로가 각자의 취향에 맞는 형태로 사랑을 나누면서 성관(性觀)의 합의점에 이르게 될 경우, 거기에 변태성욕은 존재하지 않는다. 유치증이든 소아 기호증이든 두 사람이 서로 사랑하여 맺어진 경우라면, 아무리 나이 차이가 많다 하더라도 별 문제가 될 수 없는 것이다.
 그러나 역시 가장 큰 문제로 제기되는 것은, 남자는 나이를 먹을수록 대개 젊고 어린 여자를 좋아하게 되는데, 대부분의 요즘 젊은 여자들은 늙은 남자를 싫어한다는 사실이다. 예전에는 결혼할 때 남자 쪽이 다섯 살에서 열 살 정도 연상인 것을 당연한 것으로 알았으나 요즘은 그렇지가 않아서, 동갑내기 부부들이 늘어나고 있다.
 그 이유는 역시 그만큼 여권(女權)이 신장되었기 때문인데, 그러다 보니 돈 많은 늙은 여자가 젊은 남자를 사서 즐기는 '호스트 바' 같은 것까지 생기게 되었다. 여자들은 이제 나이가 많든 적든, 어머니로서의 역할보다는 '애인'으로서의 역할을 더 선호하게 된 것이다.

그러므로 이젠 소아 강간까지는 안 간다 하더라도, 남자든 여자든 나이든 사람이면 누구나 유치증 또는 '영계 밝힘증'에 빠져 있다고 봐야 할는지도 모른다. 평균 수명이 늘어나게 되면서 오십 대 이상 나이의 인구가 증가하게 되고, 그들이 예전에 비해 훨씬 더 정력적인 성욕을 갖게 된 결과로 인해서 생긴 당연한 귀결이다.

누구나 '더 싱싱한 음식'을 원하는 법이고, 그것을 나무랄 수는 없다. 인간은 문명발달에 힘입어 중년 이후에도 건강한 성생활을 향유할 수 있는 조건을 갖추게 되었지만, 그 대신에 끊임없는 욕구불만의 늪에서 헤매야만 하는 신세가 되었다.

18 헤르만 헤세의 『게르트루트』

 평생 한 여자만을 미칠 듯이 사랑하면서 살아갈 수 있다면 얼마나 좋을까 하는 생각을 해볼 때가 있다. 사랑에 빠져들기도 어렵지만, 그래 봤자 쉽게 변덕과 싫증이 찾아온다는 것을 알게 됐기 때문이다. 노래 가사를 보면 거의 다 "죽을 때까지 너만을 사랑하겠다"고 울부짖어댄다. 하지만 실제로 그런 사랑을 해보는 사람은 별로 없을 것이다. 사랑 끝에는 반드시 권태가 오고, 권태 끝에는 이별이 기다리고 있는 게 바로 사랑의 실체(實體)이기 때문이다.

 그래서 그런지 소설이나 영화에서는 곧잘 죽는 날까지 한 사람만을 사랑하는 이야기를 소재로 삼는다. 그러나 대개는 한쪽을 일찍 죽게 만들어 사랑의 기간을 짧게 하고 있다. 일찍 죽는 쪽은 대개 여자인데, 한창 아름다울 때 죽어줘야만 남자 쪽에서 두고두고 추억에 잠길 수 있기 때문이다.

아무리 남녀평등이 외쳐지고 여성해방운동이 활발히 펼쳐진다고 해도, 이 원칙만은 쉽게 깨질 것 같지가 않다. 독자가 여자라고 해도 여주인공이 늙어서 할머니가 된 꼴을 보고 싶어 하지는 않기 때문이다. 이런 생각은 남성중심주의적 사고방식에서 나온 것이 아니라, '아름다움'의 본질은 역시 '여성미(女性美)'에 있다는 믿음에서 나온 것이다.

『독일인의 사랑』이나 『마농 레스코』같은 소설, 또는 〈애수(哀愁)〉 같은 영화가 대표적인 예인데, 여주인공이 한창 예쁠 때 죽어버려 남주인공이 그녀를 두고두고 못 잊어하는 줄거리로 되어 있다.

그러나 현실에서는 그런 사랑을 해보기가 그렇게 쉽지가 않다. 대개는 사랑하다 결혼하고 결혼하면 늙어가게 마련이어서, 죽도록 '정(情)'을 유지할 수 있을지는 모르지만 '사랑'을 유지하긴 어렵다. '사랑'은 '정'과는 달리 '미적(美的) 경탄'의 감정을 반드시 필요로 하는 것이라서 그렇다.

영화 〈메디슨 카운티의 다리〉가 실패한 까닭도 그 때문이라고 보는데, 여주인공으로 나온 메릴 스트립의 늙고 못생긴 얼굴에서 관객은 도무지 '사랑'을 느낄 수가 없었다. 원작소설은 영화와는 달리 실제 얼굴을 보여주는 게 아니라 추상적인 글로 묘사하는 것이어서, 늙은 여자가 나오더라도 독자들은 어느 정도 속아 넘어가 줄 수가 있었다. 그러나 영화에서는 배우의 얼굴이 '클로즈업'으로 역력히 드러나기 때문에 도저히 눈속임을 할 수가 없었다.

그런 측면에서 볼 때, 한 여자가 빨리 죽어버리지 않고 서서히 늙어 가는데도 불구하고 한 남자가 평생 그 여자만을 사랑하는 줄거리로 된 소설은 내가 알기론 딱 하나가 있다. 헤르만 헤세가 쓴 『게르트루트』

(Gertrud)』가 그것이다. 게르트루트라는 이름의 여자를 남주인공이 어렸을 때부터 죽을 때까지 사랑한다는 줄거리로 되어 있는데, 과연 영원한 낭만주의자 헤르만 헤세다운 작품이다. 한국어 번역본은 문예출판사에서 나왔다.

남주인공 쿠운은 게르트루트를 사랑하다 친구인 무오트에게 빼앗기고 난 다음에도 계속 그녀를 사랑한다. 무오트가 일찍 병사(病死)해 버렸는데도 게르트루트는 쿠운에게 오지 않고 과부로 수절한다. 말하자면 사랑의 삼각관계 속에서 고민하며 평생 고독을 씹어가는 순진한 남자의 일생을 그린 작품이다.

하긴 쿠운이 평생 게르트루트를 사랑하게 된 것은 그가 그녀에게 걷어차였기 때문인지도 모른다. 만약에 그가 게르트루트와 결혼했다면 십중팔구 싫증을 느끼게 됐을 것이다. 하지만 그녀가 늙어가는 것을 곁에서 지켜보면서도 마음이 변치 않는 쿠운의 사랑은 어쨌든 가상하다. 이건 비꼬는 뜻에서 하는 얘기가 아니라 진심으로 부러워서 하는 얘기다.

헤세 자신은 두 번이나 이혼하며 여자 문제로 골치를 앓았으면서도, 평생 낭만적인 테마로 된 연애소설을 많이 썼다. 나로서는 사실 이해가 잘 안 가는 일이다. 사람은 나이를 먹어갈수록 순진한 연애 정서가 메말라가기 때문에, 지독한 낭만주의자라고 해도 결국은 사랑에 냉소적이 되게 마련이다. 그런데도 헤세는 낭만적 연애 정서를 평생 유지했다.

게르트루트라는 여성은 소설 속에서 굉장히 우아하고 고상한 여성으로 그려지고 있다. 그런데 재미있는 것은, 그녀가 남주인공 쿠운을 차버리고 결혼하게 되는 무오트라는 남자가 사디스트로 그려지고 있다는 사실이다. 무오트는 걸핏하면 여자들한테 손찌검을 하는 난폭한 성격의 남자인데, 그런데도 그의 주위에는 많은 여성들이 들끓는다. 쿠운은 이런 사실을 알고 나서 야릇한 질투심에 괴로워한다. 그러면서도 게르트루트를 못 잊어 매일 밤을 눈물로 지새우고……. 헤세답지 않게, 여자에 대한 약간의 심술과 조소를 퍼부은 소설이라 하겠다.

『게르트루트』는 헤세의 세 번째 작품이다. 첫 작품 『페터 카멘친트』가 대성공을 거두고 난 후, 두 번째 작품인 『수레바퀴 밑에서』에 이어 세 번째로 발표한 장편소설이 이 작품이다. 헤세의 소설 가운데 구성이 가장 복잡하고 드라마틱한 소설이라고 할 수 있다. 다른 작품들처럼 주인공의 내면적 성장을 뒤쫓는 '교양소설(또는 성장소설)' 형식으로 쓰이지 않았기 때문에, 어찌 보면 가장 재미있고 가장 통속적인 작품이라고 할 수 있다.

우리나라에서 헤르만 헤세를 모르는 독자는 거의 없을 것이다. 특히 『데미안』 같은 소설은 지금도 여전히 스테디셀러의 위치를 고수하고 있다. 그렇지만 나는 『데미안』이 너무 관념적 설교로 가득 찬 소설이라 별로 좋아하지 않는다.

헤세 역시 다른 작가들처럼 후기로 갈수록 관념적 성향을 보이는데, 『싯다르타』, 『나르치스와 골드문트』, 『유리알 유희』, 『황야의 이리』 같은 작품이 다 그렇다.

순진한 방랑아로서의 헤세의 면모를 가장 잘 보여주는 작품들은 역시 초기작들이다. 『페터 카멘친트』에서 보여주는 목가적인 자연풍경 묘사와 구름과 방랑에 대한 예찬, 『게르트루트』에서 보여주는 지순한 짝사랑의 고뇌, 『크눌프』에서 보여주는 달착지근한 허무와 감상(感傷), 『청춘은 아름다워라』에서 보여주는 사랑의 기쁨……. 이런 것들이 바로 낭만주의자

헤르만 헤세의 진면목이라고 할 수 있다.

헤세의 작품이 갖는 주된 매력은 역사 '방랑'의 정서에 있다. 『게르트루트』의 남주인공 쿠운도 독일의 이 도시 저 도시를 떠돌아다니는 음악가로 그려져 있다. 헤세는 방랑의 매력을 안개·들·구름·호수 등의 묘사와 함께 그려낸다. 그리고 방랑의 동기로는 반드시 '첫사랑의 실패'가 들어간다. 『게르트루트』의 남주인공도 그렇고, 『크눌프』의 남주인공도 그렇다. 또 첫사랑에 대한 추억에 젖어 정처 없는 여행을 떠나는 남자의 심정을 그린 명작으로 중편소설 『가을의 도보여행』이 있다.

나는 젊은 시절 『게르트루트』를 읽으면서 몇날 며칠 밤을 설레는 감상과 애수로 지새웠다. 그러다가 나이를 먹어 여자의 정체를 알게 되면서 헤르만 헤세의 순진한 낭만이 비위에 거슬리기 시작했다. 하지만 지금은 다시 『게르트루트』가 그립다. 아니 게르트루트 같은 여자가 그립다. 죽기 전에 그런 여자를 한번 만나보고 싶다.

19. 알렉상드르 뒤마의 『몽테크리스토 백작』

 '재미'라는 요소로만 따질 때, 내가 가장 재미있게 읽은 소설은 알렉상드르 뒤마가 쓴 『몽테크리스토 백작』이다. 초등학교에 다닐 때는 내용을 짧게 줄인 축소판으로 읽었고, 대학에 다닐 때 비로소 오징자 씨 번역으로 완역본이 나와 정말 흥미진진하게 탐독했다. 정말 밤을 새워가며 읽을 수밖에 없는, 그야말로 '스릴'과 '서스펜스'로 가득 찬 모험소설이었다. 그러다가 최근에 다시 한 번 통독할 기회가 있었는데, 건너뛰고 읽은 부분이 하나도 없었을 만큼 여전히 재미가 있었다.

 소설의 목적은 우선 '재미'에 있고, 또 그래서 소설이란 장르가 나온 것이다. 그런데도 우리는 너무 재미있는 소설은 '통속물'에 지나지 않는다는 위선적 선입견에 빠져 있는 수가 많다. 그래서 이른바 '명작'이라고 불리는 소설들은 대개 독자가 건너뛰어 가며 읽을 수밖에 없는 소설인 경우가 많고, 작가의 교훈적 잔소리가 소설의 태반을 차지하고 있다. 톨스토이의 『전쟁과 평화』나 멜빌의 『모비 딕』, 도스토옙스키의 『카라마조프의 형제들』 같은 것이 대표적 예일 것이다.

그런 점에서 볼 때 뒤마의 소설들은 작가가 오로지 '재미'만을 진술하게 추구했다는 점에서 문학사상(文學史上) 유례가 없는 경우라고 볼 수 있다. 말하자면 '관념적 포장'이 하나도 없고, 도덕적 잔소리 또한 하나도 없는 것이다.

뒤마는 조수를 써가며 다작(多作)을 했기 때문에 100편 가까운 장편소설을 남겼다. 그중에서도 우리에게 가장 많이 알려진 작품은 『몽테크리스토 백작』과 『삼총사』가 될 것이다. 그 밖에도 『20년 후』나 『철가면』, 『왕비의 목걸이』, 『검은 튤립』 같은 소설도 서구에서는 줄곧 애독되고 있다. 또 그런 작품들은 대개가 다 영화화되어 많은 사람들을 시각적으로도 즐겁게 해주었다.

나는 『삼총사』보다 『몽테크리스토 백작』을 훨씬 더 좋아한다. 『삼총사』가 궁중(宮中)의 암투를 배경으로 하여 곤경에 빠진 왕비를 돕는 무사들의 애기를 그린 데 반해, 『몽테크리스토 백작』은 억울한 감옥살이 끝에 극적으로 탈출하여 원수들을 신나게 물리치는 통쾌한 복수담으로 되어 있기 때문이다.

에드몽 단테스는 친구들의 모함과 악질 검사의 출세욕으로 인해 애인까지 뺏기고 지하 감옥에 갇힌다. 그리고 14년의 세월을 감옥에서 허비하며 한(恨)을 쌓아나간다.

지금도 세계 도처에서는 억울한 감옥살이를 하고 있는 사람들이 너무나 많다. 이 소설은 법과 제도, 그리고 권력의 횡포 때문에 고생하는 죄수 아닌 죄수들을 생각해 보게 하는 것만으로도 의의가 있다.

'복수'를 테마로 하는 소설이 유달리 재미있게 읽히는 까닭은, 이 세상엔 이처럼 '억울한 일'을 당하는 사람들이 많기 때문이다. 그리고 친구나 동료를 모함하거나 중상하여 몰락하게 만드는 '사악한 무리들' 역시 이 세상엔 많기 때문이다. 그러나 에드몽 단테스같이 극적으로 감옥을 탈출하고, 게다가 엄청난 재물까지 손에 넣어 신나게 복수극을 벌일 수 있는 사람이 이 세상에 과연 몇이나 될까.

대학 시절에 이 소설을 읽을 때는 그저 통쾌하기만 했는데, 60대 초반의 나이에 이 책을 읽을 때는 약간 씁쓰레한 허탈감을 느끼지 않을 수 없었다. 수구적 봉건윤리로 똘똘 뭉친 꽉 막힌 권위주의자들의 횡포에 내가 무력감을 느껴가고 있기 때문인지도 모른다.

하지만 그렇다고 해서 이 소설의 가치가 깎이는 것은 아니다. 비록 리얼리티와 개연성을 결(缺)하고 있다고는 해도, 어쨌든 이 소설은 통쾌한 대리배설(또는 대리만족)의 쾌감을 우리에게 선물해 주고 있다. 나는 소설은 일종의 '인공적 길몽(吉夢)'이라고 생각하는데, 꿈속에서라도 대리만족을 체험할 수 있으면 그 사람의 울화(鬱火)가 다소나마 위안을 받는다고 믿기 때문이다.

아니, 다소 위안을 받는 정도가 아니라 그 사람의 실제 인생을 긍정적인 쪽으로 바꿔놓을 수도 있다. '잠재의식의 해방'은 '생명력의 약동'을 낳고, '생명력의 약동'은 구체적인 행복과 성취감을 마련해 주기 때문이다.

그러므로 소설은 충분히 '심리치료'와 '운명 바꾸기'의 기능을 할 수 있다. 『몽테크리스토 백작』은 우울증에 다시없는 약이요, 억울함 섞인 비관적 인생관에도 다시없는 약이다.

이 소설은 단순한 복수극으로만 시종하지 않고 에로틱한 로맨스를 곁들이고 있어서 더 재미있다. 낭만주의 소설답게 기가 막히게 완벽한 미녀가(그것도 나이까지 어린!) 한 명 나와 몽테크리스토 백작의 애인 노릇을 하는데, 그녀의 이름은 '에데'이고 몽테크리스토 백작이 구해준 망해버린 어느 중동 국가의 공주이다.

이 소설이 나온 19세기 중반은 중동의 에로티시즘 문화에 대한 익조틱(exotic)한 동경이 프랑스 문화계를 풍미하고 있을 때였다. 그래서 중동의 하렘 풍경이나 오달리스크(하렘의 여자 노예)를 그린 그림들이 많이 그려졌고, 『아라비안나이트』 역시 많이 읽혔다.

뒤마는 그런 유행을 의식하여 에데를 중동 이슬람 국가의 공주로 그려냈다. 항상 베일을 쓰고 등장하며 또한 남자를 하늘같이 떠받들면서 그의 노예가 되기를 감수하는 에데의 이미지는, 많은 남성 독자들의 마음을 야릇한 설렘으로 헤집어놓았다.

또한 이 소설에서 흥미롭게 읽히는 부분은 몽테크리스토 백작이 대마초(그가 피우는 것은 인도산으로, '하쉬쉬'라고 불리는 것이다) 중독자로 그려지고 있다는 점이다. 그는 대마초를 애용하면서 대마초 예찬론을 펼치기까지 하는데, 아마도 그 당시엔 대마초가 공식적으로 금지되지 않았기 때문인 것 같다. 이 소설뿐만 아니라 코난 도일의 유명한 추리소설 『셜록 홈즈의 모험』을 봐도 명탐정 홈즈가 마약을 상용하는 것으로 그려지고 있다. 참으로 격세지감을 느낄 수밖에 없는 부분이다.

몽테크리스토 백작은 절세미녀와 함께 대마초를 즐기며 긍정적 운명관과 쾌락주의적 인생관을 설파해댄다. 완벽한 복수를 가능하게 해준 어마어마한 보화(寶貨)들, 그리고 궁궐보다 더 찬란한 지하저택, 거기에 충직한 부하들과 시녀들……. 이런 환경에서 타고난 건강으로 에로틱한 향락을 만끽하는 몽테크리스토 백작의 모습은, 우리가 누구나 마음속으로 꿈꾸는 '진짜 행복한 황홀경'일 것이다.

이 작품의 마지막 부분에서 작가는 몽테크리스토 백작의 입을 빌려 인생을 살아가는 지혜를 독자에게 가르쳐 준다. "기다려라, 그리고 희망을 가져라!"가 고달픈 인생살이에 필요한 유일한 잠언이라는 것이다. 다소 상투적인 교훈으로 들리긴 하지만 그런대로 써먹을 만한 잠언이라 하겠다. 당장 자살해 버릴 용기가 없는 한, 우리는 그래도 '희망'을 끌어안고 살아갈 수밖에 없기 때문이다.

20 도스토옙스키의 소설들

우리나라 문인들한테 세계문학사상(史上) 가장 걸출한 작가가 누구냐고 물어보면 대개는 러시아의 도스토옙스키라고 대답한다. 톨스토이나 플로베르, 발자크, 헤밍웨이, 빅토르 위고 등 허다한 '문호'들이 있음에도 불구하고, 도스토옙스키가 누리고 있는 문학적 위상(位相)과 명예를 쫓아갈만한 작가는 없을 것 같다.

물론 셰익스피어나 괴테 같은 문호가 도스토옙스키에 버금갈 만한 영광을 누리고는 있지만, 한국 작가들의 창작에 얼마나 직접적인 영향을 미쳤느냐 하는 점에 있어서는 도스토옙스키와는 비교가 안 된다.

하지만 나는 솔직히 말해서 도스토옙스키의 소설을 단 한 권도 재미있게 읽은 적이 없다. 아니 재미있게 읽은 적이 없을 뿐만 아니라, 차근차근 정독해 본 적도 없다. 너무나 지루한 잔소리와 기독교적 설교로 가득 차 있기 때문에, 읽더라도 성둥성둥 건너뛰어 가며 읽을 수밖에 없었다.

그런데도 내가 그의 소설을 읽어보려고 애를 쓴 까닭은, 우선은 그가 너무나 칭찬받는 작가이고, 또 내가 문학을 업(業)으로 삼는 사람이기 때문이다.

도스토옙스키의 소설들은 내게 재미가 전혀 없을 뿐만 아니라 그의 '작가정신'에 의심을 품게까지 만들었다. 내가 알고 있는, 또는 내가 확신하고 있는 '작가정신'이란 '기성도덕에 대한 창조적 반항'이고 '기성 지배 이데올로기에 대한 반골적(反骨的) 도전'이기 때문이다.

그런데 대부분의 도스토옙스키 소설들은 국가의 통치수단으로 격하되어 제도화돼 버린 기독교에 대한 '온순한 복종'으로 가득 차 있고, 당시의 '차르' 전제(專制)정치에 대한 은근한 찬양, 그리고 기존의 지배체제를 무너뜨리려는 급진적 혁명세력에 대한 조소와 멸시로 가득 차 있었다.

그의 대표작이라고 할 수 있는 『죄와 벌』은 기독교적 순명(順命)에 대하 비유적 설교이고, 『카라마조프의 형제들』 역시 기독교적 박애주의에 대한 설교이다. 그리고 『악령(惡靈)』은 반체제적 저항이 얼마나 무모하며 광적(狂的)인 것인가를 폭로하고 매도하는 비아냥거림으로 가득 차 있다.

톨스토이는 요즘 와서 도스토옙스키의 명성에 가려 거의 빛을 보지 못하고 있는데, 같은 '기독교적 잔소리꾼'이라고 할 수 있는 톨스토이는 도스토옙스키보다는 한결 반항적이다. 그래도 그는 농노 문제에 반기를 들었고 당시의 희랍정교 교리에 대해서도 반기를 들었다. 그리고 지배 엘리트들의 위선과 이기심을 풍자하는 소설들을 많이 썼다. 그래서 톨스토이는 책을 낼 때마다 검열당국에 의해 가위질을 당했고, 『인생론』 같은 책은 아예 판매금지를 당하기도 했다.

'사랑' 문제에 접근하는 방식을 봐도 톨스토이는 도스토옙스키에 비해 한결 솔직하다.『안나 카레니나』에 나오는 안나의 불륜은 당시 기득권층의 허위적 사랑과 여성 억압에 대한 분노의 표출이라고 할 수 있고,『크로이체르 소나타』에 나오는 결혼의 비극은 제도화된 일부일처제에 대한 고발이라고 할 수 있다. 그런데 도스토옙스키의『죄와 벌』에 나오는 사랑은 '거룩한 창녀' 소냐의 같잖은 설교로만 가득 찬 개연성 없는 사랑이고,『백치(白痴)』에 나오는 미시킨 공작과 나스타샤 간의 사랑 역시 삼류 멜로드라마에서나 볼 수 있는 순결지상주의에 기초한 사랑인 것이다.

도스토옙스키는 말하자면 지독하게 '보수적인' 작가였다. 그가 주장하는 것은 '지배 권력에 대한 복종', '법에 대한 무조건적 복종', '교회에 대한 복종', '슬라브 민족 국수주의에 대한 찬양' 같은 것이었다. 그런데도 아직도 대다수의 한국 작가들이 도스토옙스키를 사숙하고 있다는 사실은 나를 아연(啞然)케 할 수밖에 없다.

문학의 진정한 가치는 '창조적 반항'(또는 '창조적 불복종')에 있고 '금지된 것에 대한 도전'에 있다. 그래서 입센의『인형의 집』이나 플로베르의『보바리 부인』이 가치가 있는 것이고, 위고의『레 미제라블』역시 가치가 있는 것이다. 기성 윤리에 대한 반항이나 기성의 법제도에 대한 반항이 그런 작품들의 주제이기 때문이다.

나는 그런 점에서 괴테나 카프카 같은 작가 역시 별 볼일 없는 작가라고 생각하는데, 괴테는『파우스트』에서 신과 악마에 대한 이분법적(二分法的) 인식을 바탕으로 신의 은총을 그렸고, 카프카 역시 신에게 다가갈 수 없는 인간의 소외의식을 그렸기 때문이다. 그런 작품들보다는 카뮈의『이방인』이나 아나톨 프랑스의『무희 타이스』가 훨씬 낫다.

물론 도스토옙스키의 소설에도 장점은 있다. 흔히 '심리적 리얼리즘'이라고 불리는 기법을 그는 잘 활용하고 있기 때문이다. 그런 기법을 사용하여 도스토옙스키는 인간의 내면 깊숙이 잠재해 있는 악마성(惡魔性)과 탐욕스러운 본능들을 잘 묘사해 내었다.

도스토옙스키는 평생 간질병에 시달리며 고통을 당했고, 또 도박벽 때문에 늘 파산 직전의 상태에 직면해야 했다. 그래서 그런지 그의 소설에 등장하는 인물들은 모두가 조금씩 미쳐 있거나 편집증을 갖고 있는 사람들이다.

이런 점에서 도스토옙스키의 소설들은 늘 칭찬받고 있는데, 말하자면 인간 내면에 잠재된 황당무계한 본성들을 파헤쳐낸 작가가 그 이전에는 별로 없었기 때문이다.

하지만 그런 점에만 초점을 맞춘다고 해도 나에게는 역시 그의 소설이 너무나 지루하게 읽힌다. 그의 소설에는 끊임없는 장광설과 밑도 끝도 없는 토론이 자주 삽입되는데, 그 내용이야 어떻든 소설을 관념적 토론의 장(場)으로 이용하고 있는 것 같아 불쾌하기 짝이 없다.

또 악문으로 정평이 나 있는 그의 문장은, 원문이 아닌 번역문으로만 보더라도 산만한 비문(非文)이 많다는 게 드러난다. 소설의 스타일(형식미)이 주는 매력을 그의 소설에서는 도무지 찾아볼 수가 없다.

도스토옙스키의 소설이 우리나라에서 끈질기게 숭앙(崇仰)되고 있는 이유는, 우리 문학계가 소설이 갖는 '관념적 포장'에 높은 가치를 매기고 있기 때문일 것이다. 말하자면 뭔가 복잡한 사색이 담겨 있는 것 같아 보이는 소설, 종교적 고뇌가 엿보이는 소설, 그러면서도 결국은 선(善)을 권면하는 소설이라야만 훌륭한 소설이라는 생각을 한국 문인들 누구나 갖고 있는 것이다. 그래서 한국의 소설가들은 이것저것 주워 모은 잡다한 지식들을 작품 속에 마구잡이로 집어넣기도 하고, 괜히 형이상학적 고민을 가장하기도 한다. 그러나 결국 결론에 이르러서는 '전통적 지배 윤리에 대한 추종'과 '도덕주의적 설교'로 끝나, 읽는 사람을 김빠지게 만든다.

도스토옙스키의 소설 역시 한국의 잘된 소설이라는 것들과 크게 다르지 않다. 그는 수구적 도덕주의자였을 뿐 솔직한 '배설'의 작가는 못 되었다. 한국문학이 여태껏 도스토옙스키의 그늘에서 벗어나지 못하고 있다는 사실이 나를 슬프게 한다.

21. 다니자키 준이치로의 『치인(痴人)의 사랑』

『치인(痴人)의 사랑』은 일본 작가 다니자키 준이치로(谷崎潤一郎)가 1924년에 발표한 장편소설이다. 이 작품은 다니자키의 출세작이자 대표적인 작품으로서, 그 당시의 일본 독서계에 센세이션을 불러일으켜 여주인공의 이름을 따서 만든 '나오미즘'이란 말이 유행될 정도였다. 이 소설은 요부(妖婦) 나오미와 소설의 화자인 조지의 기묘한 애정생활에 대한 일종의 자서전적 고백 형식으로 되어 있다.

제목이 암시하는 대로 주인공 조지는 남들에게 '바보'라고 손가락질 받으면서도, 사악한 여자인 나오미의 농염한 아름다움에 매혹되어 그녀의 노예로 전락해 간다. 그런데도 주인공 조지는 결국 마조히스트로서의 자신을 시인하며, 이 작품의 끝머리에서 남이 뭐라든지 그녀의 아름다움에 굴복한다. 그리고 그녀가 그를 정신적으로 학대하는데도 불구하고 오로지 그녀의 육체에 대한 탐미주의적 외경심(畏敬心) 때문에, 열세 살이라는 나이 차이에도 불구하고 그녀의 성적(性的) 노예가 되어가는 것이다.

이 작품은 1960년대에 우리나라에 일찍이 번역·소개되어 정음사판 세계문학전집에 수록되어 있고, 최근에는 시공사의 세계문학전집 중의 한 권으로『미친 사랑』이라는 제목으로 출간되었다. 그러나 작품 내용이 좀 유별나서인지 읽은 사람이 별로 많지 않은 것 같다. 그래서 우선 이 소설의 줄거리를 비교적 상세히 소개해 보기로 한다.

이 소설은 주인공인 '나', 즉 조지와 요부형의 여자인 나오미 사이의 기묘한 부부 관계를 묘사해 내고 있다.

꽤 부유한 독신남성인 조지는 카페에서 심부름을 하는 나오미라는 소녀의 미모에 끌리게 된다. 서구적인 생활양식과 미(美)를 동경하는 조지는(그래서 자기의 이름도 서양사람 이름처럼 지었다), 서양의 여배우를 닮은 나오미의 외모에 끌리어 가난한 집안의 딸인 그녀를 데려다가 한 집에서 함께 생활한다. 아름다운 '동화의 집'에서 조지와 나오미는 아무런 간섭 없이 친구처럼 자유롭게 지낸다. 조지는 15세의 소녀 나오미에게 옷도 사다 입혀 주고 화장법도 가르쳐주는 등 온갖 정성을 들여가며 세련된 여자로 탈바꿈시켜, 거기서 살아가는 보람을 느껴가는 것이다.

조지는 그녀를 자신이 발견한 소중한 보물로 여기며, '여성의 영원한 미'를 나오미의 육체를 통해서 발견하고 점점 거기에 탐닉하게 된다. 말하자면 조지는 나오미를 훌륭한 여성으로 '만들어주자'는 당초의 보호자적 태도에서부터, 도리어 그녀의 육체적 아름다움을 찬미하는 숭배자로 바뀌어가는 것이다. 반면에 나오미는, 정신적 가치가 빠져버린 육체적 아름다움만으로도 충분히 남성들을 굴복시키는 것이 가능하며, 또 여자의 육체적 아름다움만이 남성을 이길 수 있는 유일한 방법이라는 사실을 깨달아가게 된다.

결국 조지는 그녀의 육체적 마력(魔力)으로 인해 그의 모든 의지를 잃어가고 그녀와 무질서한 향락주의적 생활을 계속해 나간다. 더구나 나오미는 이미 자기의 손아귀에 들어온 조지와의 단조로운 성생활에 권태를 느끼게 되어, 댄스 클럽에 다니면서 남자들과 교제를 가지면서 방탕한 생활을 한다. 조지는 이러한 나오미의 분방한 교제가 불쾌해지기도 하지만, 그녀가 즐거워하는 사교계의 향락적이며 사치스러운 생활에 차츰 이끌려가는 것이다.

그런데 나오미의 친구들이 모두 남자들만이라는 사실에 의구심을 느끼게 된 조지는, 나오미의 친구 하마다의 고백을 통해 놀라운 사실을 알게 된다. 그것은 바로 그의 아내인 나오미가 여러 남자들과 단순한 우정이 아니라 육체적인 관계를 맺고 있으며, 그녀의 육체적 노예가 된 남자는 조지 자신만이 아니라는 것이었다.

조지는 자신이 죽도록 사랑하는 나오미의 행동에 강한 분노를 느끼면서도, 한편으로는 더욱더 그녀의 육체적 매력에 굴복하게 된다. 그의 맹목적 욕정은 결국 그녀에게 항복해 버리고, 그가 그녀의 정부(情夫) 중의 한 명이 되는 것을 타협적으로 인정하게 되는 것이다. 말하자면 나오미는 조지에게 있어 이미 자기만의 유일하고 귀중한 보배요 아내가 아니고, 자기는 그녀의 한낱 애인에 불과할 뿐이었다.

조지의 윤리적 양심은 그의 육체적 욕망과는 별도로 이 사실 때문에 고민한다. 그래서 그는 부부 사이를 회복하기 위해 나오미에게 정상적인 가정생활로 돌아올 것을 애원하지만 끝내 시원한 대답을 듣지 못한다. 또한 나오미는 자기의 재정 후원자인 조지의 비위를 좀 맞춰줄 필요가 있어, 구마가이 하고만은 다시는 만나지 않겠다고 약속했으나 그 약속을 어기고 구마가이와의 밀회를 즐긴다. 이를 목격한 조지는 자신이 철저히 속고 있었다는 것을 알고 분노에 못 이겨 그녀를 집에서 내쫓아 버린다.

하지만 나오미에 대한 정신적 증오의 감정에도 불구하고, 조지의 육체는 그녀가 곁에 없다는 사실 때문에 못내 괴로워하게 된다. 그래서 그는 나오미를 찾아 나서지만, 뭇 남자들과의 좋지 못한 소문만 들릴 뿐 그녀의 행방을 알 수 없었다. 그러던 어느 날 나오미는 문득 조지에게 다시 나타난다. 그러나 조지의 자존심은 그녀를 거절한다. 그 후로 그녀는 매일같이 조지를 찾아와 자신의 육체를 무기로 조지의 욕정을 돋우어 놓고는 냉정히 가버리곤 하는 것이다.

이러한 나날이 계속되자 조지는 결국 그의 정신까지도 나오미의 마력에 굴복하게 되고, 그녀에게 무조건적 복종과 절대로 간섭하지 않겠다는 맹세를 하며 이전의 동거관계로 되돌아간다. 이렇게 되자 나오미는 화려한 양옥집으로 이사 갈 것을 조르고, 조지는 거기에 동의하여 사치스런 생활 속에 빠져든다.

나오미는 매일 밤 파티를 열어 뭇 남성들과의 사귐을 즐기고, 그녀의 연애 상대는 수없이 바뀌어 간다. 그러나 조지는 자신도 자기가 왜 그렇게 됐는지 이해할 수 없으리만치 이상하게 온순해져서, 나오미의 하인 같은 처지가 되어 그녀의 비위를 맞춰 나가는 것이다.

그는 나오미가 전에 집에서 나가버렸을 때의 그 무섭도록 쓸쓸했던 기억을 잊을 수가 없었다. 그것이 일종의 강박관념처럼 되어 언제까지나 머릿속에서 떠나지 않아, 그는 그녀를 여왕처럼 모시며 살아가는 데 점점 익숙해져 가는 것이었다.

다니자키 준이치로는 평생 '여성숭배'와 '탐미적 에로티시즘', 그리고

'페티시즘'과 '마조히스트로서의 남성과 사디스트로서의 여성'을 주제로 일관성 있게 작품 활동을 펼쳐나간 작가이다. 1886년생인 그는 1965년에 사망하기까지, 주위의 시선에 전혀 아랑곳하지 않고 거침없이 스스로의 이상(異常) 심리를 소설을 통해 고백해 나갔다.

일본의 군국주의 전성기에 전체주의적 애국심이 전 국민들 사이에 팽배해 있을 때도 그는 오로지 개인적(또는 이기적) 쾌락의 세계에 탐닉했으며, 특히 서구 여성의 아름다움에 대한 익조티시즘(exoticism)적 찬미를 서슴지 않았다.

내가 가장 부러웠던 것은, 그가 그토록 이상성욕에 관한 소설만을 줄기차게 썼는데도 일본 문단은 그를 20세기의 일본 문학을 대표하는 거장으로 인정했다는 사실이었다. 그는 사망하기 직전까지 수차례에 걸쳐 노벨 문학상 후보로 추천된 바 있다. 그러나 운수 사납게도, 일본에 노벨 문학상이 돌아갈 수 있는 국제정치적 분위기가 만들어지기 이전에 사망한 관계로, 가와바다 야스나리(川端康成)의 『설국(雪國)』에 노벨 문학상의 영예를 빼앗겨버리고 말았다.

가와바다는 1968년에 노벨 문학상 수상의 영예를 안았는데, 만약 다니자키가 그때까지 살아 있었더라면 다니자키에게 노벨 문학상이 주어졌을 가능성이 크다. 내가 보기에도 가와바다보다는 다니자키의 문학세계가 더 일본적이면서도 또한 세계적인 특성을 지니고 있기 때문이다.

다니자키의 문학세계에 절대적 영향을 미친 것은 그의 어머니라고 할 수 있다. 그는 자기의 어머니가 빼어난 미인이었다고 그의 회고록에서 말하고 있다. 그는 어머니의 살결이 아주 희었다는 것과, 특히 엉덩이의 피부색깔이 기막히게 고와서, 자기도 모르게 깜짝 놀라 몇 번이고 다시금 훔쳐보곤 했다고 술회한다.

이러한 어머니에 대한 숭배는 다니자키의 문학세계를 오이디푸스 콤플렉스로 점철되게 했다. 그러나 오이디푸스 콤플렉스는 그의 소설에서 부정적 의미로 작용하고 있는 것이 아니라, 긍정적이고 적극적인 사랑의 방법으로 수용되고 있다. D.H. 로렌스가 『아들과 연인』에서 그리고 있는 것처럼 한평생 남성을 괴롭히며 억압적으로 작용하는 오이디푸스 콤플렉스와는 아주 대조적이다.

이 점이 바로 다니자키 문학의 독창성이요 우수성이라 할 수 있다. 그는 일반적인 에로티시즘 문학작품들이 프로이트의 이론을 원용하여 변태성욕을 '해부'하려고 드는 것과는 달리, 아무런 심리학적 선입견의 개입 없이 당당하게 자기 자신의 독특한 욕구를 노출시키고 있는 것이다. 이러한 '어머니 숭배'는 곧바로 '남성으로서의 무력감 인정과 여성예찬'으로 이어졌고, 그의 전 생애에 걸쳐 실제생활과 작품생활을 오로지 마조히즘과 페티시즘으로 점철되게 했다.

물론 그가 스스로의 마조히즘을 창작세계로 승화시켜 당당하게 표출하기까지에는, 상당히 오랜 기간의 번민과 열등감이 그를 괴롭혔다고 한다. 그는 언제나 여자를 부러워하는 '사내답지 못한 남자'였고, 여자를 지배하기보다는 여자의 품안에서 귀여움을 받길 원하는 연약한 사내아이였다. 그러나 결국 자기의 남다른 취향을 자신의 아이덴티티로 받아들이고, 오히려 그것을 적극적으로 활용하여 작품세계로 펼쳐 나갈 것을 결심하게 된다. 그는 회고록에서 다음과 같이 말하고 있다.

장 자크 루소, 보들레르 등 나와 똑같이 탐미적 마조히즘의 번뇌에 사로잡힌 천재가 많았던 것을 나는 나의 독서체험을 통해 알게 되었다……. 그래서 내가 문학가로 나서는 데에 나의 이상한 성벽(性癖)이 방해되지 않을 뿐 아니라, 나는 마조히즘의 예술가로서 살아나갈 수밖에 없음을 깨달았다.

　이러한 결심은 평생 그를 '당당한 마조히스트'로 일관하게 했고, 실제로 그의 인생을 행복하게 해주었다. 보들레르나 오스카 와일드 등 서구의 유미주의 예술가들이 그 변태적 기질 때문에 스스로의 인생을 파멸로 이끌었던 것과는 달리, 다니자키가 자신의 변태적(사실 나는 '변태'라는 말을 싫어하지만 여기서는 편의상 할 수 없이 쓰기로 한다. '변태'보다는 '개성'이라는 말이 더 옳다) 기질을 성공적인 삶으로 이끌어 나갈 수 있었던 것은, 그로테스크한 유미주의를 전통적 정서로 수용하는 일본 특유의 유현미적(幽玄美的) 분위기에 크게 힘입은 탓일 것이다.

　나는 처음으로 다니자키의 문학세계에 접했을 때 오로지 그의 작가적 성공이 부러울 뿐이었는데(이 소설을 처음 읽은 것은 내가 고등학교 때의 일이다), 아무래도 우리나라에서는 그런 예술가적 '끼'가 긍정적으로 수용되는 것이 불가능하다고 생각했기 때문이다.

　사실 나 역시 어렸을 때부터 다니자키와는 조금 다르지만 나 자신도 그 정확한 원인을 모르는 미묘한 취향 때문에 괴로워하고 있었다. 나도 다니자키와 비슷한 탐미적 열정을 지니고 있어 결국 문학가가 될 수밖에 없다는 생각을 일찍부터 갖기는 했으나, 차마 그것을 직접적으로 표현할 용기가 나지 않았다. 그러다가 나중에 가서 용기를 내어 그런 내용의 글을 써 보게 되었는데, 우리나라에서도 획일적 정신주의만이 아니라 육체주의에 바탕을 두는 관능적 상상력의 표출이 가능하다는 것을 늦게나마 알게 됐기 때문이었다. 아마도 '정치의 민주화' 추세와, 그동안 교훈주의적 리얼리즘에 염증을 느낀 일반 독자들의 취향 변화 때문이라고 생각한다.

　그래서 나는 시와 소설을 비롯한 모든 글에서 어렸을 때부터 줄기차게

나의 미의식을 지배해 왔던 페티시즘의 대상으로서의 '긴 손톱'의 이미지를, 무서운 사디즘이 아니라 관능적 사디즘의 상징으로서 표현해 나가게 되었다. 나의 첫 장편소설인 『권태』도, 긴 손톱의 페티시즘과 아름다운 사도마조히즘의 이미지를 모티프로 한 것이다. 그런데 나의 이러한 결심을 촉진시켜 주고, 나의 문학세계 형성에 결정적 영향을 미쳤던 것이 바로 다니자키였다.

물론 그가 즐겨 그리는 남자 마조히스트의 심리는 나의 취향에는 별로 맞지 않는다. 또 그의 소설은 사실 관능적 묘사가 별로 없이 지루한 서술로만 일관되어 있어 따분하게 읽혀지는 면이 있다. 그러나 어쨌든 그의 작품에서 보여주는 '긍정적 이상심리 수용'은, 세계의 어느 에로티시즘 문학과도 비교할 수 없으리만큼 독특한 경지를 이루고 있다고 할 수 있다.

성 심리의 면에서가 아니라 스토리의 면에서 살펴보면, 『치인의 사랑』은 일종의 '신데렐라 스토리'라고 할 수 있다. 비천한 신분의 여자가 자신의 미모 하나만을 밑천으로 급성장해 나간다는 얘기니까 말이다. 그런데 이 소설에서 그리고 있는 '신데렐라 스토리'는 조금 색다른 데가 있다.

서구의 신데렐라 스토리는 대개 여주인공이 실력 있는 남성의 눈에 띄어 그 남성의 힘을 바탕으로, 다시 말하면 남성의 소유물이나 애완도구가 되어 귀부인으로 탈바꿈해 가는 과정을 그리고 있다. 그 대표적 보기가 되는 것이 바로 버나드 쇼의 희곡 『피그말리온(Pigmalion)』이다. 우리나라에서는 원작이나 연극으로보다 렉스 해리슨과 오드리 햅번 주연의 뮤지컬로 영화화된 〈마이 페어 레이디(My Fair Lady)〉로 더 잘 알려진 작품이다.

이 작품에 등장하는 오드리 햅번은 『치인의 사랑』의 나오미와 비슷한 처지이다. 즉 가난하고 무식한 하류계층의 여성인 것이다. 그러나 그녀는 우연히 대학교수인 렉스 해리슨의 눈에 띄어, 그의 철저한 교육과 훈련에 의해 멋진 귀부인으로 변신한다. 그리고는 결국 렉스 해리슨과 결혼하게 되는 것이다. 물론 끝까지 오드리 햅번은 렉스 해리슨의 '피보호자'요, '애완도구(pet)'로 남아 있으면서 말이다. 말하자면 철저한 남성우월주의와 여성의 신데렐라 콤플렉스가 〈마이 페어 레이디〉를 지배하고 있는 두 주제라고 할 수 있다.

　그러나 『치인의 사랑』은 다르다. 소녀 시절의 나오미는 오드리 햅번과 같은 처지에서 출발하지만, 〈마이 페어 레이디〉와는 정반대로 조지의 보호와 교육을 통해서 점차 조지의 애완물이 아니라 조지의 관능적 욕구 위에 군림하는 섹스의 여왕으로 변신해 나가는 것이다. 이것이 바로 『치인의 사랑』을 단순한 신데렐라 스토리의 진부함으로부터 벗어나게 하여, 이 작품을 신비한 감동으로 이끌어 나가게 만든 주된 요소라고 볼 수 있다.

　서양의 소설들은 겉으로는 여성예찬(가톨릭의 마리아 숭배에서 나왔다)과 남녀평등을 주장하는 것 같지만, 기실 그 속에는 철저한 남성우월주의를 내포하고 있다. 여성의 '남근숭배(男根崇拜) 심리'를 바탕으로 하여 쓰인 D. H. 로렌스의 『채털리 부인의 연인』이 가장 적절한 실례라 할 수 있다. 그래서 그들은 페미니즘을 외치면서도 아직껏 여자가 결혼을 하면 남편의 성(姓)을 따라가고, 미시즈(Mrs, 즉 '남성의 소유물'이라는 뜻)라는 호칭을 거침없이 사용하고 있는지도 모른다.

　다니자키는 『치인의 사랑』 이외에도 『자청(刺青)』, 『열쇠』, 『미친 노인의 일기』, 『갓 쓰고 박치기도 제 멋』, 『만(卍)』, 『춘금초(春琴抄)』, 『세설(細

雪)』 등의 작품을 남겼는데(『갓 쓰고 박치기도 제 멋』과 『춘금초』는 한길사판 세계문학전집에 수록되어 있고, 『만』은 문학동네에서, 그리고 『세설』 번역본은 '열린책들'에서 나왔다), 대부분 마조히스트 남성의 심리를 다룬 것들이다.

『춘금초』는 장님 여자를 사랑하는 남주인공이 결국 자신의 눈을 바늘로 찔러 그녀와 같이 장님이 된다는 섬뜩한 마조히즘을 다루고 있고, 『자청(刺靑)』은 문신을 할 때 바늘로 콕콕 찔리며 느끼는 마조히스틱한 쾌감을 다루고 있다. 『갓 쓰고 박치기도 제 멋』은 작가 자신의 체험을 소재로 한 것으로서, 자기의 아내를 아내의 정부(情夫)에게 양도하며 맛보는 야릇한 마조히즘의 쾌락 심리를 그린 것이다.

이제 다음에 『치인의 사랑』의 마지막 부분을 소개하면서, 마조히즘 심리에 대한 독자 여러분의 편견 없는 이해를 구하며 이 글을 마치기로 한다. 가장 중요한 것은, 한 개인의 마조히즘 심리가 '권위에 대한 복종'이 아니라 '아름다움에 대한 복종'으로 작용할 때, 그 사람은 최고의 행복감에 다다를 수 있게 된다는 사실이다.

……옛날에는 굉장한 부지런꾼이어서 아침에는 남보다도 일찍 일어나는 편이었는데, 요즘의 나는 아홉 시나 열 시가 되어야 자리에서 일어납니다. 일어나면 곧 잠옷 바람으로 살금살금 발끝으로 나오미의 침실 앞에 가서 가만히 노크를 합니다. 그러나 나오미는 나보다도 더 잠꾸러기이기 때문에 그 시각에는 아직도 꿈속에 있습니다. 그래서 '흥'하고 간신히 대답할 때도 있고, 세상모르고 자고 있을 때도 있습니다. 대답하는 소리가 나면 나는 너무나 고마운 마음으로 그녀의 방으로 조심조심 들어가 그녀에게 인사를 하고, 소리가 없으면 문 밖에서 뒤돌아서서 그 길로 회사로 출근하는 것입니다.

…… 나는 나 자신도 이상하게 여기리만큼 온순해졌습니다. 사랑이란 한 번 되게 혼이 나면 그것이 일종의 강박관념이 되어 가지고 언제까지나 머릿속에서 떨어지지 않는 것인지, 나는 아직도 전에 나오미가 나가버렸을 때의 그 무서운 경험을 잊어버릴 수가 없습니다. "이젠 내가 무섭다는 것을 알았지?"라고 말하던 그녀의 표독한 말투가 지금도 내 귀에 들러붙어 있어 떨어지지를 않는 것입니다. 그녀의 변덕과 고집은 옛날부터 잘 알고 있는 터인데, 그런 결점을 없애버리면 그녀의 가치도 없어지고 맙니다. 변덕스런 계집애다, 하고 생각할수록 한층 더 귀여워져서, 그녀의 함정에 빠져버리고 마는 것입니다.

자신이 없어지면 별 도리가 없는 것이어서, 현재의 나는 영어 같은 것으로도 도저히 그녀를 따라갈 수가 없습니다. 실제로 교제를 하면서 자연히 숙달되었을 것입니다만, 야회석상에서 부인이나 신사들에게 애교를 떨어대면서 그녀가 재잘재잘 지껄이는 것을 듣고 있으면, 발음은 옛날부터 워낙 좋았기 때문에 묘하게 서양사람 티가 나서, 내가 알아들을 수가 없는 일도 종종 있습니다. 그리고 이따금 그녀는 나를 서양식으로 '조지'라고 불러줍니다. 그럴 때 나는 괜히 황송하고 고마운 마음이 듭니다.

이것으로 우리 부부간의 기록은 그만 쓰겠습니다. 이것을 읽고 어리석은 녀석이라고 생각하는 분은 웃어주십시오. 교훈이 된다고 느끼는 분은 좋은 본보기로 삼아주십시오. 나 자신은 나오미에게 반해 버렸으니까, 어떻게 생각을 해주시더라도 도리가 없습니다.

22 시엔키에비츠의 『쿠오 바디스』

나는 중·고등학교를 기독교 계통의 학교에서 마쳤는데, 특별히 기독교에 빠져 있어서라기보다는 우연한 선택의 결과였을 뿐이다. 내가 중학교에 들어갈 때는 입학시험이 있어 어린 나이에 입시지옥의 체험을 겪어야 했다. 그런데 내가 1차로 지망했던 학교에서 낙방의 고배를 마시게 되는 바람에, 할 수 없이 2차로 지망하게 된 학교가 기독교 학교였던 것이다.

기독교 학교인 대광중학교에 입학하고 나서 나는 매일 채플시간에 참석해야만 했고 억지로 기도문을 외워야 했다. 그리고 필수과목으로 되어 있는 '성경'까지 배워야 했는데, 세뇌교육(?)은 정말 무서운 것이어서 나는 예수님 말씀에 반해 교회에까지 나가게 되었다. 그러던 중에 큰 감동을 받으며 읽은 소설이 폴란드 작가 헨릭 시엔키에비츠가 쓴 『쿠오 바디스』이다.

『쿠오 바디스』는 노벨문학상을 수상했을 정도로 명작소설이고, 또 로버트 테일러와 데보라 카 주연의 영화로 만들어져 수없이 상영되었기 때문에 더욱더 우리에게 친근해진 소설이다.

초기 기독교 역사를 배경으로 네로 황제 치하의 기독교도 수난사를 담고 있는 이 작품은, 남주인공 마커스와 여주인공 리디아 사이의 사랑을 주된 스토리로 삼고 있어 연애소설로도 꽤나 재미있게 읽힌다. 하지만 요즘 일반 독자들 중에는 소설로 읽기보다 영화만 보고 넘어간 경우가 대부분일 것 같다. 텔레비전 방송에서 성탄절 때가 되면 단골로 틀어주어 보통 서너 번씩은 봤을 것이기 때문이다.

1950년대에서 60년대까지는 성경을 소재나 배경으로 삼는 영화들이 서구에서 많이 만들어졌다. 그때까지만 해도 기독교 신앙이 서구문화를 지탱해 주는 구심점 역할을 했기 때문일 것이다. 우리에게 낯익은 영화인 〈벤허〉·〈십계(十戒)〉·〈삼손과 데릴라〉·〈소돔과 고모라〉·〈왕중왕(王中王)〉·〈바라바〉·〈천지창조〉 같은 영화들이 좋은 예인데, 〈벤허〉나 〈바라바〉는 〈쿠오 바디스〉와 마찬가지로 원작소설을 토대로 해서 만들어진 영화다. 예수가 살았던 시대를 배경으로 가공적인 얘기를 꾸며 넣는 방식으로 쓰인 소설은 이것 말고도 많은데, 우리나라의 경우엔 김동리의 『사반의 십자가』나 이문열의 『사람의 아들』이 대표적인 예라고 할 수 있다.

하지만 요즘 서구에서는 그런 소설이나 영화가 별로 나오지 않고 있다. 설사 나온다 하더라도 별 칭찬을 못 듣는다. 왜 그런가 하면, 무조건적인 기독교 신앙을 바탕에 깔고서 종교적 설교를 해대는 작품은 리얼한 보편성이나 설득력은 결(缺)하기 쉽기 때문이다. 그래서 『몬트리올 예수』나 『그리스도 최후의 유혹』같이 성경을 재해석하는 작품들이 만들어지기도 하는데, 아무래도 재미없기는 마찬가지인 것 같다. 합리적 사상으로 다져진 유럽은 물론이고 청교도주의의 천국인 미국에서조차, 고답적이고 근본주의적인 기독교 신앙은 이제 차츰 세(勢)를 잃어가고 있기 때문이다.

그래서 그런지 『쿠오 바디스』도 요즘 다시 읽어보게 되면 별로 재미가 느껴지지 않는다. 로마의 무장(武將)인 마커스가 애인 리디아의 전도에 감화되어 금세 기독교도가 되는 과정도 석연치 않고, 네로가 시를 짓기 위해 로마 시내에 불을 질렀다는 설정도 잘 납득이 가지 않는다. 사실 정사(正史)에는 없는 대목인데, 역사서에는 다만 로마 시내에 원인 모를 불이 일어나 별장에 가 있던 네로가 당황하여 급거 귀환했다고만 나와 있다.

네로 당시의 로마는 어쨌든 최고의 부(富)와 권력을 구가하고 있었다. 기독교도를 박해한 것은 분명 나쁜 일이지만, 서른세 살에 죽은 이방(異邦) 청년의 신성(神性)을 믿는 기독교 교리를 당시의 로마인들은 납득할 수 없었다. 아이러니컬하게도 로마는 기독교를 공인(公認)하여 국교로 삼은 4세기 초 이후에 급거 몰락하게 되고, 그때부터 중세 암흑시대가 시작된다.

소설에다가 특정한 종교 교리를 설교식으로 집어넣으면 보편적인 감동을 획득하기 어렵다. 『쿠오 바디스』가 대표적인 보기이고 도스토옙스키의 『카라마조프의 형제들』이나 톨스토이의 『부활』 같은 소설도 비슷한 경우이다.

20세기 전반까지만 해도 인간과 신(神)의 관계(또는 대결)를 그리면 걸작 취급을 받았지만, 이제 그런 작품들은 점차 무용지물이 되어가고 있다. 우리나라에서 아직도 종교 산업이 번창하고 종교소설이 문단적(文壇的) 기득권을 얻고 있는 것은, 한국이 여전히 촌티 나는 문화적 후진국이요 비합리적 봉건사회라는 증거라고 할 수 있다.

그러므로 『쿠오 바디스』는 기독교적 설교를 연애와 역사로 교묘하게 포장해 놓은 '목적소설'이라고 볼 수밖에 없다. 하지만 그래도 『쿠오 바디스』가 어느 정도 문학적 가치를 지니는 까닭은, 기독교적 설교를 뺀 나머지 부분이 묘사적인 리얼리티를 확보하고 있기 때문이다. 특히 네로 황제가 베푸는 질탕한 광연(狂宴) 묘사나 마커스의 삼촌 페트로니우스의 일상 생활 묘사는 일품이다. 당시의 지배층 로마인들이 얼마나 쾌락주의에 경도돼 있었으며, 얼마나 성(性)과 도락을 즐겼는가를 뚜렷이 보여주고 있기 때문이다.

또한 페트로니우스의 여자 몸종 에우니케가 주인에게 바치는 마조히스틱한 짝사랑과 육체적 헌신은, 피학(被虐)의 심리가 열정적 사랑과 밀접하게 연결돼 있다는 것을 보여주는 문학적 증거물이다.

그런 점에 있어 이 소설의 진짜 주인공은 페트로니우스요 부주인공은 네로 황제라고 볼 수 있다. 표면상의 주인공인 마커스와 리디아는 기독교적 주제를 설명하기 위해 배치시켜 놓은 꼭두각시에 불과하다는 인상을 씻기 어렵다.

『쿠오 바디스』란 제목은 알다시피 '주여 어디로 가시나이까'라는 뜻인 '쿠오 바디스 도미네'에서 따온 말이다. 사도(使徒) 베드로가 네로 황제의 박해를 피해 로마 교외로 빠져나가던 중 하늘에 십자가가 나타나며 예수가 현신(現身)하자, 베드로가 예수에게 물어본 말이 바로 '쿠오 바디스 도미네'였다. 그러자 예수는 "네가 형제들을 버리고 도망하므로 내가 네 대신 십자가를 지러 로마로 간다"고 대답했다. 그래서 베드로는 자신의 비겁함을 반성하고 다시 로마로 가 십자가에 거꾸로 매달려 순교했다고 한다.

 하지만 이런 순교가 기독교가 득세한 뒤에 가서는 마녀사냥이나 종교재판, 이교도 학살 등으로 바뀌어 또 다른 희생자들을 낳았다는 점에서, 과연 신(神)의 본의(本意)가 무엇인지 무척이나 우리를 궁금하게 한다.

23. 시내암의 『수호전』

우리나라에서 가장 많이 읽히는 소설은 역시 『삼국지』다. 요즘은 직역본이 아니라 황석영 씨나 이문열 씨가 번안한 평역본(評繹本)이 많이 읽히고 있는데, 직역본이든 평역본이든 충효사상이나 의리 같은 케케묵은 주제를 표방하고 있는 것만은 동일하다. 만약 누가 새로운 평역본을 만들어낼 용기가 있다면, 나는 겉치레의 충효사상이나 의리가 아니라 탐욕스런 권력욕과 땅뺏기 싸움에 멍들어 가는 민중의 입장을 중심으로 새로운 『삼국지』를 써보라고 권하고 싶다.

사실 모든 문학사가(文學史家)들이 꼽는 중국 최고의 소설은 『삼국지』가 아니라 『수호전(水滸傳)』이다. 『수호전』은 도둑의 괴수 송강(宋江)과 그 무리에 관한 야사(野史)를 시내암(施耐庵)이 소설로 정리하고 다시 나관중(羅貫中)이 보완한 것인데, 지금 전해지는 『수호전』은 이탁오본(李卓吾本)과 김성탄본(金聖歎本) 두 가지가 있다.

이탁오본은 송강과 그 일당이 조정에 투항하여 반란군을 토벌하는 등 공을 세우다가 간신들의 모함에 의해 몰락하는 것으로 끝을 맺고 있는 판본이고, 김성탄본은 송강 등 108명의 무리가 양산박에 결집(結集)하는 해피엔딩으로 끝을 맺고 있는 판본이다.

우리나라에서는 주로 이탁오본만 유통되고 김성탄본은 별로 읽히지 않고 있다. 분량 면에서도 김성탄본은 이탁오본의 절반 정도밖에 안 되므로, 출판사들이 이왕이면 여러 권을 팔아먹으려고 김성탄본을 기피하는 것 같기도 하다. 그리고 소설은 반드시 비극적 결말로 끝나야만 명작이 된다고 생각하는 서구식 문학이론에 눈이 먼 문학가이론가들이 이탁오본이 더 잘된 판본이라고 칭찬하고 있어서 더욱 그렇다.

하지만 나는 김성탄본이 진짜 『수호전』이고 이탁오본은 위작(僞作)이라고 생각하는데, 권력자들의 가렴주구를 척결하겠다고 나선 의적(義賊)의 무리가 별안간 충신으로 돌변한다는 것 자체가 우스꽝스럽기 짝이 없는 발상으로 생각되기 때문이다.

이탁오본 『수호전』이라면 『삼국지』나 다름없는 충효사상 교과서가 돼버리고, 민중적 입장에서 쓴 의적 소설이 되지 못한다. 나는 한국 사람들이 김성탄본 『수호전』을 『삼국지』보다 더 많이 읽어 케케묵은 충효사상의 굴레에서 한시바삐 빠져나오게 되기를 바라고 있다.

『수호전』은 서구적 개념으로 보면 악한소설(惡漢小說 : Picaresque)의 범주에 속하고, 동양적 개념으로 보면 의협소설(義俠小說)의 범주에 속한다. 말하자면 기득권을 가진 지배 엘리트를 주인공으로 삼는 소설이 아니라, 기득권에 반발하는 '발칙한 악당'을 주인공으로 삼는 소설인 것이다.

하지만 '발칙한 악당'이란 것은 어디까지나 권력자들 눈으로 볼 때 그런 것이요, 민중들의 눈으로 볼 때는 발칙한 악당이 아니라 '용감한 반항인'이다.

『수호전』과 비슷한 발상으로 쓰인 소설은 동서양에 많은데, 이를테면 『괴도(怪盜) 뤼팽』이나 『홍길동전』 같은 소설이 거기에 해당된다. 특히 『홍길동전』은 『수호전』에서 직접 영향 받아 쓰인 작품이고, 『홍길동전』의 후신(後身)으로 나온 현대소설이 바로 홍명희의 『임꺽정』이나 황석영의 『장길산』 같은 작품들이다.

『수호전』의 매력은 등장인물들이 '명분'을 좇지 않고 '본능'을 좇는다는 데 있다. 그래서 어떤 호걸은 사람을 죽여 그 고기로 만두를 만들어 팔기도 하고, 어떤 호걸은 쌍도끼를 휘두르며 무고한 양민을 무참히 살육하기까지 한다. '명분'을 내세우며 의협심을 강조하는 것은 사실 두목인 송강 하나뿐이다. 그래서 민중 독자들이 좋아하는 『수호전』의 작중 인물은 송강이 아니라 파계승 노지심(魯智深)이나 폭력배 이규(李逵) 같은 인물들인 것이다.

『수호전』은 또 걸작 『금병매(金瓶梅)』의 모티프를 제공해 줬다는 점에서 중요하다. 『수호전』에 나오는 요부 반금련(潘金蓮)이 『금병매』의 여주인공으로 되어 있고, 반금련의 시아주버니인 무송(武松) 역시 『금병매』에 등장하고 있다.

다만 『수호전』에서는 무송이, 형님을 독살해서 죽이고 서문경(西門慶)의 애첩이 된 반금련에게 복수하여 서문경과 함께 사지를 찢어 죽이는 걸로 돼 있는데, 『금병매』에서는 무송이 거꾸로 서문경의 계략에 빠져 귀양을 가게 되는 걸로 그려져 있다. 『수호전』은 여성이 거의 안 나오는 소설로도 유명한데, 거기에 양념 역할을 하는 인물이 바로 반금련이다.

한국 소설들은 『수호전』에서 배워야 할 점이 많다. 『명심보감』식의 케케묵은 교훈적 주제를 내세우는 것보다는, 인간의 동물적 본능과 사디스틱한 반골기질을 형상화시키는 것이 세계적 걸작을 낳는 지름길이라는 사실을 한국의 문학인들은 모르고 있다. 다시 말해서 소설이 겉으로 표방하는 표면주제(表面主題)보다는, 소설의 내용 안에 녹아들어 있는 이면주제(裏面主題)가 독자의 진실한 감동을 유발시킬 수 있다는 사실에 한국 문학인들은 아주 무지하다.

『수호전』이 지니는 또 다른 특징은 간결하고 힘찬 문체에 있다. 거의 모든 문장이 주어와 동사만으로 이루어졌다고 생각될 만큼, 『수호전』의 서술방식은 행동주의적이고 비(非)묘사적이다. 심리묘사가 전혀 없는데도 불구하고, 작중인물들의 개성이 살아서 꿈틀거리며 독자에게 박력 있게 전달된다.

이런 기법은 서구에서는 20세기에 들어와서야 비로소 헤밍웨이에 의해 채택됐는데, 동양문학에 있어서는 일찍부터 '하드보일드' 스타일의 문체를 개발하고 있었던 셈이다.

『수호전』에 나오는 인물들은 별다른 심리적 갈등을 겪지 않고 무조건 동물적인 행동으로만 일관한다. 동물적인 행동이야말로 '천심(天心)'에 맞는 행동이고, 그것은 곧 '민심(民心)'으로 이어져 '민중적 행동'이 된다는 것을 『수호전』의 작자는 알고 있었던 듯하다.

가장 엘리트주의자다운 행동을 보이는 송강(宋江)조차도 애인의 변심에 흥분하여 그녀를 토막 내 죽이고 법에 쫓기는 몸이 되는 것으로 그려질 만큼, 『수호전』에 나오는 인물들은 모두 '순간의 본능'에 충실하고 있다. 복수심과 살해 욕구 역시 '순간의 본능'에 속하는 것이기 때문이다.

나는 초등학교에 다닐 때 맨 처음으로 축역본『수호전』을 읽었고, 중학교에 들어간 이후로 완역본『수호전』을 수도 없이 읽었다. 일종의 연작소설 형태로 되어 있는 것이기 때문에, 중간 중간에 나오는 흥미로운 대목만 찾아서 읽어도 굉장히 재미가 있었다.

특히 김성탄본『수호전』이 그러한데, 김성탄본『수호전』('글항아리' 출판사에서 나온 번역본이 유일하다)을 구할 수 없는 독자는 보통『수호전』을 전반부만 읽으면 된다. 어떤『수호전』을 읽든 번안된 것을 읽지 말고 원전을 직역한 것을 읽으라고 권하고 싶다. 그래야만 간결한 문장과 행동 위주의 서술이 주는 참맛을 맛볼 수 있기 때문이다.

『수호전』의 스케일을 한국에서 그래도 가장 잘 흉내 낸 것이 홍명희의『임꺽정』이다. 하지만『수호전』에 비해 묘사나 잔소리가 너무 많은 것이 흠이다.

24 프랑수아즈 사강의 『어떤 미소』

　요즘 우리나라 문학계를 보면 여류작가들의 활약상이 두드러지게 눈에 띈다. 특히 소설의 경우가 그런데, 근래 베스트셀러가 된 소설들을 보면 거의 전부를 여류작가들의 작품이 차지하고 있다. 소설책을 읽는 독자층이 주로 여성인 까닭도 있지만, 독자들이 원하는 소설이 이젠 '이성적 소설'에서 '감성적 소설'로 넘어가고 있어서 그런 것 같다.
　세계문학사를 살펴볼 때 여류작가의 작품이 본격적으로 부상하기 시작한 것은 20세기 후반부터이다. 물론 19세기 중반에도 프랑스의 조르주 상드나 미국의 스토우 부인 등 상당수의 여류작가들이 있었다. 그리고 20세기 전반에도 영국의 버지니아 울프나 미국의 마가렛 미첼 등의 활약이 두드러졌다.
　그러나 세계적으로 고른 독자층을 확보하며 '문학계의 스타'로 부상한 여류작가는 없었다. 물론 마가렛 미첼의 『바람과 함께 사라지다』가 세계적 베스트셀러가 되어 문학계를 놀라게 하기는 했지만, 불행히도 미첼 여사가 후속 작품을 내지 못하고 타계하는 바람에 지속적인 '신화'를 만들어낼 수 없었다.

20세기 후반에 들어와 어느 날 갑자기 세계적인 스타로 부상한 여류작가가 바로 프랑스의 프랑수아즈 사강이다. 그녀는 1954년 19세의 어린 나이에 발표한 『슬픔이여 안녕』으로 '여류작가의 신화'를 만들어냈고, 세계 각국의 많은 독자를 확보할 수 있었다.

그러나 사람들은 그녀가 제2의 에밀리 브론테나 마가렛 미첼이 되는 줄로만 알았다. 다시 말해서 작품 하나로 우연히 스타가 되고, 더 이상 후속 작품을 못 내는 단명한 여류작가로 그칠 줄 알았다.

하지만 그녀는 1956년에 『어떤 미소』를 발표하여 자신의 건재를 과시했고, 이듬해 다시 『브람스를 좋아하세요…』를 내어 작가로서의 굳건한 지위를 확보했다. 세 작품은 모두 영화화되어 대성공을 거두었고, 그 이후에도 사강은 쉴 새 없이 작품을 발표하여 남성작가 못지않은 '정력'을 과시했다.

사강이 프랑스 문단을 놀라게 한 이유는, 그녀의 소설이 '전혀 심각하지 않다'는 데 있었다. 그녀가 등장하기까지 프랑스 문단을 지배하고 있던 사조는 실존주의였다. 사르트르와 카뮈를 대표로 하는 실존주의 문학이 튼튼한 아성을 굳혀, 문학은 반드시 철학적 성격을 겸비해야만 하는 것으로 되어 있었다. 그런데 사강의 소설은 철학적 고뇌와 탐구가 전혀 없이 자잘한 일상(日常)의 권태와 세속적 연애심리만을 다루고 있었던 것이다.

사강의 소설이 독자들로부터 환영을 받게 된 이유 중 하나는 실존주의 문학이 갖는 '무거움'에 대한 염증에 있었다. 문학이 주는 가볍고 경쾌한 카타르시스 효과를 독자들은 내심 바라고 있었던 것이다.

소설이란 원래 이성보다는 감성을, 모럴보다는 본능을 추구하는 장르이다. 그런데 실존주의 문학은 독자들에게 이성과 모럴을 강요했고, 소설을 철학 교과서처럼 딱딱하게 만들어 읽는 사람을 피곤하게 했다.

사강의 소설이 갖는 특징 중 하나는 그녀의 장편소설이 무척이나 짧다는 것이다. 그녀는 우리나라 200자 원고지로 쳐서 500장 안팎의 분량을 넘는 장편소설을 결코 쓰지 않았다. 그러니까 분량으로만 따지면 그저 중편소설 정도의 '소품'이 되는 셈이다.

프랑스는 원래 대하소설이 많기로 유명한 나라다. 위고의 『레 미제라블』이나 프루스트의 『잃어버린 시간을 찾아서』 등 이른바 '명작'으로 불리는 소설들은 거의가 대하소설 형식으로 되어 있다. 그런데 사강의 짧디 짧은 장편소설이 독서계를 장악했으니, 이는 가히 경천동지(驚天動地)할 일이었다.

또한 그녀의 소설은 자잘한 연애심리로만 시종하여 '스케일'을 전혀 느낄 수 없다. 문장도 짧은 단문이고 사회의식이나 이데올로기적 취향 같은 것도 보이지 않는다. 바로 이런 점이 그녀의 '대담한 독창성'으로 인정됐고, 사강의 신화를 만들어냈다고 볼 수 있다.

사강의 소설 가운데 내가 가장 재미있게 읽은 것은 『어떤 미소』이다. 첫 번째 작품인 『슬픔이여 안녕』은 혼자 사는 아버지에게 애인이 생겨 고민하고 질투하는 여고생의 심리를 그린 것이기 때문에, 연애소설로서의 재미를 별로 찾아보기 어려웠다. 그런데 『어떤 미소』는 본격적인 연애소설이라서 한결 재미있게 읽었다.

『어떤 미소』는 연상의 유부남을 사랑하게 된 어느 여대생의 이야기다. 소르본 대학에 다니는 도미니크는 어느 날 같은 학교 학생인 애인으로부터 그의 삼촌 뤼크를 소개받는다. 뤼크는 프랑수아즈라는 미모의 아내를 둔 40대 사업가다.

두 사람은 그날로 눈이 맞아 사랑에 빠져들고, 도미니크는 프랑수아즈와도 친하게 지내며 뤼크와 밀회를 계속한다. 여름방학이 되자 뤼크와 도미니크는 피서여행을 떠나고, 거기서 격렬한 육체관계를 갖게 된다.

도미니크는 뤼크에게 점점 더 빠져 들어가 헤어 나올 수 없는 처지가 된다. 그러나 파리로 돌아온 뤼크는 도미니크를 시큰둥하게 대하다가 드디어 결별의 선언을 하고 아내 곁으로 돌아간다. 뤼크에게 있어 도미니크와의 연애는 단지 '군것질' 정도에 불과했는데, 도미니크가 너무 진지한 태도로 나오자 그만 겁이 났던 것이다.

실연의 상처 때문에 고민하는 도미니크를 오히려 프랑수아즈가 위로해 주고, 도미니크는 서서히 실연의 상처를 극복해 나가게 된다.

젊은 처녀와 중년 유부남의 사랑 얘기는 너무나 흔한 멜로드라마다. 그런데도 사강은 그토록 빤한 얘기를 절제 있는 문장과 정확한 심리묘사로 흥미롭게 이끌어가고 있다. 이 점이 바로 사강의 소설이 갖는 매력인데, 세 번째 작품인 『브람스를 좋아하세요…』에서는 거꾸로 20대 총각과 40대 여성의 사랑 얘기를 다뤄 다시 또 빤한 멜로드라마를 만들고 있다. 그런데도 그 소설 역시 재미있게 읽히는 것은 참으로 묘한 일. 소설의 재미는 소재에 있는 게 아니라 작가의 '입심'에 있다는 사실을 우리는 사강의 소설을 통해 다시 한 번 확인하게 된다.

사강은 가난한 사람들 얘기는 한 번도 쓰지 않았다. 그녀는 오직 부유한 사람들의 사치스런 권태와 우울만 다루고 있다. 이 점 역시 칭찬할 만한 요소인데, 소설이란 결국 '화려한 백일몽'에 불과하다는 사실을 그녀가 잘 알고 있었던 것 같기 때문이다. 요컨대 통속적인 소재를 가지고 본격소설적 품위를 살린 것이 사강의 재주라고 할 수 있다.

25. 아나톨 프랑스의 『무희 타이스』

'도덕'이라는 이름의 괴물을 비웃어주거나 비아냥거려주는 소설은 상당히 많다. 대개는 성적(性的) 금욕주의에 도전하는 내용으로 되어 있는데, 우리나라 고전소설의 경우엔 『배비장전』이 대표적이다. 그리고 소설은 아니더라도 명기 황진이(黃眞伊)가 고리타분한 도학군자 벽계수(碧溪守)를 미인계로 골탕 먹인 고사(故事)나 20년 넘게 수도한 지족선사(知足禪師)를 파계시킨 고사는 유명하다.

도덕과 성(性)은 원래 무관한 것이건만, 의식적으로든 무의식적으로든 '도덕적 성'을 방패로 내세워 스스로의 명예욕을 채우거나 권력과 기득권을 챙기고 있는 지식인들은 지금도 동서양에 너무나 많다. 그래서 위선적인 도덕과 진부한 사회적 통념에 도전하는 것이 문학이 할 일이라고 생각했던 정직한 작가들은, 주로 도학군자나 수도승의 성적(性的) 파계(破戒)나 자아분열을 소재로 소설을 썼던 것이다.

서구의 경우, 그런 내용의 소설 가운데 가장 대표적인 작품으로 꼽히는 것이 바로 19세기 후반의 프랑스 작가 아나톨 프랑스가 쓴 『무희(舞姬) 타이스(Thais)』이다. 그리고 그 다음으로 유명한 것이 독일 작가 하우프트만이 쓴 『쏘아나의 배교도(背敎徒)』인데, 두 작품 다 가톨릭 수도승의 파계를 다루고 있다.

그런데 하우프트만의 작품이 신부(神父)가 교회를 버리고 근친상간의 결과로 생겨난 산골의 야성녀(野性女)와 당당하게 동거하는 것을 그리고 있는 반면, 프랑스의 작품은 수도승이 고급 창녀에게 미쳐 정신분열증 환자가 되는 과정을 그리고 있다. 이 소설은 정음사와 서울대학교 출판부에서 번역본이 나왔다.

『무희 타이스』의 시대적 배경은 6세기의 중세 암흑시대다. 이집트의 사막에 있는 수도원에서 금욕과 고행(苦行)의 수도를 하고 있는 젊은 수도승 파후뉘스는 도덕적 신앙생활로 명성이 자자한 인물이다.

그러던 중 그는 알렉산드리아의 유명한 무희 겸 매춘부인 타이스에 대한 소문을 듣게 된다. 가난한 집 딸로 태어난 타이스는 얼굴이 남달리 아름다웠기 때문에 뭇 남성들의 마음을 사로잡게 되어, 고급 매춘부로서의 생활을 호화롭게 꾸려나가고 있었다. 파후뉘스는 타이스를 윤락과 음욕(淫慾)의 구렁텅이에서 구출할 결심을 하고 알렉산드리아로 간다.

타이스는 파후뉘스의 설득과 전도로 마침내 타락한 생활을 청산하게 되고, 아울러 진정한 기독교도가 되어 성녀(聖女)와도 같은 생활을 하다 거룩하게 죽어간다. 그러나 아이러니컬하게도 그녀를 회개시킨 수도승 파후뉘스는 타이스의 미모에 반해 관능과 정욕의 노예가 되어 성직자로서의 길을 버리게 된다. 그래서 그는 뭇 제자들과 신앙인들의 조롱을 받으며 거의 미쳐버린 상태로 살아가게 되는 것이다.

이 작품은 관능적 자유에의 예찬인 동시에, 19세기 후반에 유럽을 풍미했던 위선적 도덕주의에 대한 신랄한 야유이기도 하다. 말하자면 작가는 에피큐리안(쾌락주의자)과 탐미주의자의 입장에 서서 근엄한 도덕군자들이 구두선(口頭禪)으로 주장하는 금욕주의를 조롱하고 있는 것이다.

이 소설은 마스네가 작곡한 오페라로도 만들어져 더욱 인기를 모았는데, 오페라 초반에 나오는 『타이스의 명상곡』은 지금껏 많은 사람들에게서 사랑받고 있는 명곡이다.

19세기 후반의 유럽은 18세기의 유럽과는 달리 도덕적 엄격주의와 문학적 경건주의가 판을 치던 시기였다. 그래서 플로베르의 소설 『보바리 부인』도 형사기소를 당했고, 보들레르의 『악의 꽃』도 기소를 당했다. 프랑스의 『무희 타이스』가 모럴 테러리스트들의 눈을 피해갈 수 있었던 까닭은, 파계한 수도승 파후뉴스가 결국 정신분열증 환자가 되는 것으로 만들어 일종의 권선징악적 플롯을 채택했기 때문이라고 볼 수 있다.

『보바리 부인』 역시 무죄가 되어 판매금지를 시킬 수 없었는데, 무죄 판결의 이유는 작가가 보바리 부인을 결국 자살하게 함으로써 간통한 여인의 비참한 말로를 보여줬다는 것이었다. 140여 년이 지난 뒤 한국에서 일어난 내 소설 『즐거운 사라』 필화사건이 유죄 판결로 끝난 이유 중의 하나가 "사라가 끝까지 반성을 안 한다"로 되어 있는 것을 보면, 우리나라에서는 아직도 '권선징악'의 플롯을 당연시하고 있다는 것을 알 수 있다. 참으로 부끄러운 얘기다.

『무희 타이스』에서 드러나고 있는 작가의 생각은 종교·법률·제도·

사회도덕 같은 것들은 언제나 인간의 자유를 속박하고 인간의 창조적 사유(思惟)에 제한을 가한다는 것이다. 그리고 '관능적 아름다움'이야말로 인간이 누구나 보편적으로 추구하는 자연스런 열정의 근원이며, 인간해방의 시발(始發)이 되는 요소라는 것이다.

또한 정신적 사랑이나 종교적(또는 아가페적) 사랑 같은 것은 허위의 산물에 불과하며, 인간은 스스로의 탐미적 열정에 솔직해질 필요가 있다는 것이 작가가 이 소설을 통해 제시하려 했던 메시지라고 할 수 있다.

물론 이 작품, 또는 이런 내용의 작품들을 읽으면 여주인공의 외모가 너무나 완벽하고 고혹적인 모습으로 묘사돼 있어 약간의 반발심을 느낄 수도 있다. 그러면서 "못생긴 여자는 그럼 죽으란 말이냐?"는 질투 어린 투정이 나올 수도 있다. 아닌 게 아니라, 관능적 아름다움보다는 '고상한 아름다움'이나 '내면의 아름다움' 따위가 더 귀중하다는 거짓된 강변(强辯)은 그런 '질투 어린 투정' 때문에 나왔다.

하지만 '아름다움'의 핵심은 역시 관능미요 선정미(煽情美)이다. 예전엔 멸시됐던 화장 많이 하고 노출이 심한 옷을 입은 여자들의 아름다움이 요즘엔 보편화되고, 또 야한 인공미(人工美)가 순수한 자연미보다 훨씬 더 매력적인 아름다움으로 간주되는 것이 현대미의 특징이라면, 우리는 선정적이고 고혹적인 퇴폐미에 대해 굳이 거부반응을 보이는 '척'할 필요는 없을 것이다.

솔직한 성욕은 야한 성욕이고, '야한 성욕의 당당한 표출'은 인간의 문명을 발전시켰다. 성(性)에 대한 관심이 없었던들 섹시한 장신구나 가구, 화려한 옷을 비롯한 갖가지 '문화적 창조물'들이 개발되지 않았을 것이요, 그렇다면 개인의 쾌락에 바탕을 두는 근대산업이 발달하지도 못했을 것이다.

『무희 타이스』를 통해서 우리는 위선적 도덕주의 문화의 모순성을 다시 한 번 재확인할 수 있다. 그리고 관능적 쾌락주의가 단지 '퇴폐적 도피'로 끝나는 것이 아니라, 도덕적 엄숙주의 문화가 초래하는 '인성(人性)의 황폐화'를 막아주는 소중한 구실을 한다는 것을 깨달을 수 있다.

26 조세프 케셀의 『대낮의 미녀』

『대낮의 미녀』는 프랑스 작가 조세프 케셀(Joseph Kessel)이 1929년에 발표한 장편소설이다. 이 작품의 원제는 『대낮의 미녀(Belle de Jour)』(낮에만 몸을 파는 여자라는 뜻의 프랑스 은어)이지만 루이 부뉴엘 감독, 카트리느 드뇌브 주연으로 영화화된 것을 한국에서 수입했을 때는 여주인공의 이름을 따 〈세브린느〉라는 제목을 붙였다.

『대낮의 미녀』라는 원제목이 상징하는 것은, 여주인공 세브린느가 남편의 눈을 피해 낮에만 창녀 생활을 한다는 뜻이다. 이 책은 우리나라에서 1990년에 서원출판사에서 『세브린느』라는 제목으로 번역 출간된 바 있고, 그 후에 다시 『뷜네느가(街) 9번지』라는 제목으로 문성출판사에서 발간되었다. 두 책 다 세브린느의 별명을 '메꽃'이라고 번역하고 있는데, '메꽃'이란 대낮에만 피는 꽃으로 '해바라기'와 비슷한 의미일 것이다.

그런데 아직 성 심리 문학에 대한 인식이 부족한 탓인지 우리나라에서는 이 작품이 별로 화제가 된 일이 없는 것 같다. 또 제목이 여러 가지로 다르게 붙여져서 독자들한테 혼란을 주었기 때문인지도 모른다.

내가 이 작품을 접한 것은 대학시절 대한극장에서 영화화된 것을 본 것이 처음이었다. 그때 받은 감동과 충격이 커서 곧바로 『해바라기 여인』이라는 제목으로 출간된 축역본 소설을 구해서 읽었고, 내가 성 심리 문학에 대한 연구를 시작하게 된 하나의 계기가 되었다.

이 작품은 20세기에 발표된 성 문학 가운데 몇 손가락 안에 드는 걸작이다. 그러나 로렌스의 『채털리 부인의 연인』이 순수한 문학작품이냐 외설이냐 하는 시비로 곤욕을 치른 것처럼, 이 작품도 처음에는 외설문학으로 오해를 받았다. 지금까지도 특히 영화의 리얼한 성 묘사가 갖는 외설성이 시비가 될 경우에는, 〈임마누엘 부인〉과 함께 〈세브린느〉가 주로 그 실례로 제시되어 고집스런 도덕주의자들의 입도마에 오르내리곤 한다.

이 소설은 한마디로 말해 여인(또는 모든 인간)이 갖는 의식과 무의식의 갈등을 리얼하게 묘파한 작품이다. 특히 성 문제에 있어 의식은 도덕적이고 정신적인 애정을 지향하는데 반하여, 무의식에서는 동물적이고 본능적인(이를테면 사디즘이나 마조히즘 같은) 애정을 지향하기 때문에 양자 사이의 갈등으로 인해 생겨나는 비극을 그리고 있다.

우선 이 작품의 줄거리를 요약해 보면 다음과 같다.

외과의사인 피에르 세리지와 그의 아내 세브린느는 결혼한 지 2년이나 지났으나 여전히 신혼부부와 같은 관계를 유지하고 있는 사이좋은 부부다. 아무 불만이 없는 세브린느이지만 그녀의 내부에는 항상 무언가 막연하면서도 끈질기게 '스스로도 어쩔 수 없는 어떤 기대'가 도사리고 있다.

어느 날 세브린느는 친구인 르네에게서, 그녀의 친구 중 앙리에트라는 여자가 정기적으로 유곽에 나가고 있다는 말을 듣고는 극심한 마음의 혼란과 격정을 느낀다. 어쩔 수 없는 호기심과 욕구에 시달리던 세브린느는 남편의 친구인 앙리 위송(이 사람은 세브린느에게 연정을 품고 있는 사람이었다)에게서 유곽에 대한 얘기를 듣고 드디어 그곳(빌레느 거리의 마담 아나이스네 집)을 찾아가 낮에만 나가기로 작정을 한다.

그곳에 드나들면서도 그녀는 역시 그곳의 남자손님들이 자신의 그 '어떤 기대'에는 미치지 못한다는 것에 대한 불만과 남편에 대한 가책 때문에 괴로워한다. 그리고 왜 자신은 마약중독자와 같이 그곳으로의 발길을 끊지 못하는 것일까, 하고 의문을 품는다. 한편으로 세브린느는 남편 피에르에 대해서는 변함없는 애정과 자신의 양심의 가책으로 인한 굴복적 태도를 보여준다.

그러던 어느 날 세브린느는 술에 취해 작업복을 입고 흙투성이 신발을 한 채 찾아온 시장에서 일하는 남자와 관계를 가지면서 새로운 경험을 하게 된다. 그의 거칠고 야수적인 욕정에서 마침내 환희의 감정과 육체적 기쁨, 진정한 성(性)의 감격을 맛본 것이었다.

드디어 그녀는 자기가 맹목적으로 찾고 있었던 것을 찾았고, 자신의 행동을 정당화시킬 수 있는 동기를 발견하고는 다시 예전의 명랑함을 되찾는다. 그리고는 자기의 이중적 생활을 운명적인 것으로 받아들인다.

계속 유곽 출입을 하던 중 세브린느는 마르셀이라는 남자를 만나게 되는데, 그는 겉으로는 연약해 보이나 속으로는 매우 강한 성격을 가진, 하는 일 없이 떠도는 건달 같은 남자였다. 그러나 그녀는 그에게 빠지고 만다. 그러던 어느 날 마담 아나이스의 유곽에 찾아온 남편의 친구 앙리 위송과 세브린느는 운명적으로 부딪친다.

위송과 세브린느는 육체적 결합을 갖게 되고, 피에르에게 비밀을 지켜

달라고 세브린느가 애원하자, 위송은 세브린느가 오래도록 비통한 마음을 갖게 하기 위해 애매한 태도를 취한다. 그 이후 세브린느는 위송이 모든 사실을 남편인 피에르에게 폭로할까 봐 전전긍긍하는 나날을 보내고, 위송은 세브린느의 약점을 잡아 그녀의 마음을 굴복시킴으로써 쾌락을 맛보려고 한다. 하지만 세브린느는 자포자기 상태가 되어 오히려 위송에게 냉랭한 태도를 보인다.

한편 세브린느가 마담 아나이스네 유곽에서 깊이 빠졌던 마르셀 역시 세브린느에게 사랑을 느끼고서, 그녀의 행동이 알려질까 봐 겁에 질려 있는 세브린느에게 도와주겠다고 말한다.

어느 날 위송은 피에르에게 편지를 보내 만날 것을 청하는데, 세브린느는 그가 모든 것을 폭로하려는 의도로 알고 마르셀에게 도움을 청한다. 위송은 단지 세브린느에게 겁을 줌으로써 그녀의 거만한 자존심이 꺾이는 것을 볼 심산이었고, 정작 피에르에게는 다른 얘기를 할 작정이었다.

마르셀은 세브린느를 돕겠다는 일념으로 단도를 가지고 그들의 약속 장소로 나가지만 그가 찌른 것은 위송이 아니라 피에르였다. 너무나 겁에 질려 있던 세브린느는 대기해 둔 마르셀의 친구 알베르의 차를 타고 미리 도망가고, 마르셀은 그 자리에서 체포되고 만다.

관자놀이를 맞은 피에르는 의식불명의 상태가 된다. 그는 세브린느의 극진한 간호로 윗몸과 두 팔을 간신히 움직이고 몇 마디 말도 할 수 있으며 글도 읽을 수 있는 상태가 되지만 하반신이 완전히 마비된다.

한편 경찰 수사의 초점은 '메꽃'이라는 창녀의 정체에 맞추어지지만, 마르셀이 굳게 입을 다물고 또 마르셀의 친구 아폴리트의 도움으로 세브린느의 정체가 드러날 염려는 없어지게 된다.

그러나 하반신이 마비된 피에르는 아무것도 모르는 채, 자기가 그토록 아끼고 보호해 온 세브린느의 간호를 영원히 받아야만 하는 병신이 된 육체를 수치스럽게 여긴다. 그래서 평생토록 그녀의 짐이 된다는 생각 때문에 죽기를 바라기까지 한다.

오직 자기 때문에 그렇게 되었는데도 자기를 철석같이 믿고 있는 피에르로 인해 세브린느는 견딜 수 없을 만큼 괴로워하다가, 드디어 마음속 갈등의 결말을 짓게 된다. 그녀는 모든 것을 남편에게 털어놓아 버린 것이다.

그리고 3년 후 둘은 어느 조용한 바닷가에서 살고 있었다. 그러나 다시는 피에르의 목소리를 들을 수가 없었다.

이상이 이 소설의 대강 줄거리인데, 얼핏 보기에는 평범한 치정사건을 다룬 작품같이 보일 것이다. 그러나 이 작품이 영화화되어 관객에게 선을 보였을 때, 세브린느의 성적(性的) 환상 가운데 나오는 갖가지 변태섹스의 장면이라든가, 비밀유곽에서 세브린느가 온갖 변태성욕자들이 요구하는 다양한 취향에 좇아 서비스하는 장면들은 가히 충격적이었다.

소설에서보다 영화에서 인간이 갖는 성적 무의식의 심연이 더욱 날카롭게 부각된 것 같다. 소설에 나오는 세브린느의 성적 판타지들이 그로테스크하게 삽입되기 때문이다. 그래서 영화 〈세브린느〉를 처음 보는 관객은 현실장면과 환상장면을 혼동하기 쉽다. 이를테면 영화의 프롤로그 부분이 그렇다.

엄숙한 18세기 풍(風)의 귀족 복장을 한 세브린느와 그의 남편은 마부가 모는 마차를 타고 어느 한적한 숲속으로 달려간다. 깊은 숲속으로 들어간 다음, 남편은 마부에게 마차를 멈추라고 명령하고는 자기 아내를 발가벗기고 나무에 묶어버리도록 시킨다. 그리고 결박된 채 나무에 묶여진 세브린느에게, 마부는 끊임없는 가학적 능욕을 가하는 것이다.

마부는 진흙을 그녀의 온몸에 끼얹어 흙투성이로 만들고 또다시 채찍으로 무자비하게 때린다. 그런 다음에 그녀의 남편은 마부에게 명하여 세브린느를 강제로 범하게 한다.

그때 마부의 천박하고 야비한 그리고 탐욕스러운 얼굴 표정과, 남편의 차갑고 냉소적인 표정이 미묘한 대조를 이루고, 고통과 환희로 뒤범벅이 된 세브린느의 표정이 무척 인상적이었다.

세브린느의 성적 환상 가운데 또 하나 인상 깊은 장면은, 세브린느가 시애(屍愛 : 시체를 보면서, 또는 시체와 성적 교섭을 가지면서 황홀한 오르가슴을 느끼는 변태성욕의 일종)의 대상이 되는 장면이다.

세브린느는 몇 사람의 하인들에게 유인되어 어느 고성(古城)으로 끌려간다. 거기에는 앞서의 환상에서와 마찬가지로 역시 차갑고 냉소적인 표정을 가진 중년 나이의 귀족이 살고 있다. 그는 세브린느를 곱게 화장시켜 관 속에 눕히고 시체처럼 꼼짝 못하도록 한다. 그런 다음 그는 자기의 애인이 죽은 것을 슬퍼하며 중얼중얼 비탄조의 넋두리를 한다.

물론 이러한 드라마틱한 상황의 설정은 그 귀족이 평범하고 관습적인 성교를 싫어하고 무언가 비관습적이고 상상적인 성적 분위기를 즐기는 성벽(性癖)의 소유자이기 때문이다. 그런 다음 그는 세브린느를 열렬히 애무하고 성적(性的) 교섭에 들어가는 것이다.

이러한 세브린느의 성적 판타지들은 모두 그녀가 근본적으로 마조히스트라는 것을 나타내주는 것이다. 그녀의 환상 속에 나타나는 남성들은 하나같이 허무주의적이면서도 냉정한 잔인성을 가지고 있는 인물들이다. 그러면서도 모두 귀족으로서의 권위와 카리스마를 가지고 있다.

프롤로그 부분의 환상에서, 세브린느의 남편이 직접 그녀를 채찍질하거나 능욕하지 않고 하인을 시킨다는 설정은 매우 중요한 성 심리 분석의 단서가 되는데, 마조히스트 여성들이 원하는 남성의 이미지는 하나같이 '성교'라는 노동조차도 귀찮아할 정도로 모든 것을 권태로워하고 짜증을 느끼는 절대권력자의 이미지이기 때문이다.

그들은 여성에게 채찍질하는 것조차도 귀찮아하며(때린다는 것도 상당히 힘든 노동이기 때문에) 그런 '천한 일'은 아랫사람을 시키면서 단지 그런 광경을 바라보는 것을 즐긴다. 마치 예전의 폭군들이 잔인한 처형방법으로 죽어가는 죄수들을 바라보면서, 아주 무표정한 듯한 얼굴로 술잔을 기울여가며 그것을 심심풀이용으로 관람했듯이 말이다.

여성들은 성기의 구조로 보아 무언가를 받아들이는 데서, 또는 공격당하는 데서 쾌감을 얻도록 되어 있다. 받아들인다는 점에서 보면 그러한 심리는 '모성애적 포용심'에 가깝고, 공격당한다는 점에서 보면 강간이나 육체적 학대를 받으면서 기이한 쾌감을 경험하는 마조히즘적 심리에 가깝다. 여성해방이니, 우먼파워니, 남녀평등이니 하고 아무리 '의식'이 외치더라도 여성의 '무의식'에서는 카리스마적인 남성에게 무조건 복종하며 학대받고 싶어하는 본능적 욕구가 꿈틀거리고 있는 것이다.

남성과 여성은 양(陽)과 음(陰)의 대표적 심벌인데, 대체로 양이 상징하는 것은 '공격적 들이밈'이요, 음이 상징하는 것은, '수동적인 받아들임'이기 때문이다. 이러한 음양의 조화가 있기 때문에 우리가 살고 있는 이 우주와 자연과 생태계가 유지되고 있다. 모두 다 사디스트(즉, 양)거나 모두 다 마조히스트(즉, 음)라면 자연의 질서는 깨어지고 만다.

그러므로 세브린느가 수시로 경험하는 성적 환상들은 그녀가 지나치게 색을 밝히는 색정광이나 변태성욕자라서가 아니라, 오히려 자연의 본성을 직관적으로 체득하여 그것을 실제의 상상력과 결부시키는 그녀의 뛰어난 감수성 때문이라고 보는 것이 옳다. 그래서 그녀는 결국 신사적인 인물이긴 하나 문명인적(文明人的) 소시민으로의 유약함을 지니고 있는 남편 피에르보다, 뒷골목의 건달 깡패인 마르셀이 갖고 있는 야수적 본성과 싱싱한 사디즘을 사랑하게 된 것이다. 영화의 프롤로그 부분에서 표현된 그녀의 성적 환상은 남편이 그런 사디스트가 되어 주기를 바라는 소망적 사고의 결과인 것이다.

세브린느에게 나타나는 이러한 도덕과 본능, 의식과 무의식, '정신적 당위(當爲)로서의 사랑'과 '동물적 육욕으로서의 사랑' 사이의 괴리가 절대로 비정상적인 심리상태 때문이 아니라는 것을, 작가 자신은 이 소설의 서문에서 다음과 같이 강조하고 있다.

> 영혼과 육체의 괴리가 가져다주는 비극을 그리는 데 있어, 육체에 대해서도 영혼에 관한 것과 마찬가지로 자유롭게 말하지 않고서 그 진상을 표현한다는 것은 나에겐 불가능한 일이었다. 나는 이 소설이 결코 외설적 선정주의의 작품이라고는 생각하지 않는다.
> 내가 작품에서 의도한 것은 마음과 육체 사이의 분리 상태, 그리고 참되고 부드러운 정신적 애정과 육체적·관능적 욕구 사이에 존재하는 무서운 분리 상태를 보여주려는 것이었다. 이러한 갈등의 경험은 희귀한 예를 빼놓고는 보통 사람들도 누구나 가지고 있다. 그것이 감지(感知)되었건 안 되었건, 또 그것이 폭발하건 잠자고 있건 간에 그러한 갈등과 괴리는 실재한다.

작가는 이렇게 말하면서 이 소설의 주인공 세브린느의 일탈적(逸脫的) 행위를 변호한다. 그런데 재밌는 것은, 이 소설의 작가가 세브린느의 성 심리를 당연하고 범상한 심리라고 강조하고 있으면서도, 그러한 심리가 실제적 행동(즉, 대낮의 매춘부 생활)으로까지 나아가게 된 직접적 원인을 프로이트의 이론에 의거하여 설정하고 있다는 사실이다.

이 소설은 본문을 시작하기에 앞서 짧은 프롤로그를 두고 있는데, 거기에는 세브린느의 어렸을 때 체험이 적혀 있다. 프로이트는 어린 시절의 성적 체험 또는 상처가 표면의식적으로는 망각되어 버린다 하더라도, 무의식 속에 잠재되어 있다가 그 사람이 성장한 후에 어떤 '변태적 행동'으로 나타나게 된다고 주장했다. 그 이론에 꿰어 맞추기라도 하려는 듯, 작가는 프롤로그에서 세브린느가 여덟 살 때 한 남자 어른에게 성적 희롱을 당하는 광경을 묘사하고 있다.

……욕실로 통하는 문이 있었는데 그 문이 열리자 연관공(鉛管工) 한 사람이 나타났다. 키가 작고 땅딸막한 남자였다. 그의 시선이, 드문드문 난 불그스름한 속눈썹 사이로 이 소녀를 쏘아보고 있었다. 세브린느는 겁이 없는 아이였지만 이때만은 겁을 먹고 뒷걸음질 쳤다. 그것을 보고 남자는 결심했다. 그는 재빨리 주위를 둘러보고 두 손으로 세브린느를 끌어안았다. 그녀는 가스 냄새와 억센 남자의 체취를 맡았다.

수염이 꺼칠꺼칠한 그의 입술이 그녀의 목덜미를 아프게 했다. 그녀는 버둥거리며 몸부림쳤다. 연관공은 말없이 육감적으로 웃고 있었다. 그의 두 손이 그녀의 옷자락 밑으로 부드러운 몸을 어루만졌다. 갑자기 세브린느는 저항을 하지 않게 되었다. 그러고는 몸이 굳어지며 새파랗게 질려 버렸다. 남자는 그녀를 마룻바닥 위에 눕혀놓고 발소리를 죽이며 사라졌다. 이렇게 정신을 잃고 있는 세브린느를 부모가 발견했다. 가족들은 그녀가 잘못 넘어져서 그렇거니 하고 생각했고 그녀도 그렇게 생각했다.

세브린느의 이러한 체험은 성장한 이후의 그녀의 성 심리, 특히 강하게 그녀의 성욕을 자극하는 남성의 이미지 형성에 결정적인 영향을 미친다. 즉, 이 소설에서 전개되는 여러 사건들 중에서 그녀가 성적 관심을 느끼는 대상은 항상 어떤 '독특한 풍모'를 지니고 있는 사람들인 것이다. 예컨대 그녀가 유곽에 찾아가 보기로 하고 그것을 실행에 옮기는 장면이 그렇다.

처음엔 택시를 타고 그곳을 지나가며 그냥 보기만 한다. 그때 한 남자가 그곳으로 들어가는 것을 목격했는데 그가 '좁은 이마에 살집이 좋은 털투성이의 손을 가진, 그리고 허술한 양복을 입은' 남자임을 보고 심한 성적 자극을 받아 유곽 출입을 결심하게 되는 것이다.

또 하나의 장면도 그렇다. 유곽에 출입하기 시작하면서, 세브린느는 수차에 걸친 손님상대에도 불구하고 별로 성적(性的) 극치감을 맛보지 못하고, 오직 자기의 온전치 못한 행동에 대한 자책감만 가중되어 고민한다. 그래서 그러한 양심적 가책에 못 이겨 센느 강에 몸을 던져 죽어버리기로 결심하기에 이르는데, 그 순간 세브린느는 자기 옆으로 다가온 한 남자(그는 배의 석탄을 운반하는 화부였다)의 '드러나 보이는 목과 늠름하고 넓은 어깨, 감색 작업복을 입고 얼굴에는 검댕과 기름때가 묻은, 그리고 싸구려 담배 냄새와 묘한 정력적인 체취에 절은' 모습에 강한 성적 충동을 느끼고는 1백 프랑짜리 지폐까지 쥐어주며 마담 아나이스네 비밀유곽으로 자기를 찾아오라고 시키는 것이다.

즉, 세브린느는 중산층의 정상적인 생활을 하며 품위를 지키는 남자들에게서는 전혀 육체적인 쾌감을 느낄 수 없었던 것이다. 거칠고 천하고, 무지막지한 욕구를 가진 남자들에게서만 성적 쾌감을 얻을 수 있었다.

이러한 심리를 프로이트의 이론에 따라 설명하자면, 여덟 살 때 연관공에게 당한 경험이 세브린느의 성의식에 작용하여 그 연관공같이 거칠고 무자비하고 야수적인 사람이 아니면 성적 만족을 느끼지 못하는 상태로까지 나아간 것으로 된다. 그러나 작가의 이러한 프롤로그 설정을 통한 친절한 정신분석학적 해명은, 내가 보기엔 일종의 사족(蛇足)같이 느껴진다.

우리나라에서 이장호 감독에 의해 만들어진 〈무릎과 무릎 사이〉라는 영화에서도 이것과 비슷한 플롯으로 영화 전체의 에로티시즘을 이끌고 나간 적이 있었다. 그 영화의 여주인공(이보희가 맡았다)은 어렸을 때 음악 레슨 선생에게 무릎을 거칠게 애무 당하고는, 커서도 남자들이 무릎만 만지면 꼼짝 못하고 탈선(?)의 길로 들어서게 된다는 줄거리였다. 그 영화의 마지막 부분에서는 이장호 감독이 직접 정신과 의사의 역할을 맡아 여주인공의 심리상태를 설명한다.

그러나 그때 그 영화를 보고 내가 받은 인상은, 리얼한 에로티시즘이 아닌 오직 눈요깃거리의 센세이셔널리즘(선정주의)으로 관객을 꼬여 놓고 나서, 그러한 상업주의적 계산을 구차스럽게 변명하는 것처럼 들렸다. 하긴 우리나라처럼 아직도 자유로운 성의 표현이나 성 심리의 본질에 대한 허심탄회한 토론을 금기시하고, 허식에 가득 찬 도덕주의적 은폐를 당연시하는 풍토 하에서는 그러한 플롯 설정이 불가피했는지도 모르겠다.

〈세브린느〉 역시 그것이 쓰인 시기가 아직 성해방이 이룩되지 못한 20세기 초엽이었기 때문에, 작가는 독자나 비평가의 구미를 맞추고 도덕주의자들의 비난을 피하기 위해 조심스럽게 프로이트의 이론을 응용하고 있는 것 같다.

이 작품에서 주인공 세브린느는 남편에게 아무리 동물적 육욕을 느끼지 못하더라도, 여전히 '정신적'으로는 남편을 사랑하는 여인으로 묘사된다. 그러나 이러한 영(靈)과 육(肉)의 분리는 사실상 바람직한 것이 아니고 실제로도 불가능한 것이라고 나는 생각한다. 이러한 점이 이 작품의 결함이고, 동시에 프로이트 이론의 오류인 것이다.

어린 시절에 거칠게 능욕을 당한 경험이 있건 없건 간에, 사람들은 누구나 동물적 본능을 가지고 있고, 그러한 본능은 대개 '변태적'인 것으로 나타나게 마련이다. 특히 사디즘과 마조히즘이 대표적인 예인데, 앞서 말한 바와 같이 그것이 바로 이 세계를 음양의 조화에 의해 지탱해 주는 원리이기 때문이다.

프로이트가 범한 최대의 오류는, 정상체위에 의한 삽입성교 이외의 모든 성적 접촉, 예컨대 사디즘적 채찍질이나 구강섹스, 마조히즘적 피학심리에 의한 복종의 쾌감 등을 모두 '변태'로 규정한 것이었다. 사랑은 반드시 성기의 삽입과 수정(受精)에 의한 성교의 형태로만 표현되는 것이 아니건만, 그는 역시 유대인적 엄격주의 교육과 서양의 중세기적 기독교 윤리 전통에서 나온 그릇된 관념, 즉 성을 일종의 필요악으로 간주하는 관습적 윤리를 떨쳐버리지 못하고, 모든 변태성욕의 원인을 어린 시절의 성적(性的) 외상(外傷) 경험에 미루어버리고 말았다.

사실상 '변태'란 존재하지 않는 것이며, 오직 개개인의 '성적 취향'만 존재한다는 사실을 그의 완고한 초자아는 인정할 수 없었던 것이다. 오로지 생식(生殖)을 위한 섹스만이 정상섹스요, 비생식적(非生殖的) 섹스, 예컨대 구강성교나 음핵마찰, 또는 기타 성적 상상력의 드라마틱한 연출에 의한 애무형태를 그는 모두 변태로 규정하고 만 것이다.

사랑은 투쟁과 갈등, 그리고 지배와 복종 사이에서 이루어지는 지극히 복잡하고 비도덕적 탈선심리에 그 토대를 둔다. '아름다운 사랑'이란 있을 수 없다. 우리가 정상적인 부부관계의 스토리보다도 삼각관계나 혼외정사, 특히 변태성욕적 일탈행위를 소재로 한 문학작품이나 영화에 더 끌리게 되는 것은 이 때문이다.

그러나 이러한 몇 가지 결함에도 불구하고, 이 소설은 여주인공의 마조히즘적 심리와 거칠고 야성적인 자연(자연은 평화롭지 않다. 오직 피비린내 나는 약육강식의 격전장일 뿐)에 대한 향수를 잘 나타내고 있다. 그녀가 유곽에서 '점잖은' 손님들의 천편일률적 섹스나 마조히스트 남성의 섹스에 싫증을 느껴 절망하다가, 거친 사디스트 손님을 맞아 한바탕 정사를 벌이고 나서 비로소 심신의 안정을 되찾는 대목에서, 우리는 여성이 갖는 성적 무의식의 근원을 리얼하게 간파하게 되는 것이다.

여자들을 기다리고 있었던 사나이는 취해 있었다. 레 알르(파리의 중심지 샤틀레 근처에 있는 야채시장)에서 일하는 남자들이 입는 작업복을 입고, 그는 자기의 진흙투성이인 구두와 그의 마음에 꼭 든 방을 번갈아 보고 있었다. 억센 두 손은 무릎 위에 얹고 있었다.

"저 여자." 그는 고갯짓으로 세브린느를 가리키고 "럼주(酒) 한 잔 줘."라고 말했다. 그가 술을 마시고 있는 동안에 세브린느는 옷을 벗었다. 그는 말 한마디 없이 세브린느의 동작을 보고 있었다. 말 한마디 없이 사나이는 그녀를 소유했다. 그의 몸이 무겁게 내리눌렀다. 모든 것이 그에게 있어서는 보통 남자들보다 두껍게 되어 있었다. 모든 것, 눈알맹이까지 말이다. 그런데 세브린느는 문득 그 상스런 열정과 동물적인 음탕함을 발견하고, 자기도 무슨 소리인지 모를 신음소리를 냈다.

그녀의 몸 위에서 기갈을 채우고 있는 그 정욕은 문화적이고 세련된 정욕이 아니었다. 그것이야말로 세 사람의 남자가 그녀로 하여금 그 침대로 뛰어들게 한 그 정욕이었다. 막다른 골목의 사나이, 목덜미가 음탕하게 생긴 사나이, 강변의 사나이의 이미지들이 지금 이 사나이 속에 한데 몰려서 그 무게로 그녀를 내리누르고, 그 거친 손발로 그녀의 사지를 으스러져라 하고 비트는 것을 느꼈다.

감미로운 놀라움과 공포심이 그녀의 얼굴에 나타났다. 그녀는 어렴풋이 몸을 떨었다. 그러고는 갑자기 평화스럽고 젊고 행복한 표정이 되는 것이었다.

세브린느가 이러한 자신의 성적 경험을 토대로 당당한 쾌락주의자가 되어 그녀의 삶을 새롭게 가꾸어 나갔다면 얼마나 좋았을까. 그러나 그녀의 의식은 역시 완전한 성해방주의에 이르지 못했다.

그래서 그녀는 낮에는 창녀로, 밤에는 정숙한 가정주부로서의 이중적 '양다리 걸치기' 생활을 이어나가려고 결심하여 결국 그녀의 남편을 부상시키고, 그녀 자신도 비극의 주인공이 되고 말았다. 그녀와 남편 사이에 음울하게 존재했던 '권태'의 그늘을 그녀의 표면적 의식이 억지로 부정하려고 했기 때문이다. 사랑에는 절대로 '의리'니 '배신'이니 '불륜'이니 하는 도덕적 개념이 개입될 수 없는데도, 그녀는 그러한 허위의식들을 떨쳐버릴 용기가 없었다.

세브린느와 같은 불안한 심리적 상태에서 살아가는 여성이나 남성들은 우리나라에도 얼마든지 많다. 사생활의 비밀이 보장되지 않고, 간통죄가 존재하며, 애정문제에까지 일일이 도덕의 메스를 들이대는 게 우리 나라의 실정이기 때문이다.

텔레비전의 드라마에는 언제나 단골 소재로 혼외정사가 다루어지는

데, 드라마가 진행되는 중에 신문 등의 매스컴에서 벌이는 토론과 비판을 들어보면 정말 가관이다. 모두들 성 의식의 본질문제에 대해서는 철두철미 외면한 채, 오로지 도덕성만을 내세우고 있기 때문이다.

이러한 답답한 상황에서 우리가 진정한 성적 만족을 얻는다는 것은 정말 요원한 일이 아닐 수 없다. 성적 만족은 개인에게는 행복한 삶의 원동력이 되고 사회적으로는 굳건한 안정과 사회발전을 이룩하게 하는데도 말이다.

개개인의 개성적 성적 취향(소위 변태라고 매도당하는 것)이 묵살되고, 당당하고 창조적인 성희(性戲)에의 욕구가 그 지향점을 찾지 못할 때, 사람들은 정신적으로 황폐하게 되고 그것은 사회적으로 파급되어 광신적(狂信的) 이데올로기에의 집착, 파괴적 급진주의나 호전주의로 나아가게 된다. 성의 억압이 낳은 비극의 대표적 실례가 중세기의 암흑시대요, 독일의 나치즘이요, 역사상 끊이지 않았던 온갖 전쟁들이다. 성욕이 그 배출구를 찾지 못할 때 사람들은 그 분풀이로 신경질적인 공격의 칼을 휘둘러대게 되는 것이다.

그래서 이 작품에서 세브린느는 전혀 더럽거나 추잡한 여인으로 느껴지지 않는다. 그녀는 다만 이성의 굴레, 정신우월주의가 가져다주는 허위의식의 굴레를 완전히 벗어버리지 못하고(그럴 수 있었다면 그녀는 남편과 이혼했을 것이고, 당당하게 마르셀, 또는 마르셀과 비슷한 남성들과 애정유희를 즐겼을 것이다) 자신이 갖고 있는 천부적인 성적 상상력을 주체하지 못해 고민하는 사회적 통념의 애처로운 희생물로 느껴질 뿐이다.

그러나 이 소설에서는 군데군데, 도덕에 대한 본능의 완전한 승리를 기대하는 작가의 의지가 세브린느의 심리묘사를 통해 그려지고 있다. 우선은 할 수 없이 적당히 양다리를 걸치더라도, 어떠한 방법으로든지 성적 정열과 욕구를 발산시켜야만 한다는 것을 작가는 일종의 타협안으로 제시하고 있는 것 같다.

이 글을 읽는 분들 가운데 성 문제 때문에 고민하는 분이 있다면, 다음의 인용문을 읽으면서 스스로의 어떤 '잠정적 해결점'이라도 찾아보도록 노력해 보기 바란다.

세브린느는 자기가 생명처럼 아끼고 있는 남편과의 사이에, 숙명적인 분리 상태가 있다는 것을 알고도 실망하지는 않았다. 수 주일에 걸친 고문과 같은 발광 상태가 지나간 후, 그녀는 처음으로 자기 자신을 알게 되었고, 공포와 암흑 속에서 자기를 지배하고 있었던 그 무서운 이중인격이 그녀의 내부에 흡수되어 버린 것이다.

그녀는 슬기롭고 명랑하게 마음의 안정과 통일을 도로 찾을 수 있었다. 막된 남자들이 주는 기쁨을 피에르에게서는 얻을 수 없는 것이 운명이라면, 별 딴 도리라도 있단 말인가? 딴 여자들에게 있어서는 그 여자들의 사랑과 혼연일체가 되어 있는 관능적 기쁨을 단념해야만 할까?

그녀가 만약 그러한 행운을 얻었다면 과연 그녀가 그 무섭고 위태로운 길을 걸어갔을 것인가? 그녀의 힘으로도 어쩔 수 없는, 육체의 세포(細胞)들이 요구하는 본능적 욕구를 따랐다고 해서, 그 누가 그녀를 비난할 수 있단 말인가? 봄마다 땅을 축축한 꿈틀거림으로 경련시키는 대자연의 본능, 모든 동물이 가질 수 있는 그 '성스러운 경련'을 그녀도 가질 권리가 있었다.

27 로렌스의 『채털리 부인의 연인』

    D. H. 로렌스의 대표작 『채털리 부인의 연인』은, 성 문학 치고는 문학적 경건주의자들한테서 높은 평가를 받고 있다는 점에서 특기할 만한 작품이다. 대개의 성 문학은 일종의 '문학의 변방(邊方)'처럼 치부되어, 문학사에 있어 가십거리로나 기록되는 경우가 많기 때문이다.
    『채털리 부인의 연인』 생각을 하면 내가 겪은 『즐거운 사라』 필화사건이 생각난다. 그때 나의 구속과 처벌에 동조한 몇 명의 지식인들은, 나를 비난하는 글 끝머리마다 『채털리 부인의 연인』을 언급하곤 했다. 이를테면 『채털리 부인의 연인』은 성묘사가 아무리 노골적이라도 작품수준이 높아 봐줄 만하지만, 『즐거운 사라』는 노골적인 성묘사와는 별도로 정치적·사상적 주제의식을 내포하지 않고 있기 때문에 유죄라는 식이었다.
    그들은 『채털리 부인의 연인』 역시 발간되자마자 비난과 매도의 표적이 되었고, 오랜 기간 동안 판매금지까지 됐다는 사실을 망각하고 있었다. 그들의 주장을 한마디로 요약하면 '노골적인 성 문학도 명작이라는 평가를 받으면 면죄부를 받는다'는 것인데, 『채털리 부인의 연인』이 나오자마자 명작 소리를 들은 것처럼 착각하고 있었다.

문학작품이란 긴 세월을 두고 평가돼야 하는 것이다. 그래서 잘 썼든 못 썼든 당시대의 통념에 도전한 문학작품들은 출간되고 나서 언제나 호된 시련을 겪었다. 나는 많은 지식인들이 『채털리 부인의 연인』과 『즐거운 사라』를 비교하며 우쭐거리는 것을 보고, 우리나라 지식인 사회에 만연해 있는 '서구문학에 대한 사대주의'에 실망하지 않을 수 없었다.

각설하고, 그러나 내가 보기에 『채털리 부인의 연인』은 그리 잘 쓴 소설이 아니다. 우선 내가 가장 싫어하는 '양다리 걸치기' 수법으로만 일관하고 있기 때문이다. 성(性)을 그리려면 어디까지나 성 문제 자체에만 당당하게 집중해야 한다. 그런데 『채털리 부인의 연인』은 여주인공 코니가 성불구자인 남편을 버리고 산지기 멜러즈에게로 도망가는 것을 변명하기 위하여, 코니의 남편인 채털리를 부르주아 귀족에다가 육체를 멸시하고 노동자의 삶을 경멸하는 위선자로 그려놓았다.

그리고 산지기 멜러즈를 '하층계급을 대표하는 건실한 노동자'로 그림으로써, 이 소설이 마치 계급 갈등을 주제로 삼고 있는 것처럼 위장하고 있다. 성 문제를 다룰 때 이런 경우에는 면죄부를 받는 일이 흔하기 때문이다. 이를테면 하인이 주인마님을 강간하는 소설은 성 묘사가 아무리 음란(?)하더라도, '계급 갈등'이나 '민중 정신'을 슬쩍 곁들여 내세움으로써 칭찬받을 수가 있는 것이다.

또한 『채털리 부인의 연인』은 힘에 의한 삽입성교만 강조하고 유희적 섹스나 오럴섹스 등의 비생식적(非生殖的) 섹스를 변태시(視)함으로써, 남성우월주의적 쇼비니즘의 양상을 보인다. 말하자면 맬러즈는 절륜한 정력의 소유자로 그려져 있고, 채털리 부인은 그의 정력 앞에 무릎을 꿇는 여인으로 그려져 있는 것이다.

서구문학에 대한 사대주의에 젖어 있는 평자(評者)들은 이것을 두고도 '건강한 섹스'니 '자연적 섹스'니 하고 들입다 칭찬들만 해댄다. 그렇다면 몸이 허약한 남자나 늙은 남자는 섹스를 아예 단념하고 죽어버리란 말인가. 섹스는 이제 쾌락이나 번식의 문제이기 이전에 인권의 문제요, 행복추구권의 문제이다. 몸이 약한 남자나 여자, 또는 불구자나 노인의 섹스까지도 고려해야 할 만큼, 섹스는 이제 우리 생활의 전(全) 영역 속으로 파고 들어와 있는 것이다.

『채털리 부인의 여인』에서는 오로지 '페니스에 대한 예찬'만 나오지 '다양한 성희(性戱)에 대한 예찬'은 나오지 않는다. 그래서 오럴섹스도 없고 진한 살갖 접촉도 없고 다양한 체위도 없다. 그야말로 '원시적인 섹스'이다. 바로 이런 점 때문에 이 작품의 우수성이 인정된다면 그것은 난센스다. 섹스는 이제 '생식의 영역'에서 '놀이의 영역'으로 접어 들어가고 있기 때문이다.

로렌스를 극복하지 않는 한 바람직한 에로티시즘 문학은 이루어질 수 없다. 특히 한국의 지식인들은 로렌스에 대한 숭배심을 버려야 한다. 아니 서구의 성 문학이나 성 담론에 대한 숭배심을 버려야 한다. 비단 로렌스뿐만 아니라 조르주 바타이유나 미셸 푸코 등의 글에 대해서는 입에 침이 마르게 칭찬을 해대면서, 한국에서 생산되는 글에 대해서는 유독 근엄한(아니 근엄한 체하는) 잣대를 들이대는 것은 촌스럽고 비겁한 짓이다.

로렌스는 『채털리 부인의 연인』 이외에도 『아들과 연인』, 『날개 돋친 뱀』, 『무지개』 등 많은 작품을 남겼다. 그가 서구 사회의 위선적 금욕주의나 기독교적 정신우월주의 등에 대해 날카로운 메스를 가했다는 점과, 성행위의 노골적인 묘사로 문학의 품위주의에 반격을 가했다는 점은 칭찬받아 마땅하다.

그러나 성관(性觀)에 있어서만은 그 역시 다른 서구인들처럼 경건주의적 태도나 구태의연한 성신성주의(性神性主義)를 버리지 못하고 있다. 그에게 있어서는 성행위가 '남근 숭배의 경건한 의식(儀式)'에 다름 아닌 것이다.

동양에서는 성행위가 경건한 의식이기보다는 '건강을 위한 스포츠'나 '유쾌한 놀이(또는 도락)'에 가까웠다. 그래서 생식적 섹스보다는 비생식적 섹스를 강조했던 것이고, 그런 성관(性觀)은 '접이불루(接而不漏)'의 원칙을 만들어냈다. '접이불루'란 헤비 페팅은 하되 사정(射精)이나 수정(受精)은 되도록 하지 말라는 뜻이다. 그런데 로렌스의 문학에서는 오로지 '사정(射精)과 수정(受精)에 의한 오르가슴의 확보'만 중요시하고 있어 문제인 것이다.

로렌스의 성관은 프로이트에게서 영향받은 바 크다. 특히 『아들과 연인』은 프로이트의 '오이디푸스 콤플렉스' 이론을 소설의 형식을 빌려 해설해 놓은 것이고, 『채털리 부인의 연인』은 프로이트의 '질(膣) 중심주의'를 그대로 추종하고 있는 것이다.

프로이트는 정신적으로 건강한 여성은 클리토리스 자극이 아니라 질(膣) 자극에 의해서만 오르가슴을 느낀다고 주장했다. 말하자면 삽입성교만이 진짜 성교라는 것이다. 이것은 여성의 다양한 성희(이를테면 자위

행위나 동성애, 오럴섹스 등)를 불결시한 것으로서, 현대 여성의 성관과 배치된다. 현대 여성들은 질 자극보다는 오히려 클리토리스 자극에 의해 쾌감을 느끼고 있기 때문이다.

또한 현대 남성들 역시 페니스 자극에 의한 쾌감보다는 정신적 공상 자극을 수반하는 각종의 비생식적 섹스(과거에는 '변태'로 불리던 것, 즉 사도마조히즘이나 페티시즘, 관음증, 노출증, 복장도착 등)에 의해 쾌감을 느끼는 경향이 있다.

28 빅토르 위고의 『레 미제라블』

　빅토르 위고의 『레 미제라블』은 법과 형벌의 불합리성과 잔인성을 고발한 작품이다. 위고는 젊었을 때 『사형수 최후의 날』이라는 소설을 써서 사형 제도를 맹렬히 비판했는데, 말년의 대작 『레 미제라블』 역시 형벌제도의 모순점을 중심 주제로 삼고 있다.
　장 발장은 빵 한 덩이 훔친 죄로 19년간이나 옥살이를 하고, 만기가 되어 출감한 후에도 거지 소년의 동전 한 개를 훔쳤다는 이유로 평생 쫓겨 다니는 몸이 된다. 사실은 훔친 게 아니라 발밑으로 굴러 들어온 동전을 실수로 밟았을 뿐인데, 거지 소년이 그만 경찰에 신고를 해버려 재범자(再犯者)가 되어버린 것이다.
　그런 간단한 죄인데도 불구하고 재범의 경우엔 종신징역형을 언도하는 게 당시(19세기 초엽)의 법이었던 모양이다. 그래서 장 발장은 자수도 못하고 평생 쫓겨 다니며 숨어 살아야 하는 신세가 되고, 그런 와중에서도 선행(善行)을 일삼으며 하느님께 대한 신앙을 버리지 않는다는 것이 이 소설의 기둥 줄거리다.

『레 미제라블』을 읽다 보면 감옥살이의 고통과 법 집행자들의 잔인함에 전율하게 된다. 특히 장 발장을 평생 동안 쫓아다니며 괴롭히는 자베르 형사의 표독성에 분노하게 되고, 어떻게 이토록 피도 눈물도 없는 사람이 있을 수 있을까 하고 의문을 느끼게까지 된다.

그런데도 장 발장은 자베르에게 복수할 기회가 왔을 때 오히려 그를 살려준다. 그제야 자베르는 참회의 눈물을 흘리며 자살하는데, 사실 이 대목이 참으로 어색하다. 실제로 자베르 같은 사람들은 전혀 반성의 빛을 보이지 않고 죽을 때까지 법과 권력의 충견(忠犬) 노릇을 하며 부(富)와 기득권을 챙기는 게 보통이기 때문이다.

애매한 죄로 뜬금없이 구속돼 검사한테 신문받고 판사한테 재판받은 경험이 있는 사람들은, 법을 다루는 사람들을 하나도 신뢰하지 않게 된다. 법을 다루는 사람들이 저지르는 악(惡)과 부정은 도대체 누가 심판해주나 하는 의문이 생김과 동시에, '법을 빙자한 사디즘'이 엄연히 존재한다는 사실을 깨닫게 되기 때문이다.

법은 자칫하면 합법적 인권유린의 수단으로 쓰일 우려가 더 많다. 법 역시 인간이 만들고 인간이 집행하는 것이므로, 인간의 사악한 탐욕과 잔인성을 뛰어넘을 수 없기 때문이다.

'자베르의 자살'이 있기 때문에 『레 미제라블』은 역시 어색하게 읽힌다. 만약 빅토르 위고 자신이 감옥살이 체험을 해봤다면 그토록 소박한 이상주의나 휴머니즘에 빠져들지는 않았을 것이다. 위고는 오랫동안 정치적 망명을 해본 적은 있지만 감옥살이는 한 번도 해보지 않았다.

장 발장의 '선인(善人)으로의 변신'도 어색하다. 그는 19년 동안이나 옥살이를 하고 나서 비뚤어진 성격을 갖게 된다. 말하자면 법으로 사람을 괴롭히는 인간 사회에 대한 증오심으로 똘똘 뭉쳐 있는 사람이 된 것이다. 그래서 미리엘 신부가 그를 따뜻하게 맞아 재워주었을 때도 오히려 신부를 증오한다. 자선을 베푼다는 것 자체가 가진 자들의 위선일 뿐이라는 생각이 들었기 때문이다.

그래서 은혜를 원수로 갚아 신부의 은그릇을 훔쳐 가지고 달아나는데, 그만 경찰의 불심검문에 걸려 다시 신부 집으로 끌려온다. 그러자 미리엘 신부는 그를 용서해 주고 오히려 은촛대까지 주며 평생 착하게 살아가라고 당부한다.

장 발장은 거기에 녹아 가지고 평생 미리엘 신부를 마음의 스승으로 모시며 선행을 베푼다. 자베르를 살려준 것도 말하자면 "원수를 사랑하라"는 기독교정신을 실천한 것이라고 볼 수 있다.

하지만 과연 그런 갑작스런 개심(改心)이 가능할 수 있을까? 19년 동안이나 감옥에서 고생하며 다져진 적개심이 어느 날 갑자기 풀려버릴 수 있을까? 물론 작가 위고는 미리엘 신부를 성자(聖者)에 버금가는 인물로 그려, 장 발장이 엄청난 감화를 받을 수 있었다는 사실에 개연성은 주려고 애쓰고 있다. 그러나 내가 보기에는 미리엘 신부조차 법과 권력의 횡포엔 속수무책인 현실도피적 은자(隱者)로만 보인다.

빵 한 덩이 훔친 죄로 감옥살이를 해야 하는 건 19세기 프랑스의 일만은 아니다. 우리나라에서도 예전에 500원 훔친 죄로 구속된 절도범 얘기가 신문에 보도되었다. 몇 억 원을 착복해도 멀쩡한 사람이 있고 500원만 훔쳐도 감옥에 가는 사람이 있다. 이래저래 법은 불공평하고 공포스러운 존재다.

『레 미제라블』이 리얼리티를 획득하지 못하고 있는 것은 특히 마지막 부분 때문이다. 장 발장은 말년에 가서 아예 성자처럼 거룩한 인물로 격상된다. 자신의 분신이나 다름없고 또 그가 사랑한 유일한 여성인 양딸 코제트를 마리우스에게 선선히 양도해 주는 대목이 그것이다.

물론 장 발장은 마음속으로 엄청난 갈등을 겪는다. 마리우스를 질투하기도 하고 코제트가 원망스러워지기도 한다. 그런데도 그는 이를 악물고 질투심을 이겨내는 것으로 묘사되고 있다. 게다가 마리우스는 장 발장의 과거를 의심하여 자기 아내가 된 코제트를 장 발장에게서 격리시키기까지 한다. 그런데도 장 발장은 전혀 자기변호를 하지 않는다. 그뿐만 아니라 1832년 시민 봉기 때 파리 시가전의 와중에서 부상당해 죽어가는 마리우스를 자기가 구해준 사실조차 숨긴다.

이쯤 되면 도저히 인간이라고 볼 수 없다. 단지 작가가 억지로 꿰어 맞춘 이상적인 '선(善)의 화신'이라는 생각이 들 뿐이다.

나는 장 발장이 코제트에 대한 사랑 때문에 고뇌에 고뇌를 거듭하는 장면을 읽으면서, 나라면 아예 코제트하고 결혼해 버렸을 거라는 생각이 들었다. 친딸도 아닌 양딸인데 결혼 못할 이유가 무엇이란 말인가. 당시엔 남편과 아내의 나이 차이가 20~30년 나는 일이 흔했다. 그러니 장 발장은 자기 마음을 속이지 말고 코제트에게 사랑을 고백했어야 했고, 마리우스를 일찌감치 코제트에게서 떼어버렸어야 했다.

『레 미제라블』에는 도대체 장 발장의 섹스 얘기가 하나도 나오지 않는다. 소설의 내용대로라면 장 발장은 평생 동정(童貞)을 지키다 죽은 인물인 셈인데, 과연 그럴 수가 있는 것일까? 이 점 역시 섹스는 곧 죄악이라는 보수적 기독교 교리를 그대로 따르고 있어 아무래도 찜찜한 생각이 든다. 한마디로 말해서 이 소설은 독자에게 너무도 많은 것을 강요하고 있다.

그러다 보니 애초에 작가가 제시하려 했던 법의 횡포나 형벌제도의 잔인성이 제대로 부각되지 못하고 공염불에 그치고 말았다. 아무리 법과 권력이 횡포를 부리더라도 그저 참고 받아들이며 착하게만 살아가라고 가르치고 있기 때문이다. 하긴 이런 상투적 교훈과 타협적 휴머니즘 때문에 이 소설이 이른바 '명작'의 대열에 끼게 됐는지도 모르지만.

29 『아라비안나이트』

『아라비안나이트』는 8세기에서부터 13세기에 걸쳐 아랍 민중들 사이에 구전(口傳) 전승된 민화들을 채집해놓은 방대한 양의 이야기 모음집이다. 최초의 편자(編者)가 누구인지는 알려지지 않고 있으며, 현재는 영국의 버튼이 정리해놓은 영역본이 결정본으로서 세계 여러 나라에 유포되어 있다.

『아라비안나이트』는 사산 왕족의 하나인 샤리아르 왕이, 자기의 왕비가 검둥이 하인과 간통하는 것을 보고 분개하여 여인에 대한 복수심을 품는 장면으로부터 시작된다. 샤리아르 왕은 그 후 3년간에 걸쳐 매일 밤 나라 안의 처녀들을 골라 들여 하룻밤의 잠자리를 같이 하고는 다음날 아침 죽여버리는 일을 되풀이한다. 그래서 드디어 나라 안에 처녀라고는 대신의 두 딸 세헤라자데와 도냐쟈드밖에 남지 않게 되었다.

총명한 세헤라자데는 자기에게 닥친 운명을 피하려 하지 않고 자진해서 아버지를 설득하여 포악해진 샤리아르 왕의 하룻밤 동안만의 결혼에 응한다. 그러고는 그날 밤 동생과 짜고서 잠자리에 들어오게 해가지고, 한밤중의 잠이 오지 않는 시간을 메꾸기 위해 언니에게 뭔가 이야기를 해달라고 조르게 한다.

세헤라자데의 변화무쌍한 이야기보따리는 여기서 그 첫 실마리를 풀게 된다. 이야기의 재미에 빠져, 왕은 다음날 아침 세헤라자데의 채 끝나지 않은 이야기를 들으려고 죽일 것을 연기한다. 이렇게 하여 계속된 흥미진진한 이야기는 일천 하룻밤을 이어갔고 이윽고 왕도 세헤라자데의 정숙하고 총명함에 감동하여 포악한 짓을 그치고 세헤라자데를 왕비로 맞이하게 된다.

그래서 『아라비안나이트』를 『천일야화』라고도 부르게 되었다. 한 독립된 이야기에서 또 다른 독립된 이야기로 교묘하게 이어져가는 이 책의 구성법은 훗날 『데카메론』이나 『캔터베리 이야기』에도 영향을 준 바 있거니와, 그 내용 또한 끝없는 낭만과 꿈과 모험의 세계를 펼쳐 보여줌으로써 독자들에게 화려한 문학적 판타지의 즐거움을 선물해주고 있다.

특히 19세기 유럽의 독자들에게 『아라비안나이트』는 동양에 대한 익조티시즘(exoticism)을 고양시켰으며 중동풍(中東風)의 복장과 생활태도를 유행시켰다. 앙그르를 비롯한 19세기 유럽의 화가들 그림의 중요한 소재로 등장하고 있는 '하렘의 여인(오달리스크)'은 기독교적 금욕주의에 시달려 온 유럽인들이 『아라비안나이트』의 기본사상인 육체적 쾌락주의를 동경한 나머지 구체적으로 표출해낸 중요한 상징물이다.

『아라비안나이트』에는 우리에게 일반적으로 잘 알려진 「신밧드의 모험」이나 「알리바바와 40인의 도둑」 같은 모험담도 많지만, 이야기의 주조를 이루는 것은 역시 성애(性愛)의 즐거움을 묘사하여 쾌락주의적 인생관을 강조하는 염정담(艷情談)들이다. 남녀의 정사, 짙은 러브 신, 성교 장면의 적나라한 묘사가 작품 전체를 관류하고 있다. 그러나 이러한 장면들이 아주 자연스럽고 천진난만하게 그려져 있기 때문에 조금도 추잡한 느낌을 주지 않는 것이 바로 이 책의 매력이라고 할 수 있다.

아랍 사람들은 본래 사막 한가운데서 대자연의 위협과 싸우며 살아온 종족이기 때문에 감각이 날카롭게 발달하여 관능적인 쾌락을 즐기고 관능적인 미(美)를 발전시켰다. 아라비아 여인들이 추는 고혹적인 '배꼽춤(Belly Dance)'과 짙은 눈 화장, 화려한 장신구들은 아랍인들이 관능미를 긍정적으로 수용하여 생활 속에 자연스럽게 용해시킨 대표적 실례라고 할 수 있다.

『아라비안나이트』에는 '알라' 신에 대한 찬양이 끝없이 나온다. 그렇기 때문에 이 책은 대단히 종교적인 주제를 바탕에 깔고 있다고도 볼 수 있다. 그러나 재미있는 것은 이 책에 나오는 알라 신(神)은 기독교의 '여호와' 신처럼 금욕적이고 염세적인 생활철학을 강요하는 신이 아니라 마음껏 쾌락을 즐기라고 축복을 내려주는 신이다. 그래서 매 이야기 끝머리마다 나오는 알라에 대한 찬양은 "이토록 우리에게 쾌락을 허락해주시니 감사합니다."라는 뜻의 표현인 것이다. 매우 현실적이고 실용적인 신앙 형태라고 하겠다. 아랍인들의 내세관 역시 지상적(地上的) 쾌락의 연장에 다름 아니다.

마호메트의 『코란』에는 알라를 충실히 섬기다가 죽은 남자는 누구나 제7천국에 갈 수 있다고 약속되어 있는데, 거기에는 제7천국이 "더러움을 모르는 청순한 처녀들—아직 껍질 속에 숨겨져 있는 진주처럼 커다란 눈을 가졌다—이 시중들고, 금빛 찬란한 침대 위에 느긋이 편안하게 누우면 시중드는 여인들이 음식이 담긴 그릇을 올리고 술을 따른다. 이 술은 아무리 마셔도 머리가 욱신욱신 아파오는 일이 없고 취해도 정신을 잃게 하지 않는다. 마음대로 목욕할 수 있고, 풍부한 과일이 끊이질 않아 마음껏 먹을 수 있다. 그리고 그곳에서 천상의 미녀들과 사랑의 환락을 나눌 수 있다"고 묘사되어 있다.

『코란』에서 말하는 이러한 '환락의 도가니'로서의 이상향이 문학작품으로 구체화된 것이 바로 『아라비안나이트』라고 하겠다. 그래서 『아라비안나이트』에는 쾌락주의의 실천 장소로서 '하렘'이 자주 등장한다.

하렘은 모든 것이 원하는 대로 되는 환상적인 환락장이다. 짙은 향내가 나는 시원한 연못가에서 칼리프가 아름다운 음악을 들으며 수백 명이 넘는 반라의 요염한 미녀들에 둘러싸여 즐거운 나날을 보내는 곳, 성에 굶주린 여인들이 주인의 즐거움을 위해 만들어낼 수 있는 온갖 도락과 성희(性戱)가 넘실대는 곳이 바로 하렘이다.

『아라비안나이트』에서 우리는 현실중심의 인생관과 육체적 쾌락에 대한 긍정적이고 적극적인 자세를 배우게 된다. 서양의 교훈적이고 정신주의적인 문학작품들에 비하여 이 책은 그래서 가치가 있다. 인간의 고통을 강조하는 것이 리얼리즘이라면, 쾌락을 강조하는 것이 낭만주의라고 할 수 있는데, 비록 그 쾌락이 공상적이고 환상적인 것이라고 해도 우리는 쾌락의 가치를 부정할 수 없다.

『아라비안나이트』가 보여주는 것은 바로 이러한 '낭만적 공상'으로서의 쾌락이 현실에서 존재할 수 있다는 믿음이다. 이러한 믿음은 곧 인간의 무한한 창조적 상상력과 결부되어 실제적 진보와 발전을 가능하게 하는 것이며, 인류의 역사는 상상을 실제화(實際化)하는 작업이었던 것이다.

꿈이 없는 현실은 무의미한 것이고 꿈과 현실은 분리되지 않는다. 꿈은 우리의 무의식을 지배하여 현실적 실천을 가능케 해주는 원동력이 되어주기 때문이다. 『아라비안나이트』는 '인류 역사발전의 원동력으로서의 꿈'을 우리들에게 선물해 주고 꿈의 효용과 가치를 긍정적으로 입증해 주었다는 점에서, 인간의 무한한 발전 가능성을 확신하게 해주는 고전 중의 고전이라 하겠다.

그러나 최근 우리나라 독서계의 현실은 『아라비안나이트』가 퇴색해 버린 감이 있다. 리얼리즘 문학이 판을 치게 되면서부터 이 책은 조잡한 발췌본이 겨우 어린이용 동화책 정도로 애용되고 있을 뿐이다. '버튼'판의 완역본이 우리나라에서 처음 출판된 것이 1970년이고 지금도 여러 출판사에서 낸 완역본이 나와 있지만, 별로 팔리지가 않아 지금은 무용지물이 되어가고 있다.

얼핏 보면 이 책은 왕족이나 귀족들의 섹스 놀음 이야기요, 민중을 노예로 부리며 쾌락을 만끽하는 지배계층의 문학이라고 할 수 있을지도 모른다. 하지만 나는 이러한 쾌락이 모든 민중들에게 가능해지는 사회를 우리가 지향해 나아가야 한다고 믿기 때문에 이 책을 사랑한다.

모든 사람들을 민중으로 만들 것이 아니라 귀족으로 만들도록 노력해야 한다. 과거의 노예가 지금의 기계나 로봇으로 대체되어 가고 있어, 사실상 지금 우리들은 어느 정도 귀족적인 생활을 즐기고 있지 않은가. 과학이 더욱 발달되면 우리는 『아라비안나이트』의 주인공들같이 수많은 미녀·미남 로봇(인간과 똑같이 닮은)들을 부려가며, 손 하나 까딱 않고 쾌락만을 즐길 수 있는 날이 오고야 말 것이다(노동은 절대로 신성한 것이 아니다. 할 수 없이 하는 것일 뿐이다). 물론 어떤 특정한 이데올로기에 대한 흑백논리적 맹종에서 비롯되는 '전쟁'이 우리 지구촌을 전멸시키지 않는 한 말이다.

    호전적인 국수주의나 민족주의, 사회주의적 리얼리즘은 퇴폐적 낭만주의보다 그래서 더 위험하다. 건전한 쾌락주의와 성 해방주의가 제대로 뿌리내릴 수 있을 때, 우리는 『아라비안나이트』에 나오는 상상적인 환락의 신비경(神秘境)을 실제로 실현시킬 수 있다고 나는 확신한다.

30 존 파울즈의 『콜렉터』

『콜렉터』는 영국 작가 존 파울즈(John Fowles)가 1963년에 발표한 장편 소설이다. 그해에 〈벤허〉를 연출했던 윌리엄 와일러 감독에 의해 영화화되어 칸 영화제에서 최우수상을 받았으며, 주인공역을 맡은 데렌스 스템프는 남우주연상을 수상했다. 우리나라에서는 1967년에 상영되어, 영화 팬들은 와일러의 새로운 작품에 접할 수 있었다. 책의 한국어 번역본은 영웅출판사에서 나왔다.

나는 고등학교 2학년 때 이 영화를 보고 큰 충격과 감동을 받았다. 영화에서는 초반 10분 이상을 무성영화로 처리하여 현대인의 소외의식이 빚어낸 극단적인 인격 파행(跛行)을 암시했던 것으로 기억한다. 그리고 독백조(調)의 나레이션을 통해 주인공의 괴벽을 소개하고 있다. 즉 그는 나비채집에 광적(狂的)으로 몰두하는 사나이인데, 그러한 수집벽(蒐集癖)이 지나쳐 결국 아름다운 여인을 채집하려 한다는 것이다.

흔히 타인에게 고통을 주면서 거기서 성적 쾌감을 얻는 병적(病的)인 심리를 이해하려는 의미에서 만들어진 사디즘이란 개념은, 이제는 정상적인 인간의 사회생활에서도 발생할 수 있는 비합리적인 현상을 설명하는 심리기제(心理機制)로 그 의미 폭이 넓어졌다. 그래서 지금은 인간의 생활 활동 전반에 있어 나타나는 적극적이며 공격적인 행동을 통틀어서 가리키는 말이 되었다.

사디즘을 약육강식의 장(場)인 이 생태계에서 싸우면서 살아나갈 수밖에 없는 인간의 원초적 본능인 '성욕'과 '공격성'이 포괄된 하나의 일반적 현상으로 본다면, 파울즈의 『콜렉터』는 나비 수집가이자 사디스트인 '프레드릭'과 결코 마조히스트로 길들여지지 않는 여성인 '미란다'와의 갈등을 그리고 있다. 우선 이 작품의 줄거리는 다음과 같다.

시청 세무과에 근무하고 있는 프레드릭은 나비 수집광이다. 그는 아름다운 미술대학생 미란다를 짝사랑한다. 그러나 소심한 성격과 상류계급에 대한 열등감을 극복하지 못하고 있는 그는, 그녀의 주변에서만 맴돌 뿐 적극적으로 접근하지를 못한다. 게다가 그는 그녀를 인간이 아닌 또 다른 종류의 나비로 생각할 뿐이어서, 그녀를 본 날에는 관찰일지(日誌)에 표시할 정도였다.

이런 그에게 그녀를 채집할 기회가 오는데, 그것은 돈을 걸었던 축구경기에서 뜻밖에 거액의 상금을 타게 되었기 때문이었다. 그 돈으로 그는 우연히 신문에 실린 광고를 보고 교외에 있는 오래된 집을 구입한다. 그 집에는 외부세계와 완전히 차단될 수 있는 이중의 지하실과 넓은 정원이 있어서, 그곳을 잘 꾸미면 살아 있는 인간 나비를 가두어둘 수 있기 때문이다.

마침내 모든 준비를 끝낸 프레드릭은 마취제를 사용하여 그녀를 채집하는 데 성공한다. 그날 이후 미란다는 지하실에서 빠져나가기 위해 계속해서 일을 꾸미지만 번번이 실패한다. 이를 막으려고 프레드릭은 그녀를 풀어줄 날짜를 약속하지만 그것은 프레드릭의 술수에 불과했다. 왜냐하면 그날에 이르자 프레드릭은 미란다가 도저히 받아들일 수 없는 조건인 '결혼 신청'을 했기 때문이다.

또다시 탈출을 시도하는 미란다는 프레드릭에 대한 육체적인 유혹까지도 감행해 보았으나 모두 실패하고 끝내는 급성폐렴에 걸리고 만다. 도망가기 위한 술수로만 생각한 프레드릭은 그녀의 모든 도움 요청을 묵살한다. 나중에 그녀가 진짜로 병에 걸린 줄 알게는 되었으나, 그때는 이미 미란다의 병세가 악화되어 있어서, 그녀는 결국 죽고 만다.

손수 만든 상자 속에 여자의 시체를 넣고 땅에 파묻은 프레드릭은, 며칠 전 시내에서 보았던 미란다와 머리카락 색과 머리 모양이 닮은 또 다른 나비인 '마리안'을 채집하려고 길을 나선다. 미란다가 있던 방은 이미 깨끗하게 청소가 되어 있어 마치 새로 꾸민 방처럼 보였다.

이 작품의 줄거리만을 보면, 한 납치범과 그가 짝사랑한 인질 사이에 벌어지는 평범한 치정극이라고 생각할 수도 있다. 그러나 주인공의 심리를 분석해 보면 거기엔 매우 다양한 성 심리가 개재되어 있음을 알 수 있다.

사디스트는 그가 지배할 인간을 필요로 한다. 왜냐하면 사디스트가 지닌 강자적(強者的) 감정은 그가 어떤 사람의 주인이 되고 싶다는 사실에 기초하고 있기 때문이다. 그런데 사디스트는 대상을 지배할 뿐만 아니라 사랑하고 있다.

프레드릭은 미란다를 짝사랑하지만, 그것은 인간이 아닌 또 다른 종류의 나비로서이다. 프레드릭은 미란다를 다음과 같이 생각한다.

이를테면 보기 드문 점박이 노랑나비를 잡으려 할 때와 흡사한 심정이라고나 할까. 나는 항상 그녀를 이렇게 생각했다. 어쩌다가 구경할 수 있을 뿐, 아주 잡기 힘든 멋지게 생긴 나비, 다른 나비들과 비교되지 않을 뿐더러 보통 예쁜 모양의 나비하고도 또 다른, 그러니까 진짜 전문가나 알아주는 그런 나비와 같은 존재거니 했다.

이 사디스트는 여자에게 육체적 학대가 아닌 정신적 학대를 하고 있지만, 표면상으로는 그녀를 더할 나위 없는 관심과 애정으로 대하고 있고, 그 자신 역시 이 사실에 한 치의 회의도 느끼지 않는다.

"당신이 부탁하는 일이라면 무엇이든 하겠소."
"저를 집으로 보내주는 것을 빼놓고 말이죠?"

정신분석학자 에리히 프롬은, "사디스트는 단지 하나만을, 즉 자유와 독립의 권리만을 제외하고는 모든 것을 상대방에게 줄 수 있다"라고 말한 바 있다. 위에서 인용한 두 사람 사이의 대화는, 그가 채찍이나 성적인 폭행을 가하지 않더라도 그의 사디스트적인 기질을 증명하는 중요한 단서가 된다. 프레드릭이 그의 모든 시간과 막대한 물질을 사용해 가며 그녀에게 베푼 친절에 대해서 미란다는 다음과 같이 생각하고 있다.

그는 분명 악마다. 그의 친절한 행동은 악마가 세상을 가리키면서 모든 것이 네 것이 될 수 있다고 유혹하는 것과 다를 게 없다고 생각한다……. 나로 하여금 감사하는 마음을 갖도록 하고 싶어 그는 애간장을 태우고 있는 것이 분명하다. 그러나 그의 이런 소원은 이루어지지 않으리라.

그렇다면 프레드릭은, 단지 미란다를 감금하고 있다는 사실과 그녀를 자기 마음대로 기쁘게 해줄 수 있다는 것에 만족하고 있는 것일까? 그렇지 않다. 실상 프레드릭은 미란다를 육체적으로도 학대하고 싶은 것이다. 꿈이 인간의 무의식을 대변해 주는 것임을 전제할 때, 프레드릭이 꾸는 꿈은 그의 가학적 심성을 상징적으로 드러내준다. 그러나 그는 그러한 심성을 현실에서는 '친절'로 밖에는 표현 못 하는 '억압된 사디스트'로서의 기질을 지니고 있다. 그 정신적 억압상태가 그의 꿈을 통해 극명하게 반영되고 있는 것이다.

……그 무렵 나는 악몽에 시달리기 일쑤였다. 꿈속에서 그녀는 흐느껴 울었고 내 앞에서 무릎을 꿇기도 했다. 한번은 텔레비전에서 배우가 하듯이 내가 그녀의 뺨을 멋지게 후려치는 꿈을 꾼 적도 있었다.

……어느 날 밤엔가 아주 끔찍한 꿈을 꾸었다. 경찰이 들이닥친 그런 꿈이었다. 나는 경찰관이 들어오기 전에 그녀를 죽여야만 했다. 그녀를 죽이는 것이 마치 내 의무인 것 같았다. 하지만 미란다를 죽일 무기라고는 방석 하나가 있을 따름이었다. 나는 그녀에게 덤벼들어 방석으로 입을 틀어 막았다. 미란다의 몸이 뻣뻣해졌다.

프레드릭은 처음에는 자신이 뱃심이 없는 소심한 남성임을 스스로 인정하고, 또한 미란다와의 계급적 차이에서 오는 열등감 때문에 그녀의 얼굴조차 제대로 쳐다보지 못한다. 그렇기 때문에 그녀와 대화를 나눌 때에도 전혀 주도권을 잡지 못하는 움츠러든 존재로 나타나지만, 시간이 흐름에 따라 그의 내재된 사디스트로서의 면모가 드러나게 된다.

나는 기분이 매우 좋았다……. 전에는 마음이 약하던 내가, 이제 그녀가 나에게 대해서 생각하고 말한 데 대해서 보복을 할 수 있었다는 사실 때문이 아닌가 싶었다……. 그녀가 아직도 지하실에서 꼼짝하지 못하고 갇혀 있다는 생각을 하니 웃음이 저절로 터져 나왔다.

이제부터는 명령을 내릴 테야……. 나는 침대 앞으로 가서 이불을 걷어버렸다……. 좋아, 단단히 버릇을 가르쳐줄 테다……. 얼마 동안 승강이를 벌인 끝에 나는 그녀의 팔을 끈으로 묶고 입에 재갈을 물리는 데 성공했다.

이러한 변화는 처음의 프레드릭의 태도에서는 상상할 수조차 없었던 모습이다. 그러나 그는 그에게 대항하는 미란다에 대하여 점점 강하고 억압적인 모습을 보여 주며, 이 작품의 끝부분에 가서는 새로운 여인 '마리안'을 채집하기로 결정하기에 이른다. 프레드릭 스스로 그 실행을 굳게 다짐하는 모습을 통해서, 우리는 그가 지닌 사디스트로서의 면모를 확실히 엿볼 수 있다.

마리안에게는 여러 가지를 가르쳐줄 수 있다. 여러 벌이나 되는 옷도 잘 맞을 것이다. 물론 이번에는 처음부터 누가 주인이며 그녀가 어떻게 행동을 해야만 한다는 점을 분명히 해줘야겠다.

프레드릭의 이러한 사디스틱한 행동의 원인을 살펴보면, 그의 유년기에 일종의 정신적 외상(外傷)이 있었음을 발견할 수 있다. 그의 아버지는 그가 두 살 되던 해에 자동차 사고로 죽었는데, 아버지는 살아 있을 때 늘 술에 취해 있었다. 아버지로 하여금 술을 마시지 않고서는 못 견디게 만들었던 것은 프레드릭의 어머니였다. 외국 사람과 도망을 가버린 어머니는 화류계 출신으로, 오직 편안한 생활만을 원하는 여자였다. 그 이후로 프레드릭은 고모 집에서 성장했다.

　내가 어렸을 무렵, 애니 고모와 사촌 누이동생 메이블은 내 나비 채집을 우습게 여겼지만, 고모부만은 항상 내 편이 되어주곤 했다. 내가 표본을 잘 정리했다고 늘 칭찬을 해주시곤 했던 것이다……. 고모부는 나에게는 친아버지나 다름없는 좋은 분이었다는 것만 밝혀두고, 고모부에 대한 이야기는 더 이상 하지 않으련다.

프레드릭이 어렸을 적에 가졌던 아버지에 대한 상실감은 이렇게 고모부에 의해 대체되었으나, 어머니에 대한 상실감을 프레드릭은 끝내 극복하지 못했던 것이다. 어머니란 모든 인간에게 있어 최초의 여성이며, 성장 후에도 여자를 대할 때마다 이상적 여성의 원형으로서 작용하게 된다. 프레드릭의 경우에는 어머니에 대한 원초적이고 잠재적인 '그리움'과, 자기를 버리고 도망을 친 어머니에 대한 '증오심'의 이중감정이, 같은 여성인 미란다에게로 표출된다.

　어머니가 편한 것만을 원하는 여자였기 때문에 그는 미란다에게 온갖 편안함을 제공한다. 그러므로 그녀를 감금시켜 놓은 것도 일종의 편안함을 제공해 주고자 하는 행위였다고 분석할 수 있다. 어머니는 화류계 출신의 여인인데다가 외국 남자와 도망을 가버린 부정한 여자였기 때문에 생긴 반동(反動)으로서의 '결벽증'은, 프레드릭으로 하여금 미란다에게 어떠한 성적(性的) 요구도 하지 못하게 한다.

　그러나 프레드릭의 심층심리 가운데 여전히 도사리고 있는 것은 여성에 대한 불신감과 증오심이며, 미란다를 사랑하는 것도 결국은 그 여성에게 복수를 하고자 하는 잠재적 소망 때문이라고 할 수 있다. 따라서 그가 베푸는 사랑의 양상은 사디스틱한 행위로 일관될 수밖에 없다. 프레드릭이 가지고 있는 사디즘의 심리적 근원이라고 할 수 있는 '마더 콤플렉스(Mother Complex)'는, 그가 사랑을 시도하는 여자의 이름이 '미란다', '마리안' 등 모두 M자로 시작되는 이름들이라는 사실에서도 그 단서를 발견할 수 있다.

  이 소설에 나오는 인물들의 이름은 모두 상징적 의미를 지니고 있다. 주인공의 원래 이름은 프레드릭이지만, 납치 후에 이름을 묻는 미란다에게 그는 생전의 고모부가 자기에게 장난삼아 붙여 주었던 별명인 '곤충왕 퍼디난드'를 기억해 내고는 그 이름을 말한다.

  셰익스피어의 〈템페스트〉에 나오는 남·여 주인공의 이름이 미란다와 퍼디난드인데, 작가는 앞부분에서 이 이름을 사용하여, 이 작품이 셰익스피어의 작품에서처럼 행복한 결혼으로 끝맺게 될 것이라는 상상을 독자로 하여금 갖게 하려 했을지도 모른다. 미란다는 오히려 자기를 납치한 프레드릭을 〈템페스트〉에 나오는 괴물의 이름인 '칼리반'으로 부르고 있다.

  그래서 미란다는 이 '불쌍한 사디스트'를 괴물시(視)하여 끝끝내 반항하다가 폐렴으로 죽는다. 그녀는 마조히스트가 되지 못했기 때문에 프레드릭의 지하실을 나올 수 없었던 것이다.

  이 작품이 주인공을 통해서 보여주고 있는 또 다른 성 심리로 '페티시즘'을 들 수 있다.

  페티시즘은 남자의 경우라면 여자의 속옷·장갑·신발·손수건·가슴·팔목·손톱·발·머리카락·스타킹·하이힐·장신구 등에서 성적 흥분을 느끼게 되는 심리인데, 이것은 여성의 경우에도 똑같이 적용된다.
이런 페티시스트로서의 심리가 프레드릭의 무의식 속에 내재해 있어, 그는 미란다를 발견하고 그녀를 멀리서 지켜보면서 행복감에 젖곤 한다. 특히 그는 그녀의 머리카락에 대하여 강한 성적 매력을 느끼는 것이다.

> 머리를 치렁치렁 드리운 모습을 꼭 한번 본 일이 있는데, 어찌나 아름다웠던지 마치 인어를 보는 것 같아서 숨이 다 막힐 지경이었다……. 그녀의 머리모양을 지켜보고, 야릇한 곡선을 그으면서 어깨를 흘러내린 머리칼의 우아한 맵시에 탄복하면서 밤을 꼬박 밝힌다는 것은 하나도 어려운 일이 아닐 것이다.

이렇게 여자의 머리카락에 대한 강한 페티시즘을 갖고 있는 프레드릭은 미란다가 숨을 거둔 다음에도 그녀의 머리카락을 자른 뒤 보관하는 모습을 보여준다.

> 나는 그녀의 시체를 침대에 눕히고 머리를 빗질해 준 다음, 머리카락을 한 줌 잘랐다.

또한 그는 새로운 여인 '마리안'을 발견하고 흥분하게 되는데, 마리안이 프레드릭의 눈에 뜨이게 된 것은 오직 그녀의 머리 모양과 빛깔이 미란다와 닮았기 때문이었다.

> 한순간 나는 깜짝 놀랐다. 유령을 본 게 아닌가 하는 생각이 들었다. 길이

만 좀 짧을 뿐, 머리모양이며 머리빛깔이 미란다와 거의 똑같이 닮아 있었다.

그가 어떤 여성을 통해서 느끼는 관능적 호기심은 여성 그 자체를 대상으로 해서가 아니라, 그가 나름대로 미리 마음속에 규정해 놓고 있는 머리 모양과 빛깔을 그녀가 갖고 있느냐 아니냐에 따라 달라지는 것이다. 머리카락은 아마도 불두덩에 난 거웃(陰毛)을 연상시켜 주는 역할을 해주는 것 같다. 그리고 천박한 여자에 대해 심한 혐오감을 느끼고 있는 프레드릭으로서는 '긴 머리카락을 갖고 있는 여인은 곧 순결한 처녀'라는 관념적 선입감을 갖게 되기에 이르렀던 것이다.

또한 머리카락뿐만 아니라 미란다의 슬리퍼를 통해서도 프레드릭의 페티시즘적 관심이 드러난다. '발'은 예부터 성기의 상징이었으며, 특히 신발이나 덧신은 여자성기(女子性器)의 상징으로 적합했기 때문이다.

그 작은 물건 하나가 어째서 내게 기도를 드리게 했는지는 나도 모를 일이었다……. 그녀가 있던 2층 방에서 그녀의 슬리퍼를 보았을 때, 내 마음에 기도를 드리겠다는 생각이 떠오른 것이었다.

이러한 페티시즘의 밑바닥에는 '살아 있음에 대한 증오와 공포'가 자리 잡고 있다. 그래서 그것이 바로 나비 채집에 대한 그의 광적인 관심과 열정으로 나타난 것이라고 볼 수 있다.

페티시즘의 심리는 성기관의 부조(不調)로 인해 성행위의 실행력이 약할 때나, 정상적인 성목표가 달성되지 못할 때, 또는 실제적 성욕의 충족이 불가능해 보이는 짝사랑 형태의 열애(熱愛) 상태에서 특히 더 잘 나타나게 된다. 프레드릭 역시 남성미(男性美)가 결여된 소심한 성격의 남성이고 또한 미란다와는 신분상으로도 차이가 컸기 때문에, 달성하기 힘든 짝사랑을 하는 과정에서 페티시즘의 심리가 자연스럽게 개입되었다고 볼 수 있다.

프레드릭은 생활이 불성실한 여성이나 천박한 성격의 여성에 대해서 심한 혐오감을 느끼는 사람이다. 그러한 성격이 그의 결벽증으로 나타나고 있는데, 그것은 자신을 저버린 어머니에 대한 원한 때문이다. 그래서 그는 항상 '깨끗함'을 동경하며 자신의 실제 생활에 있어서도 더러운 것을 대단히 싫어하면서 흐트러지지 않는 단정한 모습을 고수하려고 노력한다.

또한 그녀는 언제나 깨끗했다……. 그녀는 나만큼이나 더러운 것을 싫어했다. 그러면서도 남자가 더러운 것을 참지 못한다고 나를 비웃곤 했다.

바지는 언제나 주름이 서 있었고, 셔츠는 언제 보아도 깨끗하게 잘 손질이 되어 있었다.

다음 순간 그녀는 너무나 충격적인 행동을 하고 말았다……. 미란다는 한 걸음 뒤로 물러서더니 실내복을 홀랑 벗어버린 것이었다……. 알몸이었다……. 그녀는 두 팔을 높이 쳐들더니 머리를 풀어헤치기 시작하는 것이었다. 정말 끔찍스런 광경이었다. 나는 구역질이 나면서 온몸이 와들와들 떨리기까지 했다……. 매춘부와 함께 있는 것보다도 더 못한 느낌이었다.

프레드릭의 이러한 느낌에 대해서, 미란다는 그의 결벽증이 딱하다는 듯 이렇게 충고한다.

> 섹스란 다른 아무것도 아닌, 단순한 하나의 행위에 지나지 않는다는 사실을 보여 주고 싶었던 거예요. 그건 절대로 더러운 게 아니란 말이에요. 성행위란 두 사람이 서로의 육체를 즐기는 것이라고 생각하면 돼요. 춤추는 것이나 같다고 할 수 있죠. 그리고 섹스는 어떤 게임과도 같은 거예요.

복잡하고 복합적인 성 심리를 소유한 프레드릭의 경우에 있어, 그는 미란다를 사랑했다기보다는 그가 그녀에게 느끼고 있는 사랑의 감정 자체를 사랑한 것이라고 할 수 있다. 즉 그가 그녀에 대해서 갖고 있는 '느낌'만을 사랑한 것뿐이다. 이것이 바로 프레드릭이 사랑에 실패한 까닭이며, 그를 무모한 여성 채집에의 열정으로 끊임없이 끌고 간 이유이다.

『콜렉터』를 통해서 나타난 주인공의 사디즘과 페티시즘은 확실히 병적(病的)인 성질을 갖고 있다. 주인공의 사디즘이 어머니에 대한 적개심의 전이형태(轉移形態)로서가 아니라, 상대방 여인을 향한 능동적이고 당당한 남성적 용기의 심벌로 쓰였다면, 프레드릭은 결국 미란다와의 사랑을 성공시켰을 것이다. 여성들은 결국 '진짜 사디스트'를 사랑할 수밖에 없기 때문이다.

이 경우 여성이 느끼게 되는 마조히즘의 심리는 사디즘의 대상이 자기 자신이 되는 '자학(自虐)'의 형태로서 작용하지 아니한다. 마치 음(陰)과 양(陽)이 각기 당당한 주체성을 소유하면서 '상호보완'을 위한 역할을 하는 것처럼, 진짜 마조히즘은 '비굴한 복종'이 아닌 '포근한 포용(包容)' 쪽으로 그 실천적 양태를 드러내는 것이다.

이 경우 '진짜 사디즘' 역시, 프레드릭이 보여준 것과 같은 '열등감의 보상심리'로서가 아니라 '사랑과 보호를 전제로 한 능동성'의 성격을 띠게 된다.

이 소설에 나타난 페티시즘의 심리 역시 마찬가지다. 상대방 여성을 전체로서 사랑할 수 없을 때, 또 사랑할 자신이 없을 때, 거기서 병적인 페티시즘이 나타난다. 페티시즘의 대상인 '페티시'가 상대방의 아름다움을 대표하는 '상징적 연상물'로서 두 사람 사이의 사랑을 도와주는 역할을 하게 될 때, 페티시즘은 결코 병적인 심리로 작용하지 않는다.

그러나 이 소설의 주인공은 스스로 지닌 어쩔 수 없는 열등감 때문에, '살아 있는 인간'으로서의 미란다보다는 '죽어 있는 물체'로서의 미란다를 페티시로 사랑하는 것으로 그쳐버린 것이다. 죽어 있는 물건이나 무생물을 다루기가 훨씬 더 쉽기 때문이다.

'수집벽'의 측면에서 보면, 이 소설의 남주인공은 '항문적 성격'을 지닌 사람이라고 볼 수 있다. 어렸을 때 자유로운 배변(排便)을 억제당하면, 그 사람은 커서 항문적 성격을 지니게 된다. 항문적 성격을 가진 사람들은 수전노가 되기 쉽고, 무엇이든 수집하여 쌓아두기만을 좋아한다. 이성(異性) 역시 마찬가지여서, 오로지 '소유'로서만 사랑하게 되는 것이다.

아무튼 소설 『콜렉터』는 인간이라면 누구나 가지고 있는 '성적 열등감'을 다양한 성 심리 묘사를 통해 리얼하게 그려주고 있다는 점에서, 우리들의 밝고 건강한 사랑을 위해 중요한 메시지를 던져주고 있다 하겠다. 즉 "어떤 사람을 사랑하기 이전에, 먼저 나 자신을 진심으로 사랑하도록 노력하라"는 메시지를 말이다.

31 박완서의 『그대 아직도 꿈꾸고 있는가』

　1990년대 이후로 한국에 페미니즘 소설이 붐을 이루고 있다. 그런데 대부분의 작품이 리얼리티를 결(缺)하고 있어 아쉬움을 느끼게 된다. 그래서 이번에는 한국의 페미니즘 소설 가운데 최초로 베스트셀러가 되어 널리 알려진 박완서의『그대 아직도 꿈꾸고 있는가』를 자세히 분석해 보기로 한다. 이 소설은 사랑과 성(性)을 별개로 보는 데서 생기는 '성 혐오증'(남성 혐오증의 원인이 된다)을 역력히 드러내고 있어, 꽉 막힌 페미니즘 소설의 대표적 예라고 생각되기 때문이다.

　이 소설은 텔레비전 드라마로 방영되고 연극으로도 공연될 정도로 화제를 모았다. 작품성보다는 고발성에 초점을 맞춰, 이 시대의 여성들이 남성들에게 당하고 있는 억울한 사정을 과장적인 비분강개조(調)의 문장으로 서술했기 때문이 아닌가 한다. 하지만 나는 이 소설이 다루고 있는 문제엔 십분 공감하면서도, 여성억압이나 남녀차별 문제를 바라보는 작가의 시각이 너무 편협하다고 느꼈다.

우선 이 소설의 줄거리는 이렇다.

차문경은 외국에 간 남편으로부터 일방적으로 이혼당한 후 혼자 살아가고 있는 35세의 중학교 교사이다. 그녀는 어느 날 우연히 대학 동창 김혁주를 만나는데, 혁주 역시 아내와 사별하고 혼자 살고 있다. 두 사람은 곧바로 사랑에 빠져들어 성관계를 갖게 되고, 문경은 혁주의 아이를 임신한다. 그런데 성적(性的) 결합 이후 남자는 사사건건 생트집을 잡으며 여자를 멀리하기 시작한다.

그러던 어느 날 혁주는 어머니로부터 새장가를 들 것을 권유받는다. 그는 문경보다 젊고 돈 많은 신붓감에 솔깃해져서 태도가 완전히 바뀌어 버린다. 문경은 배신감을 느끼지만 한 가닥 희망을 걸고 자기가 임신한 사실을 혁주에게 알려 준다. 그러자 혁주는 뱃속의 아이가 자기의 아이가 아니라고 펄쩍 뛰며 돈으로 해결하려 든다. 그게 잘 안 되자 그는 문경이 임신한 아이가 자기의 아이가 아니라고 부인하는 편지까지 써 보낸다. 그리고 젊은 신붓감인 정애숙과 결혼한다.

그래서 문경은 마음의 상처를 받게 되는데, 사회 역시 독신녀의 임신에는 너그럽지가 않다. 그녀는 학교에서 쫓겨나 실직자가 되고, 얼마 후 아들을 순산한다.

한편 혁주는 딸을 얻고 사업도 날로 번창한다. 그러나 혁주의 아내 정애숙은 두 번째 임신에서 자궁의 악성종양으로 수술을 받게 되어 영구불임이 된다. 이 사실을 안 혁주의 모친은 대가 끊길 것이 두려워 심각하게 고민한다. 그러다가 궁리 끝에 반찬가게를 하고 있는 문경을 찾아가 혁주의 자식을 만나본다. 그리고 아들을 데려가게 해달라고 문경에게 조른다.

문경은 혁주 모자의 뻔뻔스러움에 분개하여 그 제의를 거부한다. 그러자 혁주는 가정법원에 친자확인소송을 제기한다. 혁주는 자기의 경제력을 앞세워 양육권을 주장하고, 조정위원들조차 아이의 장래를 위해 양육권을 법률상의 친권자에게 넘기라고 문경을 설득한다. 문경은 이를 단호하게 거절하고, 혁주가 아버지로서의 자격이 없다는 증거물을 법원에 제출한다. 6년 전에 혁주가 문경이 임신한 아이가 자기 자식이 아니라고 부인한 편지가 그것이다. 그 증거물로 인해 재판은 혁주에게 불리해진다. 그래서 혁주는 자신의 체면이 깎일 것이 두려워 언도공판 전에 고소를 취하해 버린다.

이 소설은 겉으로만 보면 우리 사회에 만연된 남성이기주의와 성차별에 분노하는 일종의 고발소설로 보인다. 중산층 고학력 여성이 겪는 삶의 현장을 리얼하게 그려낸 작가의 원숙한 문체와 이야기꾼으로서의 솜씨가 독자의 공감을 얻어내고 있다. 그러나 이 소설을 작품성에 치중하여 꼼꼼하게 분석해 보면, 전체적으로 많은 한계점을 지니고 있는 것을 알 수 있다.

우선 목적소설적인 수법을 가장 큰 결함으로 꼽을 수 있다. 이 작품은 남성을 일방적으로 매도하여, 오로지 이기적이고 후안무치(厚顔無恥)한 인간형으로 설정해 놓고 있다. 말하자면 작가는 여성문제의 제기라는 점에만 치중하여, 남주인공 혁주를 작가의 의도에 따라 조종되는 로봇 같은 인간으로 만들어놓고 있는 것이다. 그래서 결말 처리 부분에서도 혁주의 상투적인 회개(悔改)만 있을 뿐, 보다 더 근본적인 문제에 대한 원인진단은 무시되고 있다.

또한 여자들의 일반적 의식구조를 묘사함에 있어서도 지나치게 지엽적인 면으로만 흘러, 작가의 인식의 폭이 좁음을 보여준다. 그리고 남성과 여성의 사랑행위나 성적 결합의 메커니즘에 대한 기술 역시, 독자의 상상력의 범위를 크게 벗어나지 않는 수법으로만 일관하여 감동의 폭을 줄이고 있다.

이 소설이 갖는 두 번째 결함은 작가의 감정개입이 심하게 드러나고 있다는 점이다. 혁주를 비난하는 대목에 있어서도 작가는 객관적이기보다는 균형을 잃고 흥분하는 태도를 보여 준다. 한마디로 말해서『그대 아직도 꿈꾸고 있는가』는 자식을 둘러싸고 남자와 여자 사이에서 벌어지는 밀고 당기기 식 삼류 드라마 수준을 벗어나지 못하고 있다.

이 소설을 읽으면서 내가 가장 의아하게 생각했던 것은 차문경의 어정쩡한 성의식이었다. 물론 오늘날 우리 사회의 전반적인 성의식이 '내숭'과 '위선'의 테두리를 못 벗어나고 있는 게 사실이긴 하지만, 적어도 35세의 젊고 학식 있는 여교사가, 성행위를 오로지 남성에게 바치는 '희생의식' 정도로만 인식하고 있다는 사실이 나로서는 도무지 납득이 가지 않았다.

이 소설의 여주인공은 처음부터 끝까지 구시대적 여성관, 즉 여성은 오직 남성의 쾌락을 위해 존재하는 부속물에 불과하다는 피동적 의식으로만 일관한다. 예컨대 다음과 같은 구절이 그것을 잘 드러내주고 있다.

저번 토요일 밤에도 같은 순서로 일을 치렀지만 그때보다 모든 게 쉽고 편안했다. 같이 자기 전까지 서로 꼬박꼬박 존댓말을 했는데, 같이 자고 난 직후부터 남자의 말이 일방적으로 반말로 바뀐 게 좀 껄끄럽게 들리는 것까지 오늘은 참아줄 만했다.

그래도 그 여자는 잠자리에 들자 그 어느 때보다도 정성과 기교를 다했다. 거의 절망적인 기분으로 혹시나 성적 매력으로라도 남자가 안 떠나게 할 수 있기를 바랐다. 그렇다고 그 여자가 그 방면에 소질이나 관심이 있었던 건 아니다. 담담하게 독신생활을 유지해 온 여자답게 보통 사람보다 그 방면에는 맹문(盲文)이었다. 느닷없이 매력인지, 요기인지가 생겨날 리가 만무했다. 그러나 그 여자가 필사적으로 매달리고 있다는 것만은 충분히 전달된 듯했다.

위의 인용문을 보면 이 작품의 주인공인 차문경은 완전히 성을 초월한 성녀(聖女)거나 불감증 환자라는 말이 된다. 결혼 경험까지 있는 여자가 성적 욕망을 완전히 초월하여 '담담하게 독신생활'을 해왔다는 표현 자체가 도무지 신빙성 없는 얘기로 들리고, 성행위를 마치 남자를 옭아매어 소유하기 위한 '필요악적 수단' 정도로만 여기는 여주인공의 의식구조가 도저히 이해할 수 없는 허무맹랑한 거짓말로 들린다.

말하자면 이 소설의 여주인공은 오직 '남자를 안 떠나게' 하기 위해 하기 싫은 성행위를 억지로 했다는 얘기인데, 여자는 성욕이 없고 남자만 성욕을 갖고 있다고 보는 작가의 순진한 무지(無知)에 그만 기가 질리게 된다.

임신의 문제만 해도 그렇다. 만약 여주인공이 성에 있어 진짜 보수적인 정조를 지키려고 하는 여자였다면, 결혼도 하지 않은 상태에서 섹스를 해서는 안 됐을 것이다. 또 마지못해 섹스를 했다고 해도 피임 방법을 강구했어야 했다.

나는 남녀 간의 혼전 육체관계의 책임을 어느 한쪽에만 물을 수는 없다고 생각한다. 아니, 비단 혼전 섹스문제뿐만 아니라 모든 섹스 행위는 한쪽에서 일방적으로 자행한 강간이 아닌 이상 양쪽이 다 책임을 져야

한다고 생각한다.

그런데도 이 소설의 여주인공은 섹스를 함에 있어 오직 피동적인 자세로만 일관하고 있다. 그리고 임신을 통해 남자를 법적(法的) 남편으로 묶어두려 하고 있다.

말하자면 성행위와 그것에 부수되는 임신을 오로지 결혼을 위한 '미끼'로 사용했다는 얘기가 되는 셈이다. 미성년자도 아니고 결혼생활을 통한 섹스 경험까지 있는 여자가 피임에 대한 사전 준비도 없이 섹스를 했고, 또 나중에 중절수술을 생각해 보지도 않았다는 사실이 나로서는 도무지 납득이 가지 않았다.

만약에 여주인공이 여성으로서, 아니 '인간'으로서의 당당한 주체성을 소유하고 있는 여성이었다면, 그녀의 섹스는 오직 '순간의 쾌감'만을 위한 것이어야 했다. 도대체 하기 싫은 섹스를 과장적인 기교까지 부려가며 왜 했어야 했단 말이냐. 그녀가 상대방 남자를 '사랑'했기 때문에 마지못해 섹스를 한 것이라면, 도대체 '사랑'과 '섹스'의 차이가 뭐라는 얘긴지……

이 소설의 작가는 이런 의문점들에 대해 시원한 대답을 들려주고 있지 않았다.

작가는 또 임신을 시킨 남자는 무조건 그 여자와 결혼해야 한다고 생각하고 있는 것 같다. 그리고 대부분의 섹스행위가 남자의 '강압적 요구'에 기인하여 일어나는 것이라고 생각하고 있는 것 같다. 너무나 낡디낡은 성 관념이요 시대착오적 애정관이다. 이런 낡은 사고방식을 가지고 남성이기주의를 고발했기 때문에, 이 소설은 자연히 범작(凡作)에 그쳐버리지 않을 수 없었다.

나는 요즘 우리나라 여성들이 이 소설의 주인공처럼 모두 피동적인 성관념을 갖고 있다고는 생각하지 않는다. 그리고 모든 여성들이 자신의 성을 '상품화'시키고 있다고도 생각하지 않는다. 그런데 이 작품이 베스트셀러가 된 것을 보면 이 소설에 공감하는 여성들이 꽤 많았다는 얘기가 되기 때문에, 한국 여성들의 일반적인 성의식이나 애정관에 대해 실망하지 않을 수 없는 것이다.

나는 이 시대의 모든 여성들이 보다 당당하게 자기의 '성적 욕구'와 '성적 쾌감'을 드러내주기를 바란다. 물론 대부분의 우리나라 여성들은 보수적 가정교육이나 학교교육으로 인해 기존의 낡은 성윤리에 세뇌돼 있는 게 사실이다. 하지만 각자 마음만 먹으면 강요된 고정관념에서 얼마든지 벗어날 수가 있다.

요즘도 한국의 남성사회에서는, 남자가 사회생활을 원만하게 해나가려면 특히 '가운뎃다리'를 조심해야 한다는 말이 불문율로 통용되고 있다. '가운뎃다리'란 남성의 성기를 가리키는 말이고, 가운뎃다리를 조심하라는 말은 그걸 가지고 여자와 잘못된 육체관계를 맺었을 때 '뒤탈'이 생길지도 모른다는 얘기다.

나 역시 한국 남성 가운데 한 사람이기 때문에 이 말을 귀에 못이 박히도록 들어왔다. 그리고 내 주변에서도 어쩌다 한 번 여자와 잠자리를 같이 했더니 여자가 덜컥 임신을 해버려 고민하는 남자들을 많이 보아왔다. 물론 남자가 콘돔을 사용 안 한 게 잘못이지만 만약에 여자가 아이 낳을 것을 고집할 경우, 대부분의 남자는 올가미에 걸려들고 만다.

내가 "남자가 여자의 임신 때문에 올가미에 걸려들었다"고 표현한 데 대해 반발을 표시할 여성 독자가 있을지도 모르겠다. 그러나 나는 그런 '올가미'가 남자뿐만 아니라 여자에게도 통용된다고 생각한다. 남녀 간의 육체관계를 반드시 결혼과 연결시켜 생각하는 순결지상주의의 여성이라면, 어쩌다 한번 성관계를 맺은 남자와 할 수 없이 결혼하게 되는 경우도 있을 것이기 때문이다.

성행위는 오로지 순간적 흥분에 의해 치러지는 '단순한 놀이'에 불과하다는 생각을 가질 필요가 있다. 만약에 『그대 아직도 꿈꾸고 있는가』의 주인공이 그런 생각을 갖고 있는 여성이었다면, 그런 식의 치사한 해프닝은 일어나지 않았을 것이다.

성이란 그저 '단순한 행위'에 지나지 않는다. 성은 더러운 것도 아니고, 깨끗한 것도 아니다. 마치 우리가 먹는 밥이 더럽지도 않고 깨끗하지도 않은 것처럼(결국 똥이 되어 나오니까) 말이다. 성은 단지 두 사람의 남녀가 서로의 육체를 즐기는 행위다. 그것은 마치 남녀가 춤을 추는 것과도 같다고 할 수 있다. 말하지만 가장 즐거운 '도락'이요 '스포츠'인 셈이다.

그런데도 한국의 많은 남녀들은 성을 즐거운 게임으로 즐기지 못하고 있는 것 같다. 그래서 일종의 살인행위인 임신중절이 성행하고 아이를 볼 모로 한 결혼이 억지로 이루어진다. 일단 아이를 낳았다가 남자가 결혼을 한사코 거부할 경우 아이를 버리는 엄마도 많다. 미리 피임 방법을 강구하거나 오럴 섹스 같은 기법을 현명하게 이용한다면, 성은 이제 '임신'과는 무관한 상쾌한 놀이가 될 수 있는 것인데도 말이다.

그러므로 여성의 경우라면 우선 지나친 '방어본능'을 없애도록 애써야 한다. '방어본능'은 '공포심'에 기인하는 것인데, 이젠 남성을 공포의 대상으로 생각할 필요가 없다. 남성을 가해자로 생각하여 끊임없는 방어본능으로만 일관할 때, 여성은 도저히 행복한 인생을 살아갈 수 없다. 행복한 인생은 뭐니뭐니해도 '즐거운 성생활'로부터 나오고, 즐거운 성생활은 남녀 상호간의 '부담 없는 접촉'에서 나오는 것이기 때문이다.

만약 내게 다시 신나게 연애할 기회가 찾아온다면, 나는 두 번 다시 옛 시절의 '낭만적 연애'를 되풀이할 생각은 추호도 없다. 낭만적 연애는 성적(性的) 죄의식과 촌스러운 순결의식, 그리고 성에 대한 지나친 방어본능에 기초하여 이루어지기 때문이다. 그런 사랑은 아무런 '구체적 재미'도 주지 못한다. 나는 앞으로 연애를 할 때 '낭만적인 연애'가 아니라 '사실적인 연애', 더 나아가서는 '실존적인 연애'를 하고 싶다.

지금 우리 사회가 보여주고 있는 성의 상품화 현상이나 남성우월주의의 병폐, 그리고 성에 대한 집단적 기만현상 등은, 남녀 모두 성에 적극적으로 접근하지 못하고 있기 때문에 일어난다. 다들 밥을 먹으면 그것이 결국 똥이 되어 나온다고 생각하면서, 어째서 성을 그런 식으로 생각해 보려고는 하지 않는 것일까?

성이든 밥이든 '맛있게 충족되는 시간'은 지극히 짧다. 그것은 한 순간의 쾌감으로 지나가버리고, 우리는 또 다른 쾌감을 기대하면서 새로운 식사 시간을 기다리게 된다. 어느 날 먹은 음식 맛을 서너 달이 지나도록 계속 반추하며 그리워하지 않듯이, 한 번의 성행위 또한 서너 달이 지나도록 두고두고 음미할 수 있는 '장기적인 쾌감'은 될 수 없는 것이다.

남자든 여자든, 보다 더 당당하고 적극적으로 성에 덤벼들 수 있어야 한다. 절대로 내숭 떨지 말고 타고난 본능을 스스럼없이 드러내야 한다. 그래서 성을 한시바삐 음지(陰地)에서 양지(陽地)로 이끌어내야 한다. 성을 미끼로 남성에게 생색내려 들거나 책임을 덮어씌우지 않는 여자, 성적 능력을 억지로 과장하지도 않고 성적 열등감을 억지로 감추려 들지도 않는 남자, 그런 남녀들이 늘어날 때 우리 사회는 비로소 이중적 도덕주의의 깊은 수렁에서 헤어 나올 수 있다.

32 가와바다 야스나리의 『잠자는 미녀』

 모든 것이 개방화되어 가고 있는 이 시대의 추세에 비추어 볼 때, 청소년의 성 문제만큼이나 심각한 문제로 제기되는 것이 바로 노인(老人)의 성 문제이다.

 소설을 보나 영화를 보나 에로티시즘을 소재로 한 모든 예술작품들은 한창 혈기왕성하고 정력적인 남성을 주인공으로 삼고 있다. 여주인공 역시 가장 아름답고 건강미 넘치는 나이의 여성이 대부분이다. 그래서 늙은 사람은 더욱 소외감을 느끼게 된다. 그들은 외롭고 쓸쓸하고, 성(性)에 배고프다.

 아시아에서 두 번째로 노벨 문학상을 수상한 『설국(雪國)』의 작가 가와바다 야스나리(川端康成)가 돌연한 자살로 그의 생애를 마감했을 때, 모든 매스컴은 문학가로서 가장 영광스런 자리에 오른 가와바다가 왜 자살할 수밖에 없었느냐 하는 문제에 대해 비상한 관심을 집중시켰다. 1899년

생이었던 그는 1968년에 노벨 문학상을 받았고, 1972년에 도시가스의 호스를 물고 자살했다. 일흔 두 살의 나이였다.

그는 그저 가만히 있기만 해도 문단에서 영예로운 대접을 받을 수 있는 위치에 있었고, 또 꼭 자살을 안 한다고 하더라도 얼마 있으면 죽을 수밖에 없는 고령의 나이였다. 그런데도 그는 충동적인 자살을 시도하고 만 것이다. 그 이유에 대해 여러 가지 추측이 난무했지만 결국 밝혀진 것은, 가와바다가 가정부로 있던 어떤 젊은 여자를 짝사랑하다가 그 사랑을 이루지 못해 자살을 감행하고 말았다는 것이었다.

가와바다는 1960년에 『잠자는 미녀』라는 소설을 발표한 바 있다. 한국어 번역본은 현대문학사에서 나왔다. 그 내용은 노인의 성을 다룬 것인데, 주로 잠자고 있는 여인을 바라보며 느끼는 시각적(視覺的) 즐거움에 의지하여 성적 욕망의 충족을 얻는 노인의 성 심리를 그리고 있다. 성적으로 불능이 되어버린 노인에게 있어서 삽입성교에 의한 성욕의 충족은 바랄 수 없다. 그러니까 의지할 수 있는 것은 오직 시각뿐인 것이다.

하지만 이 소설의 주인공은 보는 것만을 통해서라도 관능적 상상력의 힘에 의해 어느 정도 심리적 카타르시스의 효과를 얻어내고 있다. 그러니까 『잠자는 미녀』는 가와바다가 점점 늙어가는 자기 자신에 대한 사무친 한(恨)에 못 이겨, 보상심리에 의해서 집필한 작품이라고 볼 수 있다.

『잠자는 미녀』는 1960년에 잡지 〈신조(新朝)〉에 발표된 중편소설이다. 이 작품은 가와바다의 소설 가운데서도 가장 독특한 성격을 지니고 있다. 그 까닭은 이 작품이 일본 또는 세계 어느 나라의 문학에서도 유례를 찾아보기 어려운, 노인의 미묘한 대상성욕(代償性慾)을 다루고 있기 때문이다.

이 소설은 에로티시즘과 로맨티시즘이 엇섞여 있는 가운데, 늙은 노인과 젊고 아름다운 여인의 대조적 묘사에 의해 그로테스크하면서도 유미적인 분위기를 자아낸다. 잠자고 있는 소녀의 모습, 그녀들이 잠결에 내뱉는 잠꼬대 등의 묘사가 미묘한 뉘앙스를 갖고 독자에게 전달되는 것이다.

직접적인 성행위 장면의 묘사는 없지만, 잇달아 바뀌는 상대방 여자에 따라 주인공의 연상 작용이 과거를 되짚어 나가면서, 그를 도취적인 몽환경 속으로 휘몰아간다. 노인이 갖는 쓸쓸한 감상(感傷)과 자책(自責), 그리고 죽음을 두려워하는 본능적 공포감이 이 작품을 관통하면서 감미로운 허무감을 자아내고 있다.

이 소설의 줄거리는 아주 단순하다. 주인공 에구치 요시오는 예순일곱 살 난 노인인데, 우연히 친구의 소개를 받고 이상한 매춘업소를 찾아간다. 그 업소는 오로지 남자 노인들만을 상대로 영업을 하는 곳이다. 그곳에서는 젊은 여자들이 강력한 수면제에 마취된 상태로 잠들어 있다. 손님은 그 여인들을 품에 안고 젊은 여인의 싱싱한 살 냄새를 통해 자기들의 과거를 추억하기도 하고 관음증적(觀淫症的) 섹스를 즐기기도 한다.

그곳은 이미 성적으로 불능상태가 되어 버린 남자들을 위한 꿈의 공급처이면서, 또한 안쓰러운 회춘(回春)의 장소이기도 하다.

에구치 노인은 그곳을 세 번 찾아가게 되는데, 곁에서 잠자고 있던 여인이 갑작스레 죽어버리는 것으로 이 작품은 끝난다. 그 원인이 수면제 과용 때문인지 아니면 심장마비 때문인지는 확실치 않다.

이 작품은 스토리보다 분위기 위주의 소설이라고 볼 수 있는데, '잠자는 것'과 '죽어 있는 것'의 차이는 과연 무엇인가, 늙은 사람들이 갖는 성적 관심이 '죽음에의 공포'와 어떤 관련이 있는가, 등의 문제들이 작가가 이 작품을 통해서 표현하고자 했던 궁극적인 주체라고 볼 수 있다.

에구치 노인이 그 집에 처음 찾아갔을 때 40대 정도 나이의 여자 관리인은 그에게 다음과 같이 당부한다.

> 제발 짓궂은 장난일랑 말아주세요. 잠든 색시 입에 손가락을 넣으려고 해서도 안 됩니다……. 색시를 깨우려고 하진 마세요. 아무리 애쓰셔도 깨지는 않을 테니까요. 잠에 아주 곯아떨어져서 아무것도 모르니까……. 순진한 색시랍니다. 우리도 안심할 수 있는 손님만 모시도록 하고 있습니다만…….

여자 관리인은 '안심할 수 있는 손님'만 모시도록 하고 있다고 말한다. 그 말의 뜻은 이미 여자에 대한 성적 능력이 없어진 사람이라는 의미이다.

에구치 노인은 짙은 붉은색 벨벳 천으로 둘러쳐진 방으로 인도된다. 그 방 안에는 젊고 아름다운 여인이 정신없이 잠에 곯아떨어져 있다. 물론 약을 먹여서 잠재운 여인이다. 노인은 그 여자 곁에 눕는다. 여자에게서 풍겨 나오는 풋풋한 살 내음이 노인으로 하여금 지난 시절의 추억들을 되살리게 만든다. 노인은 여자를 만지거나 쓰다듬어 보기도 한다. 그러나 여자는 까딱도 않는다. 그 여자는 '살아 있는 인형'에 불과한 것이다.

> 에구치는 색시 손을 바라보면서, "마치 살아 있는 듯하군"하고 중얼거렸다. 살아 있는 것은 물론 의심할 여지도 없으며, 그것은 아주 귀엽다는 뜻으로 한 군소리였지만, 입 밖에 내버리고 난 뒤에 그 말이 꺼림칙한 여운을 남겼다. 정신없이 잠들고 있는 색시는 생명의 시간을 정지하고는 있지 않더라도 상실한 채로 밑창 없는 바다에 침몰당한 것이나 아닐까. 살아 있는 인형

이라는 것은 있을 수가 없지만, 이미 남성의 구실을 못하게 된 노인에게 부끄러운 생각이 들지 않게 하기 위해서 살아 있는 인형으로 만들어버린 것 같다.

'살아 있는 인형'을 원하는 남자들의 심리는 비단 생식능력이 없어진 노인에게만 해당되는 것은 아니다. 젊은 남자라고 할지라도, 성적 교섭의 상대가 되는 여자가 죽은 듯 꼼짝하지 않고 있기를 바란다. 말하자면 페티시즘적 성욕의 대상인 '페티(fetish)'가, 손이나 발 또는 머리카락 등 인체의 '부분'에 머물지 않고 상대방의 육신(肉身) 전체가 되어 버리는 것이다. 이것이 바로 '살아 있는 인형'을 원하는 심리라고 할 수 있다.

그래서 지금까지도 연극이나 무용극 등으로 되풀이되어 공연되는 전래동화 『잠자는 숲속의 미녀』가 수많은 사람들(특히 남자들)에게 사랑받고 있는 것이다. 성교를 하든 하지 않든, 여자가 죽은 듯 꼼짝 않고 있을 때 남자는 편안한 안도감을 느끼게 되고, 섹스에 대한 용기와 자신감을 얻는다.

다수의 남성들이 흔히 이상형의 여자를 말할 때 '관능적 백치미(白痴美)'를 가진 여성의 이미지를 내세우게 되는 것은, 잠자는 인형까지는 안 가더라도 그 여자의 '멍청한 정신상태'가 마치 '살아 있는 인형'을 연상시켜 주기 때문이다. 궁극적으로는 여자를 '완전 소유'하고 싶은 것이 남자들의 본성이기 때문에, 그러한 권력을 지향하는 소유욕의 심리가 남자들로 하여금 '살아 있는 인형'이나 '잠자는 인형' 같은 여자를 원하게 만드는 것이다.

여자 쪽에는 남자가 죽은 듯이 잠들어 있는 것을 원하는 잠재심리가 없다. 그것은 성관계를 할 때 능동적 주도권을 갖는(또한 반드시 억지로라도 갖도록 운명이 지어진) 쪽은 남자이기 때문이다. 여자는 죽은 듯 정지한 상태로 가만히 누워 있기만 해도 성관계를 가질 수 있고, 또 거기서 마조히스틱한 황홀감을 느낄 수도 있다. 그러나 성기를 '발기'시켜야만 한다는 무거운 의무감과 부담감을 가지고 있는 남자가 잠들어 있어서는 곤란한 것이다.

대개 연애경험이 적은 젊은 남자들은, 남녀 상호간에 정신적·육체적 교류가 가능해야 한다고 주장한다. 그리고 사랑을 할 때 여자의 지적(知的) 측면에 대해 높은 점수를 매기곤 한다. 젊은 남자들은 아직 '발기'에 대한 우쭐한 자신감에 넘쳐흐르고 있기 때문이다.

그러나 나이를 먹어갈수록 대부분의 남자들은 여자가 똑똑하거나 지적으로 우월하여 사사건건 따지고 드는 것을 원치 않게 되고, 백치 이미지의 여자를 원하게 된다. 말하자면 남자의 성적 능력이 점점 저하되고 있기 때문이다.

이것은 '이론적 상황'이 아니라 '실제적 상황'이다. 남녀평등이나 여성의 사회적 지위 향상 등 민주사회에서 당연히 주장될 수밖에 없는 '이론'들이, 남녀의 성적 교섭에 있어서는 실제적으로 적용되지 않는다. 진짜 영리한 여자란 이 사실을 미리 간파하고 있는 여자라고 할 수 있다.

잠자는 여자 또는 살아 있는 인형과 성적 교섭을 가질 때, 남자는 자기가 발기 불능일까봐 겪는 불안감이나 조루증 등으로 겪는 불안감 등으로부터 모면될 수가 있다. 성행위 시에 상대방 여자의 '반응'이 전혀 없으므로 '핀잔'이나 '야유' 등을 얻어 들을 염려가 전혀 없고, 오직 고여 있는 정액을 자기 방식으로 쏟아내 버리기만 하면 그만이기 때문이다.

살아 있는 인형으로서의 여성에 대한 갈망이 바로 '잠자는 미녀'를 원하게 하고, 그러한 심리가 더욱 병적(病的)으로 발전하면 '시애(屍愛 : necrophilia)'를 원하게 된다. 시애란 글자 그대로 시체와 성관계를 갖는 것을 말하는데, 극단적 변태성욕의 하나라고 볼 수 있다. 완전히 죽여 가지고 성행위를 가질 정도가 되면 그것은 변태성욕이 아니라 '범죄'가 된다.

이 소설에서 이상한 접객업소의 여자 관리인이, '안심하고 받을 수 있는' 노인들만을 고객으로 삼고 있다고 말하는 것은 바로 그런 이유 때문이다. 젊은 손님을 받았다가는 그들이 잠자는 미녀와 실제로 성관계를 가지는 것은 물론이고, 그러한 욕구가 더욱 발전하여 '시애'로까지 갈 수 있는 위험성이 있는 것이다.

이 작품에서 보여주고 있는 또 다른 성 심리는 '관음증(voyeurism)'이다. 관음증은 '타인의 나체나 옷 벗는 행동, 또는 성행위 등을 바라보면서 성적 만족을 얻는 심리'를 말하는데, 우리가 일상생활에서 가장 많이 경험할 수 있는 성 심리라고 할 수 있다.

이제는 여자들이 집에서 숨어 지내는 시대는 지나고, 여자가 노출이 심한 옷을 입고 태연하게 거리를 돌아다녀도 되는 시대가 되었다. 또 신문·잡지·텔레비전·영화 등 어디에서도 여자의 나체, 또는 남자의 나체를 볼 수 있다. 그래서 원래는 '도시증(盜視症)' 즉 '훔쳐보기'의 의미로 쓰였던 'voyeurism'이 이제는 단지 '볼 관(觀)자'를 써서 '관음증'으로 불려도 아무런 이상이 없게 되었다.

예전에는 남녀구별이 심하여 이성의 얼굴이나 몸뚱어리를 본다는 것이 너무나 어려웠다. 그래서 이성의 몸매를 단지 한번 힐끗 '훔쳐보기'만 해도, 그 즉시로 강렬한 성욕을 느끼고 상사병이 걸리는 일이 많았다. 우리나라의 유명한 전통 서사민요 가운데 〈배뱅이 굿〉이라는 게 있는데, 그 내용은 '배뱅이'라는 처녀가 탁발을 나온 젊은 미남 스님의 얼굴을 대문 사이로 한번 힐끗 훔쳐보고 나서 곧바로 상사병에 걸려 죽고 만다는 것으로 되어 있다.

그러나 아무리 옷의 노출이 심하고 에로티시즘 예술에 대한 제재가 점차 줄어든다고 해도, 역시 '관음증'은 모든 남녀들에게 있어 원초적인 '성적 교섭'의 행위가 된다. 흔히 '첫눈에 반한다'는 말을 많이 하듯이, 우리들이 이성에게서 매력을 느끼게 되는 것은 우선 먼저 우리의 '시각(視覺)'을 통해서이기 때문이다.

'관음(觀淫)'의 행위가 이처럼 정상적인 성애(性愛)의 예비 단계로 쓰일 때, 그것을 변태성욕이라고 부를 수는 없다. 그러나 관음의 행위가 더 이상 성애로 발전하지 않고 그것 자체만으로도 황홀한 쾌감을 느끼게 해줄 때, 그러한 심리를 일단 변태성욕으로 볼 수는 있다. 물론 이러한 규정의 근거는 모든 비생식적(非生殖的) 성행위를 몽땅 '변태'로 몰아붙인 프로이트 식의 성 이론이다. 나는 '시애(屍愛)' 등의 방식처럼 타인에게 피해를 주는 것만 아니라면, 어떠한 형태의 비생식적인 섹스라 할지라도 그것이 변태가 될 수는 없다고 생각한다.

특히 노인의 성문제를 다룰 경우, 관음증은 절대로 변태로 규정지어질 수 없다. 생식능력이 없어진 노인에게는 그러한 방법으로라도 성적 기갈(飢渴)을 채워 나가는 게 필요하기 때문이다. 성욕이란 단지 생식 목적을 전제로 해서만 가능한 것이 아니라, 우리가 이 세상에 태어나서부터 죽을 때까지 더불어 살아가지 않을 수 없는 '사랑에의 욕구' 그 자체라고 할 수 있다.

그것은 마치 '식욕'과도 같다. 죽는 날까지 우리는 무언가 먹어야만 하듯이, 우리는 죽을 때까지 '어떠한 방법으로든' 성욕을 채워 나가지 않으면 안 된다. 그래서 『잠자는 미녀』에서 에구치 노인은 잠들어 있는 여자의 황홀한 나신(裸身)을 바라보며 관능적 충족감을 경험하는 것이다.

색시는 이쪽을 향해 잠들어 있었다. 조금 얼굴을 앞으로 내밀고 가슴을 뒤로 빼고 있기 때문에, 발랄하게 갸름한 목의 턱 밑에 보일 듯 말 듯한 선이 생겨 있었다. 길게 자라난 머리칼은 베개 너머에까지 퍼져 있었다. 예쁘장하게 다문 색시의 입술에서 눈을 돌린 에구치 노인은 색시의 눈썹과 속눈썹을 바라보며 숫처녀라고 믿어 의심치 않았다. 색시의 살갗은 부드럽게 빛나고 있었다. 얼굴에서 목덜미에 걸쳐 점사마귀 하나 없었다. 노인은 색시가 사랑스러워 견딜 수 없는 심정이 되었다. 자기가 이 색시에게 사랑받고 있는 듯한 기분, 마치 어린아이처럼 떨고 싶은 충동이 마음속을 스쳐갔다. 색시의 가슴을 더듬어 살포시 손바닥 속에 넣었다. 그것은 에구치 자신을 잉태하기 전의 어머니의 젖무덤인양 싶은, 야릇한 촉감을 느끼게 했다.

노인은 먼저 여자를 바라보며 관능적 법열감에 빠져들고, 그것은 다시 촉감으로 이어져 여인의 가슴을 쓰다듬는 행위로 발전한다. 그런데 재미있는 것은, 아무리 늙은 노인이라 할지라도, 남자는 역시 모든 여성을 대할 때 자기의 '어머니'를 연상하게 된다는 사실이다. 그러므로 남자가 지니고 있는 '마더 콤플렉스' 또는 '오이디푸스 콤플렉스'를 비뚤어진 도착심리라고 볼 수만은 없다. 그것은 오히려 남자들이 죽을 때까지 지니고 살아가는 '자궁회귀본능'이 겉으로 드러난, 지극히 당연한 현상이라고 나는 본다.

자궁이 있는 여자, 그리고 아이를 낳고 기를 수 있는 여자에 비해서 자궁을 가지고 있지 않은 남자들은 평생 동안 어린애와 같은 심리상태로 '자궁'을 그리워하게 된다. 이러한 심리와 관음증의 심리는 서로 엇물려 있다.

남자가 이 세상에 태어난 이후에 최초로 사랑하게 되는 '애인'은 바로 어머니였다. 그러므로 남자들의 잠재의식 속에는 모든 여성들을 자기 어머니와 동일시하고자 하는 원초적 본능이 도사리고 있다. 그래서 그러한 심리가 극단적 형태로 나타나게 되는 것이 바로 '여자 기피증'인 것이다. 여자와 성관계를 갖는 것을 아주 불결하게 생각하여 여자를 미워하고, 나아가 성 자체를 악(惡)이라고까지 생각하게 하는 심리현상의 저변에는, 자기의 어머니와 도저히 성관계를 가질 수는 없다고 생각하는 심층심리가 도사리고 있다.

결혼 직전까지는 애인을 황홀한 눈으로 바라보며 수없이 사랑의 맹세와 다짐을 되풀이하던 남자가, 막상 결혼한 이후부터는 부인을 멀리하며 싫어하거나 심지어는 성행위까지 거부하는 경우가 종종 있다. 그 까닭은 그 남자가 모든 여성을 자기의 어머니처럼 생각하는 버릇이 있기 때문이다.

그런 종류의 남자일수록 결혼 전의 교제 기간에는 여자의 몸에 절대로 손을 안 대고 아주 '신사적'으로 나온다. 대개의 여자들은 그런 남자가 자기를 진정 아끼고 위해 주기 때문에 그토록 깨끗한 매너를 유지한다고 생각하기 쉬운데, 사실은 정반대인 것이다. 아무쪼록 모든 미혼여성들은 '지나치리만치 점잖은' 남성들을 경계하기 바란다.

서양 중세기의 천 년 암흑시대에 빚어졌던 지독한 '성욕의 억압'이나 '성 자체를 죄악시'하는 풍토도, 이와 비슷한 심리가 서구인들 사이에서 집단적 무의식으로 형성되었기 때문이다. 즉 그들이 가지고 있었던 기독교 신앙에서 '성모 마리아'는 가장 큰 상징적 지배력을 지니고 있었는데, 이 '마리아 숭배'는 오히려 '여성 멸시'로 나타나고 말았다. 성모 마리아는 모든 사람의 어머니였기 때문에, 모든 여자에게 성모 마리아처럼 되기를 은근히 강요할 수밖에 없었다. 그러다 보니 여자와 성행위를 갖는 것을 마치 어머니와 성행위를 갖는 것처럼 생각하게 되고, 그래서 성 자체를 저주하거나 특히 여자의 성욕을 멸시하게 되기에 이른 것이다.

이 작품을 통해서 드러나는 또 다른 성 심리 요소는, 성욕이 '죽음에의 욕구'와 아주 비슷한 성질을 가지고 있다는 사실이다. 이것은 동양의 음양사상을 보아도 알 수가 있는데, 양(陽)이 '삶에의 욕구'요 음(陰)이 '죽음에의 욕구'라고 볼 때, 성(性)에 관한 것은 모두 다 음(陰)에 속하는 것으로 되어 있기 때문이다. 물론 남자는 양기(陽氣)로 성생활을 하고 여자는 음기(陰氣)에 의해 성생활을 한다고도 볼 수 있다. 하지만 인체의 오장육부를 놓고 볼 때, 생식을 주관하는 '신장'과 '생식기'는 모두 음(陰)에 속하는 기관인 것이다(양에 속하는 대표적 기관은 심장이다).

인간은 언제나 살고 싶어서 몸부림치는 것 같지만, 사실은 죽고 싶어하는 마음이 그에 못지않게 잠재심리를 지배하고 있다. 그래서 우리는 '배불러 죽겠다', '배고파 죽겠다'는 등 '죽고 싶다'는 말을 다반사로 사용한다. 그 이유는 죽음이야말로 가장 편안한 휴식이요, 영원한 안식이 되기 때문일 것이다.

'죽은 상태'와 가장 비슷한 것은 '잠'과 '섹스의 황홀감'이다. 그래서 우리는 흔히 '죽은 듯이 자고 싶다'고 말하면서 완전 휴식으로서의 수면을 희망한다. 또한 성행위시에 느끼는 오르가슴은 바로 '무아지경(無我之境)' 그 자체요, 열반의 경지와도 통하는 것이 된다(불교의 일파인 밀교(密敎)에서는 그래서 성적 엑스타시를 중요시한다). 그래서 말하자면 성적 오르가슴은 '반생반사(半生半死)'의 상태라고 볼 수 있는 셈이다.

프로이트도 음과 양의 개념과 비슷한 개념을 설정한 바 있는데, 그는 삶에의 욕구를 '에로스(Eros)'라고 이름 붙이고 죽음에의 욕구를 '타나토스(Thanatos)'라고 이름 붙였다. 에로스와 타나토스 사이를 오가는 것이 바로 우리의 인생이요, 또한 섹스인 것이다. 타나토스의 욕망을 상대방에게 전이시켜 성적 극치감을 얻어내려는 행위가 바로 아까 말한 '시애(屍愛)'의 형태라고 할 수 있다.

간혹 남녀가 성행위를 하면서 서로가 서로를 목조르기 등의 방법으로 죽이는 수도 있다(우리나라에서도 개봉됐던 스페인 영화 〈마타도르〉는 바로 이러한 심리를 주제로 한 것이었다). 특히 남자는 사정(射精)하고 난 후 죽음에 가까운 허탈감을 느끼게 되는데, 그 허탈감 자체가 바로 남성의 오르가슴인 것이다. 곤충들 가운데 벌이나 개미, 사마귀 등의 수컷이 사정하고 나서 곧바로 죽어버리는 것은 이 때문이다. 그러므로 모든 남성들은 '죽음의 쾌감'과 '성적 쾌감'을 동일시하고 있다고 볼 수 있다.

『잠자는 미녀』에 나오는 남자들은 모두 죽음을 목전에 두고 있는 노인들이다. 그래서 그들은 더욱더 '강력한 성적 오르가슴과 함께 죽어가기'를 원하고 있는 것이다. 나는 죽더라도 씨라도 퍼뜨려 놓겠다는 처절한 '종족 보존의 본능'이, 죽음에 가까운 노인들에게 더욱 강렬한 성욕을 느끼게 만들어 주고 있는 셈이다.

이 작품에는 두 사람의 죽음이 나오는데, 에구치 노인의 친구가 잠자는 미녀와 같이 자다가 의문의 변사를 하는 것이 그 첫 번째 죽음이고, 마지막 장면에서 에구치 노인과 같이 자던 여자가 죽어버리는 것이 두 번째 죽음이다. 두 죽음의 원인이 명확하게 설명되지 않은 채로 이 소설은 막을 내리고 있지만, 아무튼 작가는 이 작품 전체를 관통하는 분위기를 '성적인 냄새'와 '죽음의 냄새'가 서로 섞여 있는 쪽으로 몰고 가기 위해서 이처럼 미스터리한 여운을 풍기는 결말을 설정한 것 같다.

노인들이 갖고 있는 '편안하면서도 관능적인 죽음에의 욕구'를 충족시켜 주기 위해, 그 접객업소에서는 노인들에게 수면제를 제공해 준다는 설정도 재미있다. 노인들은 잠자는 미녀를 품에 안고서 수면제의 힘에 의해 완전한 '무아지경'에 빠져들 수가 있는 것이다.

> 머리맡에는 역시 하얀 수면제 두 알이 덩그렇게 놓여 있었다. 에구치 노인은 그것을 집어 보았다. 약에는 글자도 없고 아무런 표적도 없어서 무슨 약인지 알 수 없다. 색시에게 먹였거나 놓아준 약과는 물론 다른 것이다. 에구치는 요다음에 오면, 색시와 같은 약을 주인 여자에게 달라고 해볼까 생각했다. 줄 성싶지도 않지만 만약 얻어먹고, 자기도 죽은 듯이 잠들어 버린다면 어떨까. 죽은 듯이 잠든다는 것에 노인은 솔깃한 유혹을 느꼈다.

진정 편안한 죽음, 우리가 이보다 더 바라는 게 과연 어디 있을까? 아무튼 『잠자는 미녀』는 관음증을 기본 모티프로 하여 여러 가지 심리 현상들이 얽히고설켜 들어가면서, 인간이 죽는 날까지 목말라 하는 '사랑'의 본질을 깊숙이 파헤치고 있는 작품이라고 말할 수 있다. 특히, 노인의 성 문제가 부각되어 있는 이 작품을 통해 우리는 보다 더 너그럽게 '변태성욕'을 바라볼 수 있는 것이다.

가와바다의 『잠자는 미녀』와 비슷한 내용의 작품으로, 역시 가와바다와 비슷한 연배의 일본 작가인 다니자키 준이치로(谷崎潤一郎)가 쓴 『미친 노인의 일기(瘋癲老人日記)』라는 것이 있다. 이 작품 역시 다니자키가 만년에 쓴 소설인데, 거기서는 노인이 젊은 며느리의 '발'을 들여다보며 느끼는 시각적 충족감을 그리고 있다.

그래서 집안 식구들은 그 노인이 미쳤다고 생각하고 정신병원에 입원시키기까지 한다. 그러나 노인은 계속 자기의 정신은 멀쩡하다고 항변하면서, 그러한 성 심리의 전개과정을 일기체로 적고 있는 것이다. 그 노인은 유언장에다가 며느리의 발을 석고로 떠서 비석 대신 자기 무덤 앞에 세워 놓아 달라고까지 한다.

가와바다도 그렇고, 다니자키도 그렇고, 그들이 남들 보기엔 '주책 없는 늙은이'에 불과하다 할지라도, 그들은 늙어 죽는 날까지 인간이 '사랑'에 매달리는 것은 지극히 당연한 것이라고 주장하고 있는 것이다. 그래서 가와바다는 서글픈 짝사랑에 실심하여 자살하기까지 했다. 정말 '주책 없는 짓'을 한 셈이다. 그러나 내가 보기에 그가 보여준 행동은 지극히 순수한 것이요, 지극히 자연스러운 것이었다. 20대의 청춘 남녀가 사랑의 열병 때문에 괴로워하는 것과 똑같이, 60·70대의 노인들 역시 사랑의 열병을 앓을 수도 있는 것이다.

사랑은 섹스이다. 그렇지만 섹스가 곧 삽입성교를 중심으로 한 육체관계를 의미하는 것은 아니다. 섹스는 보는 것일 수도 있고, 듣는 것일 수도 있고, 만지는 것일 수도 있다. 아무튼 우리의 모든 감각을 동원하여 '포근한 사랑의 충족감'을 느낄 수 있으면 되는 것이다.

삽입성교만이 섹스라는 관점에서 본다면 노인의 섹스, 특히 가와바다나 다니자키의 작품에서 보여주고 있는 관음증 등 여러 가지 방법을 이용한 섹스는 변태성욕이 되고, 감질나는 대리충족이 된다. 그러나 우리가 섹스를 보다 더 폭넓게 바라볼 수 있는 아량과 포용력을 가질 수 있을 때,

관음증적 섹스는 본능의 건강한 '카타르시스'가 될 수도 있는 것이다.

　급진적 성해방 이론에서는 언제나 젊은이들의 섹스만이 대상이 되는 수가 많다. 그렇다면 결혼제도를 개선하고 순결 이데올로기를 깨어 부순다고 해도, 일생에 걸쳐 지속되는 성의 해방은 이루어지기 어려울 것이다.

　현재의 결혼제도나 성적 관습들을 그대로 존속시켜 나가면서도, 우리는 성의 대리충족을 하는 카타르시스 작용의 힘을 빌려 남녀노소 고루고루 성적인 배고픔으로부터 벗어날 수 있는 길이 있다는 것을 알아야 한다. 사랑의 문제에 있어 가장 소외된 계층이라 할 수 있는 노인의 성 문제에 우리가 보다 더 자상한 관심을 기울일 수 있을 때, 청소년의 성 문제나 여성의 성 문제는 그 해결의 실마리를 찾을 수 있다고 생각한다. 에로티시즘 예술의 개방이 그래서 필요하다. 소설이든 영화든 예술적 카타르시스는 대개 관음증 등 소위 변태적인 섹스에 바탕을 두고 이루어지기 때문이다.

■ 마무리 글

소설의 '일탈미(逸脫美)'와 소설의 '재미'

1

 소설을 예술의 한 형식으로 볼 때, 소설의 목적은 역시 '가르치는 데' 있지 않고 '즐거움을 주는 데' 있다. 소설의 목적이 가르치는 데 있다면 소설은 이미 예술이 아니다. 모든 예술의 목적은 감상자를 즐겁게 만들어 주는 데 있기 때문이다. 물론 '즐거움'과 '교훈'을 동시에 줄 수 있다는(또는 주어야 한다는) '당의정' 이론이 있는 게 사실이다. '즐거움'이라는 '쾌락'의 당의(糖衣)로 '교훈'이라는 약(藥)을 감싸고 있는 게 문학이라는 얘긴데, 실제로 독서하는 입장에서 보면 소설을 읽는 사람들은 한가운데 들어 있는 약 즉 교훈에 관심을 두기보다 겉을 둘러싸고 있는 당의(糖衣)에 더 관심을 두게 된다. 이러한 쾌락 또는 즐거움을 우리는 일단 '재미'라고 이름 붙일 수 있다.
 소설이 갖고 있는 '재미'라는 쾌락을 구성하고 있는 주된 요소는 무엇일까? 비평가의 입장에서 보면 '작가의 사상을 탐색해 나가는 재미'나 '문체의 미학을 분석해 나가는 재미'도 재미 가운데 끼어들 수 있다. 그러나 일반 독자의 입장에서 보면 교훈을 얻으려고 또는 사상을 배우려고 소설을 읽는 사람은 아마 한 사람도 없을 것이다. 이것은 문체 역시 마찬가지다. 문체가 중요한 것은 사실이지만 문체는 '재미있는 줄거리를 떠받쳐줄 수 있는 요소'로 기능할 때만 가치를 지닌다. 이밖에도 '형식미(形式美)를 분석해 보는 재미' 같은 것이 있을 수 있으나 이 역시 일반 독자들에게는 별로 해당이 안 된다고 생각한다. 일반 독자들은 단지 잠재된 욕구를 카타르시스(대리배설) 시키기 위해 소설을 읽지, 사상이나 형식 분석을 위해 소설을 읽지는 않는다.[카타르시스의 본질 및 효용에 관해서는 필자가 쓴 책 『카타르시스란 무엇인가』(철학과 현실사, 1997)를 참고할 것.]

　소설을 '스토리로 포장한 사상'이나 '윤리적 교훈을 위한 계몽서(또는 교양서)'로 본다고 해도 '재미'라는 요소는 필수적이다. 교훈주의적 주제로 소설을 쓴 이광수의 소설이나 톨스토이의 소설을 놓고 보더라도, 독자를 소설 속으로 빨아들이는 주된 요인은 '재미있는 스토리'이기 때문이다.

　그렇다면 그런 '재미'의 요소 가운데 가장 큰 부분을 차지하고 있는 것은 과연 무엇일까? 내 생각엔 역시 '답답한 윤리로부터의 상상적 일탈(逸脫)'을 통해서 얻어지는 '상상적 대리배설(또는 대리만족)'의 쾌감이 가장 핵심이 된다고 본다. 이를테면 이광수가 쓴 『사랑』의 경우, 작가는 육체적 쾌감을 초월한 정신주의적 사랑을 그리고 있지만, 그런 사랑의 매개가 되는 것은 유부남인 '안빈 박사'에 대한 처녀 '석순옥'의 헌신적 사랑이다. 육체적 혼외정사가 이루어지지는 않았다 하더라도, 그런 설정은 어쨌든 독자로 하여금 야릇한 일탈욕구의 충족을 간접적으로 체험케 하는 것이다.

이것은 이광수의 소설 『유정(有情)』의 경우도 마찬가지다. 소설의 결말을 교훈적인 메시지로 끝냈다 하더라도, 독자를 스토리 속으로 빨아들이는 주된 요소는 역시 '양아버지와 양딸' 사이의 '이루어질 수 없는 일탈적 사랑'이라고 할 수 있다.

톨스토이의 『안나 카레니나』에서는 유부녀와 총각 사이에서 일어나는 간통사건을 주된 줄거리로 삼고 있고, 『전쟁과 평화』에서도 처녀인 '나타샤'를 좋아하는 '피에르'를 유부남으로 설정해놓고 있다. 그렇기 때문에 톨스토이의 소설은 중간중간에 '논문' 비슷한 장광설이 끼어들어가 있는데도 불구하고 독자들에게 재미있게 읽힐 수 있었던 것이다.

주인공의 일탈적 생활이 독자에게 재미라는 카타르시스를 주어 딱딱하고 교훈적인 주제를 부드럽게 감싸주는 예로 또한 도스토옙스키의 소설을 들 수 있다. 『죄와 벌』에 나오는 '소냐'가 독자들에게 사랑받는 여인이 된 까닭은, 그녀가 낮에는 독실한 기독교인으로, 밤에는 창녀로 살아가는 이중생활을 하고 있기 때문이다. 물론 가족을 먹여 살리기 위해 할 수 없이 창녀 노릇을 하는 것으로 되어 있지만, 어쨌든 한 개인이 그토록 상충되는 두 가지 역할(즉 성스러운 여인과 일탈적 여인)을 태연하게 해낼 수 있다는 데 대한 부러움이 소설적 '재미' 또는 '감동'으로 이어진 것이라고 볼 수 있다.

같은 작가의 작품 『백치』도 마찬가지다. 소설에는 당시의 사회적·사상적 담론이 많이 들어가 있어 심오한 철학을 내세우는 작품 같아 보이지만, 독자에게 재미를 느끼게 하는 핵심적인 요소는 주인공 '미시킨 공작'이 사랑하는 여인인 '나스타샤'가 일종의 '고급 창녀'로 설정되어 있다는 점에 있다.

부자의 정부(情婦)로서 일탈적 생활을 해나가고 있는 그녀가 미시킨에게 바치는 청순한 사랑은 '재미(또는 감동)'의 본질이 아니다. 그녀의 일탈적인 삶의 모습이 독자로 하여금 흥미를 느끼게 함과 동시에 감정이입 효과에 의해 상상적 일탈의 쾌감으로 이끌어가고 있는 것이다.

이런 예는 이른바 '명작'이라고 불리는 소설들 가운데서 상당히 많이 발견된다. 뒤마 피스의 『춘희(椿姬)』와 에밀 졸라의 『나나』는 여주인공이 고급 창녀로 그려져 있고, 플로베르의 『보바리 부인』은 여주인공의 혼외 정사가 주된 스토리를 이루고 있다. 김동인의 『김연실전』은 주제가 '방탕한 여인의 말로'를 보여주는 것으로 되어 있지만, 재미의 핵심은 역시 여주인공 김연실의 파격적 일탈행위(일종의 프리섹스)인 것이다. 같은 작가의 『감자』 역시 당시의 어두운 사회상을 보여주기 때문에 우리에게 감동을 주는 게 아니라, 여주인공의 능동적 일탈행위(즉, 매춘) 때문에 '재미'를 준다. 이렇게 여주인공의 능동적 일탈행위를 통해 독자에게 '재미'라는 쾌락(또는 즐거움)을 주는 효과를 얻는 것을, 소설미학적 관점에서 일단 '일탈미(逸脫美)'라고 이름 붙일 수 있다.

2

지금까지 소설에서 취급된 '일탈' 중 대다수는 '사랑'에 관련된 것들이었다. 그 까닭은 시공(時空)을 초월하여 보편적 공감을 획득할 수 있는 소재가 역시 '사랑'이기 때문일 것이다. 정치사상이니 사회사상, 또는 이데올로기 같은 것들은 언제나 변덕스럽게 변하게 마련이라서 보편성을 갖기 어렵고, 특정한 시대나 특정한 지역에서 벌어지는 역사적 사건들 역시 보편적 세계성을 확보하기 어렵다. [이 문제에 대해 서머셋 모음이 말한다음과 같은 주장은 참고가 된다. "작품이 오래 읽히기를 바란다면 일시적인 흥미밖에 갖지 못하는 정치적 사건을 다루지 않는 게 좋다. 실제로 지난 수년 동안에 발표된 제2차 세계대전을 다룬 소설들은 이미 완전히 생명을 잃고 있는 것이다."(서머셋 모옴, 『세계 10대 소설과 작가』, 홍사중 역, 삼성문화문고, 1973, 상권, p. 131)]

그 때문에 대개의 소설은 그 주제가 비록 사상적·철학적인 것이라 할지라도 '사랑'을 끼워 넣을 수밖에 없는 것이다.

지금까지 대다수의 작가들은 '사랑'을 끼워 넣되 사상적·역사적 서사로 '사랑'을 감싸 안는(또는 포장하는) 경우가 많았다. 작가 자신이 '가벼운 소설'보다는 '무거운 소설'을 써야만 '진지한 작가'로 취급된다는 강박관념에 휩싸여 있어서 그런 경우도 있었고, 대다수의 비평가들이 문학을 예술로 보기보다 철학이나 사상의 등가물(等價物)로 취급하기 때문에 그들의 압력에 못 이겨 마지못해 소설을 무거운 쪽으로 끌고 간 경우도 있었다.

그래서 이른바 '품격 높은 작품'으로 인정받는 작품들 중 상당수는 '사랑'을 '표면 주제'로 내세우기보다 '이면 주제'로 내세우는 일이 많았는데, 그런 사랑이라 할지라도 어느 정도 일탈적 요소를 지니고 있는 것이라야 폭넓은 공감(또는 재미)을 획득할 수 있었다는 사실이 자못 흥미롭다.

이를테면 보리스 파스테르나크가 쓴 『의사 지바고』의 경우가 그렇다. 이 작품은 시인이자 의사인 주인공이 혁명기 내란의 와중에서 가족을 잃고 표랑(漂浪)하며 쓸쓸히 죽어가는 과정을 전기적 터치로 그린 소설이다. 부유한 상인의 아들로 태어난 '지바고'는 당연히 공산혁명을 부정적 시선으로 바라볼 수밖에 없었고, 특히 그의 몸 깊숙이 배어 있는 시인 기질은 혁명을 핑계 댄 가학(加虐)과 파괴의 아수라장을 증오하게 만들었다. 그러므로 이 소설이 내세우고 있는 표면 주제는 분명 '특정한 이데올로기를 핑계 대는 혁명이 초래하는 비인간적 만행의 고발'이다. 주인공은 내란의 와중에서 무고한 사람들이 비참하게 죽어가고, 마을이 황폐화되고, 사랑 대신 증오만 가득 차게 되는 것을 비판적 시선으로 바라본다.

그러나 만약 이 소설이 그런 내용으로만 시종했다면 '재미'가 생겨났을 리 만무하다. 이 소설에는 '연애'가 끼어들어가 있어 재미와 생기(生氣)를 주고 있다. 그리고 지바고가 가장 사랑하는 여인으로 그려져 있는 '라라'가 유부녀 신분으로 되어 있어, 유부남과 유부녀 사이의 불륜의 사랑 곧 일탈적 사랑이 '재미의 상승효과'를 불러일으키고 있는 것이다.

지바고는 염복(艷福)도 많아서, 40년 남짓 사는 동안 세 여자를 거친다. 그것도 그냥 사귀는 정도가 아니라 다 집에 들어앉혀 함께 사는 것이다.

첫 번째 여성은 '토냐'라는 이름의 성실한 아내이자 친구이긴 하지만 정열적인 사랑을 교환할 수 있는 상대는 못 된다. 토냐가 두 번째 아이를 임신했을 때 지바고는 적군(赤軍) 빨치산의 군의(軍醫)로 납치되고, 토냐는 친정 식구들과 함께 프랑스로 추방된다.

두 번째 여성은 이 소설의 여주인공이라고 할 수 있는 '라라'. 지바고가 제1차 세계대전에 나가 군의관으로 있을 때 종군 간호사로 일하고 있어 알게 된 여자다. 라라의 남편은 과학 선생이었다가 열렬한 공산주의자가 되어 잔인한 학살을 자행하고, 그 와중에서 라라와의 인연이 끊긴다. 지바고가 빨치산 부대에서 탈출해 고향에 돌아왔을 때 가족은 이미 떠나버린 뒤여서, 그때부터 라라와의 동거가 시작된다. 채 1년도 같이 못 살고 나서 라라는 지바고의 아이를 임신한 채 블라디보스토크로 떠나게 된다. 지바고와 라라의 생이별 장면은 이 소설에서 가장 슬프면서도 감미로운 대목이다.

세 번째 여성은 라라와 헤어진 지바고가 다시 모스크바로 나와 알게 된 여자인 '마리나'. 지바고가 꼬드겼다기보다는 마리나 쪽에서 열을 올려 할 수 없이 데리고 살게 된 여자다. 지바고는 마리나와의 사이에서도 두 아이를 낳고, 몇 년 못 가 지병인 심장병이 도져 급사하게 된다.

이토록 많은 여성관계 속에서도 특히 '라라와의 사랑'에 작가가 초점을 맞춘 것은, 역시 '일탈적 사랑'이 가장 매력적인 재미를 선사해 주기 때문일 것이다. 이루어지기 어려운 사랑은 '감상(感傷)'과 '퇴폐'의 감정을 교묘히 불러일으키면서, 현실윤리에 찌든 독자로 하여금 '상상적 일탈'의 쾌감을 맛보게 해준다. 따라서『의사 지바고』를 읽는 일반 독자들은 겉으로 드러나는 혁명이나 이데올로기 문제보다 작품 속에 숨어 있는 라라와의 사랑에서 더 큰 흥미와 재미를 맛본다고 볼 수 있다.

또 하나의 구체적인 예를 서머셋 모옴의『과자와 맥주』에서 볼 수 있다. 거창한 사상을 내세우고 있지는 않지만, 어쨌든 이 작품은 지식인의 이중적 위선이나 속물근성을 풍자·야유하는 것으로 시종하고 있다. 작품 초반에 나오는 소설가 '올로이 키어'의 주도면밀한 처세술과 문단정치에 대한 긴 서술은, 이 소설의 주제가 '지식인의 이중성에 대한 풍자'라는 것을 대번에 드러내준다. 그리고 나서 곧이어 거물급 작가 '드리필드'(토머스 하디를 모델로 삼았다고 해서 물의를 빚었다)에 대한 이야기가 이어지는데, 드리필드의 작품은 거창하고 심오한 인생철학을 내세우고 있지만 정작 그런 '고상한' 작품을 쓰게 만든 원동력은 그의 첫 번째 아내인 '로지'가 갖고 있던 '방탕끼'였다는 것을 구체적 사건을 통해 그려내고 있다. 말하자면 드리필드의 '엄숙주의'의 이면에는, 그런 경직되고 위선적인 사상을 부드럽게 완화시켜 주어 그로 하여금 심리적 안정감을 얻게 만든 아내의 '일탈적 성격'이 크게 작용하고 있었다는 것을 보여주고 있는 것이다.

하지만 이 소설은 로지의 일탈적 행동을 묘사·서술하는 데 아주 적은 지면만을 할애하고 있다. '지식인의 이중성' 문제에 대한 담론이 지루하리만큼 길게 이어지고, 작가들의 출세욕과 처세술, 그리고 문학의 허위성에 대한 문화비평적 분석이 진지하면서도 장황하게 개진된다. 그래서 언뜻 보기에 이 작품이 문명비판적 주제를 부각시키기 위해 애쓴 작품처럼 보이게 만드는 것이다.

그러나 이 소설을 독자의 입장에서 읽어나가다 보면, 드문드문 감질나게 나오는 로지의 이야기, 특히 그녀의 일탈적 성관(性觀)과 자유분방한 성격을 보여주는 구체적 행동 묘사가 이 소설의 '재미'를 이끌어나가는 핵심이라는 것을 알게 된다. 그리고 작가는 이 소설이 비평가들에게 단순한 연애소설로 보이는 것이 싫어, 자못 심각해 보이는 문화적 담론들을 사이사이에 일부러 끼워 넣고 있다고까지 생각하게 된다.

로지는 말하자면 '사랑에 헤픈 여자'다. 카페 여급 출신인 로지는 유명한 작가 드리필드의 아내가 된다. 그러나 권태로운 생활을 이겨내지 못하고 예전의 버릇대로 이 남자 저 남자와 끊임없이 바람을 피운다. 그러다가 결국 어느 건달 유부남과 눈이 맞아 미국으로 도망쳐버린다.

그런데도 이 소설에서 로지는 시종일관 '너무나 사랑스러운 여인'의 이미지로 그려진다. 말하자면 전혀 죄의식 없이 바람을 피우며 성을 즐기고, 자기를 원하는 남자라면 누구든 가리지 않고 쾌락을 베풀어주는 여자가 바로 로지다. '천의무봉(天衣無縫)한 성격'이란 말은 로지에게 딱 들어맞는 표현 같다. 로지는 조금도 허식과 허위가 없다. 그녀의 육체는 남자를 굴복시키기 위한 도구도 아니고, 아름다움을 자랑하기 위한 방편도 아니다. 그녀의 육체는 스스로도 즐거움을 느끼면서 남에게도 즐거움을 주는 사랑의 샘물이다. 그렇기 때문에 그녀와 잠자리를 같이하는 남자들은, 그녀가 자기 이외의 남자와 놀아나는 것을 뻔히 알면서도 전혀 질투심을 느끼지 못한다. 그것은 로지의 남편 역시 마찬가지다.

그런 로지가 건달 유부남을 택해 미국으로 도피행각을 하는 것도, 그 남자만 사랑했기 때문이라기보다는 그에게 강한 동정심을 느꼈기 때문이다. 그 사내가 파산하고 도망가는 신세가 되자, 무일푼이 된 사람을 자기라도 돌봐줘야겠다는 의무감이 로지로 하여금 남편을 배반하게 만든 것이었다. 로지는 말하자면 '야한 백치미'를 가진 순진무구한 여성의 전형이라고 할 수 있다.

현실윤리로 보면 로지는 남편을 두고도 이 남자 저 남자와 서방질을 하는 일탈적 여성의 전형이다. 그런데도 이 소설은 그런 성격의 여주인공을 부각시켰기 때문에 오히려 아주 재미있게 읽힌다. 작가가 소설에서 '일탈미'가 갖는 중요성을 잘 파악하고 있었기 때문에 그런 '재미'를 가능케 했다고 볼 수 있다.

예를 하나 더 들어보자. 로렌스가 쓴 『채털리 부인의 연인』이 그렇다. 언뜻 보면 이 작품은 성문제를 집중적으로 다루면서 여주인공의 윤리적 일탈을 부각시킨 소설처럼 보인다. 그러나 이 소설에서 성에 관련된 묘사는 마지막 부분에 집중될 뿐, 대부분의 내용을 차지하는 것은 관념적인 서술들이다. 그런 관념적 서술들은 주로 현대문명에 대한 비판으로 되어 있다. 위선적인 현대문명의 상징으로 내세우고 있는 인물이 바로 여주인공 '코니'의 남편 '채털리'이다.

작자는 여주인공 코니가 성불구자인 남편을 버리고 산지기 '멜러즈'에게로 도망가는 것을 변명하기 위하여, 코니의 남편인 채털리를 부르주아 귀족에다가 육체를 멸시하고 노동자의 삶을 경멸하는 위선자로 그려

놓았다. 그리고 산지기 멜러즈를 '하층계급을 대표하는 건실한 노동자'로 그림으로써, 이 소설이 마치 계급갈등을 주제로 삼고 있는 것처럼 위장하고 있다. 성문제를 다룰 때 이런 경우에는 면죄부를 받는 일이 흔하기 때문이다. 이를테면 하인이 주인마님을 강간하는 소설은 성묘사가 아무리 음란(?)하더라도, '계급갈등'이나 '민중정신'을 슬쩍 곁들여 내세움으로써 칭찬받을 수가 있는 것이다.

『채털리 부인의 연인』은 성 문학 치고는 문학적 경건주의자들한테서 높은 평가를 받고 있다는 점에서 특기할 만한 작품이다. 대개의 성 문학은 일종의 '문학의 변방(邊方)'처럼 취급되어, 문학사에 있어 가십거리로나 기록되는 경우가 많기 때문이다. 그 까닭은 역시 이 소설이 '관념적 포장'으로 '성적(性的) 일탈'을 잘 감추고 있기 때문이라고 본다.

3

작가들 중에는 소설에서의 일탈미를 겨냥하면서도 도덕주의자들의 비난을 받는 것이 두려워 소설의 결말을 일종의 '권선징악'으로 끌고 가는 이들이 많다. 앞에서 본 바와 같이 심각한 주제로 일탈미를 포장하여 감추는 것과 비슷한 수법인데, 이런 수법을 쓸 경우 아무래도 작품의 통일성이 깨지게 된다.

플로베르가 쓴 『보바리 부인』의 경우, 그 작품이 씌어진 19세기 중반의 프랑스는 도덕적 엄격주의와 문학적 경건주의가 판을 치던 시기였다. 그래도 『보바리 부인』은 결국 무죄 판결을 받아 판매금지 처분을 면할 수 있었는데, 무죄판결의 이유는 작가가 보바리 부인을 결국 자살하게 함으로써 간통한 여인의 비참한 말로를 보여줬다는 것이었다.

플로베르가 도덕주의자들의 거센 비난을 예상하고서 작품의 결말을 그렇게 이끌어간 것인지, 아니면 자기 생각에도 유부녀의 간통은 역시 죄값을 받아야 한다고 여겨 그런 결말을 유도한 것인지, 우리는 작가의 의도를 확실히 알 수 없다. 하지만 이 작품을 자세히 들여다보면, 『보바리 부인』이 단순한 권선징악의 플롯을 채택한 소설은 아니라는 것을 알 수 있다. 즉 보바리 부인이 자신의 '불륜'을 뼈저리게 반성하여 자살하고 있지는 않은 것이다. 그녀는 혼외정사를 사치스럽게 즐기기 위해 엄청난 빚을 졌는데, 그 빚을 갚을 도리가 없어 자살한다. 그러니까 남편이나 자식에 대한 죄책감 때문에 자살한 것은 아닌 것이다. 여기서 플로베르의 작가적 역량이 드러난다. 그는 단순한 권선징악적 도식(圖式)이 싫어 다른 이유를 갖다 붙여 여주인공을 자살하게 만들고 있다. 따라서 작가의 그런 의도를 모르고서 무죄판결을 한 재판관은 작가에게 속아 넘어갔다는 얘기가 된다.

하지만 과거에 쓰였던 유부녀의 혼외정사를 다룬 소설들 대부분이 여주인공의 몰락이나 자살 또는 반성으로 결말처리를 할 수밖에 없었다는 것은, '도덕주의적 검열'이 소설의 완성도를 해치는 가장 큰 적(敵)으로 작용했다는 사실을 보여준다. 톨스토이의 『안나 카레니나』 역시 『보바리 부인』처럼 여주인공을 뉘우침이 아닌 다른 이유(즉 애인의 변심)로 자살하게 하고 있지만, 역시 도덕적 검열을 피해가기 위해 그런 수법을 쓸 수밖에 없었던 것 같다는 느낌을 지울 수 없다.

한국 현대소설의 경우에는 『보바리 부인』이나 『안나 카레니나』의 경우처럼 교묘한 개연성이나 설득력을 갖는 소설적 장치 없이 일탈적 행동에 빠진 주인공들을 반성·몰락하게 만들어 작품의 통일성을 깨는 일이 많다.

김동인의 『김연실전』은 당당한 방탕끼를 유지하던 여주인공을 결국에 가서는 급격히 몰락시키고 있고, 정비석의 『자유부인』은 혼외정사의 쾌락에 빠져들었던 여주인공을 졸지에 반성시키고 있다. 이효석의 『화분(花粉)』은 동성애와 복잡한 여성관계를 동시에 추구하던 남주인공이 결국 몰락하고 만다는 결말로 도피하고 있고, 이문열의 『추락하는 것은 날개가 있다』는 일탈적이고 퇴폐적인 사랑에 빠져 있던 여주인공이 결국 남자가 쏜 총에 맞아죽는다는 결말로 끝나고 있다. 작가 자신의 '윤리적 자기 검열' 때문이기도 하겠지만, 한국 사회의 분위기가 작가에게 '도덕주의적 위장'을 지나치게 강요하고 있기 때문에 더욱 그럴 것이다.

이른바 '방탕하고 음란한' 주인공이 종국에 가서 비참한 죽음을 맞는 플롯으로 된 소설은 '도덕적 권선징악'의 효과와 '비극적 장엄미'의 효과 사이에 양다리 걸치며 독자나 비평가들을 눈속임하는 경우가 많다. 그 '눈속임'이 완벽한 기법에 의해 이루어질 경우 그 작품은 높은 완성도와 통일성을 지니게 되고, 단순하고 유치한 권선징악의 차원을 넘어서게 되는 것이다. 앞서 본 『보바리 부인』과 『안나 카레니나』는 그런 점에 있어 어느 정도 성공한 작품이고, 더 완벽한 성공을 거둔 작품으로는 메리메가 쓴 『카르멘』을 꼽을 수 있다.

카르멘의 적극적 일탈은 독자로 하여금 답답한 현실윤리로부터의 홀가분한 탈출감을 맛보도록 해준다. 하지만 독자는 그런 쾌감을 느끼면서도 주인공의 자유분방함에 대한 야릇한 질투심과 더불어 도덕적 초자아(超自我)의 '검열'을 의식하게 되는데, 독자가 느끼는 그런 이중적 양가감정(兩價感情)을 주인공의 비명횡사를 통해 편안하게 화해시키는 것이다. 이러한 심리적 메커니즘에 기여하는 것은 '개연성 있게 짜인 서사구조'와 '미학적으로 구현된 비극적 장엄미'라고 할 수 있다. 이런 기법은 일탈적 행동에 빠져든 주인공을 허겁지겁 반성시키거나 몰락시키는 것보다 한결 차원 높은 기법이라 하겠다. 『카르멘』과 비슷한 효과를 거둔 작품을 꼽는다면 아베 프레보의 『마농 레스코』를 들 수 있을 것이다.

사랑에 관련된 주인공의 윤리적 일탈을 더 적극적으로 부각시키기 위해서, 작가들은 흔히 성직자를 등장시키곤 한다. 즉 성직자의 성적 파계(破戒)를 기둥 줄거리로 다룸으로써 독자로 하여금 강력한 충격을 맛보게 하는 것이다. 성직자의 윤리적 일탈을 다루는 데 있어서도 주인공을 나중에 회개시키거나 파멸시키느냐, 아니면 계속 뻔뻔한 상태(또는 행복한 상태)로 놔두느냐 하는 것이 작가에 따라 달라진다. 14세기에 나온 보카치오의 소설 『데카메론』에는 성직자들이 '당당한 파계'를 행하는 이야기가 많이 들어 있는데, 작가는 이야기를 유머러스하게 풀어나가면서, '도덕이라는 이름의 괴물'을 비웃어주거나 비아냥거린다. 그러므로 『데카메론』이 비록 리얼한 심리묘사를 결(缺)하고 있는 설화체의 희화적(戱畵的) 작품이라 하더라도, 근대 이후의 본격소설보다 '윤리적 자기 검열'로부터 훨씬 더 자유롭다는 것을 알 수 있다.

근대소설 이후에는 성직자의 일탈을 그릴 경우, 권선징악까지는 아니더라도 독자나 비평가의 도덕적 비난을 면하기 위해 여러 가지 방어 장치들이 쓰였다. 그 가운데 재미있는 예로 꼽을 수 있는 작품이 아나톨 프랑스가 쓴 『무희(舞姬) 타이스』이다. 이 작품은 기독교 수도승이 고급 창녀에게 미쳐 정신분열증 환자가 되는 과정을 그리고 있다. 그리고 그 수도승의 설교를 들은 창녀 '타이스'는 열성적 신앙을 가진 수녀가 되게 함으로써, 단순한 '권선징악'이나 '몰락' 또는 '회개'가 아닌 '아이러니'의 수법을 쓰고 있다는 점이 이채롭다.

『무희 타이스』의 시대적 배경은 6세기의 중세 암흑시대다. 이집트의 사막에 있는 수도원에서 금욕과 고행(苦行)의 수도를 하고 있는 젊은 수도승 '파후뉘스'는 도덕적 신앙생활로 명성이 자자한 인물이다. 그러던 중 그는 알렉산드리아의 유명한 무희 겸 매춘부인 타이스에 대한 소문을 듣게 된다. 가난한 집 딸로 태어난 타이스는 얼굴이 남달리 아름다웠기 때문에 뭇 남성들의 마음을 사로잡게 되어 고급 매춘부로서의 생활을 호화롭게 꾸려나가고 있었다. 파후뉘스는 타이스를 윤락과 음욕(淫慾)의 구렁텅이에서 구출할 결심을 하고 알렉산드리아로 간다.

타이스는 파후뉘스의 설득과 전도로 마침내 타락한 생활을 청산하게 되고, 아울러 진정한 기독교도가 되어 성녀(聖女)와도 같은 생활을 하다 거룩하게 죽어간다. 그러나 아이러니컬하게도 그녀를 회개시킨 수도승 파후뉘스는 타이스의 미모에 반해 관능과 정욕의 노예가 되어 성직자로서의 길을 버리게 된다. 그래서 그는 뭇 제자들과 신앙인들의 조롱을 받으며 거의 미쳐버린 상태로 살아가게 되는 것이다.

이 작품은 관능적 자유에의 예찬인 동시에, 19세기 후반에 유럽을 풍미했던 위선적 도덕주의에 대한 신랄한 야유이기도 하다. 말하자면 작가는 에피큐리안(쾌락주의자)과 탐미주의자의 입장에 서서 근엄한 도덕군자들이 구두선으로 주장하는 금욕주의를 조롱하고 있는 것이다.

그런데도 이 소설이 모럴 테러리스트들의 눈을 피해갈 수 있었던 까닭은, 파계한 수도승 파후뉘스를 결국 정신분열증 환자가 되는 것으로 만들어, 일종의 권선징악적 플롯을 채택한 것으로 간주되게끔 한 작가의 교묘한 책략 때문이라고 볼 수 있다. 그리고 파후뉘스의 '몰락'과는 반대로 타이스를 경건한 신자가 되게 만드는 아이러니의 기법을 채택함으로써, 단순한 권선징악을 넘어서는 교묘한 '재치'를 보여주고 있다.

성직자의 윤리적 일탈을 소재로 한 소설 가운데 또 하나의 본보기로 내세울 수 있는 작품은 서머셋 모옴이 쓴 유명한 중편소설 『비』이다. 남태평양을 항해하던 여객선이 장맛비에 묶여 어느 작은 섬에 머문다. 배에는 창녀와 목사가 함께 타고 있었는데, 목사는 창녀를 회개시켜 새 사람이 되도록 해보려고 애쓴다. 그러나 결국에 가서는 창녀의 성적 매력에 반해버린 목사가 창녀와 동침을 하게 되고, 목사는 죄책감에 못 이겨 바다에 뛰어들어 자살을 하고 만다.

이 소설은 성직자의 위선성을 보여줌으로써 엄숙주의 윤리에 눌려 답답함을 느끼는 독자들에게 시원한 재미와 카타르시스를 준다. 그러나 창녀와 성행위를 한 목사가 그 이튿날 자살하게 만듦으로써 지나친 도식성(圖式性)에 흐르고 있는 것 같은 인상을 주고 있다. 앞서 예로 든 같은 작가의 작품 『과자와 맥주』에 나오는 여주인공 로지의 자유롭고 천의무봉한 일탈에 비해 한결 부자연스럽고 작위적인(다시 말해서 작중 인물이 소설의 서사구조를 위해 꼭두각시가 되어 있는) 일탈행동이라 하겠다. 성행위를 감행한 목사가 그 뒤에 시치미를 떼고서 사람들에게 여전히 도덕적 설교를 계속하는 것으로 끝냈더라면 훨씬 더 여운이 있는 마무리가 되었을 것이다.

우리나라 소설에서도 성직자의 일탈은 드문드문 소재로 쓰인다. 대표적인 예로 김성동의 『만다라』를 들 수 있다. 이 소설의 주인공은 불교의 진리를 체득하기 위해 여러 가지 계율을 범하는 것으로 나와 있다. 서구소설과 다른 점은 그런 일탈적 행동들이 모두 다 구도(求道)를 위한 한 과정으로 묘사된다는 것이다. 불교가 기독교에 비해 훨씬 더 유연성 있는 윤리관을 갖고 있어서일 것이다.

신라시대 최고의 학승으로 되어 있는 원효대사가 성적 금욕의 금기를 깬 것을 '구도의 완성을 위한 과감한 도전'으로 간주할 정도로, 불교는 일체의 자잘한 집착(계율에 지나치게 집착하는 것도 역시 집착이다)들을 경계하고 있다. 그러므로 소설미학적 관점에서 볼 때 불교 성직자의 일탈을 그리는 것은 통쾌한 재미나 카타르시스를 주기 어렵다고 볼 수 있다. 또한 불교를 소재로 한 한국 소설들 가운데는 구도자의 일탈을 상투적 소재로 삼는 것이 많아 집약적인 일탈미를 보여주지 못하고 있다. 종교적 이론들이 현학적 표현으로 너무 많이 삽입되고 있는 것도 한 이유가 된다.

윤리적 일탈을 변명하기 위해 권선징악적 플롯을 채택하는 것도 문제가 있지만, 현학적이고 난해한 관념들을 가지고 그것을 '포장'하는 것 역시 문제가 있다는 사실을 한국 소설은 보여준다. 소설이 단순한 '재미'만을 줘서는 안 되고 뭔가 '교양적인 지식'을 습득하게 해줘야 한다는 강박관념이 작가들에게 작용하고 있어서일 것이다. 윤리적 일탈을 일탈 그 자체로만 보여줄 수 있을 때, 소설은 비로소 진정한 리얼리티와 더불어 '재미'를 획득할 수 있다.

4

20세기에 들어와 프로이트의 범성욕주의(汎性慾主義) 이론이 문학에 지대한 영향을 미침에 따라, 그리고 과거의 상투적 성윤리에 반발하는 작가나 독자들이 늘어남에 따라, 소설에 있어서의 일탈미는 주로 '성적 일탈'에 집중되게 되었고 성적 일탈은 주로 비관습적 섹스나 변태적 섹스를 묘사하는 것으로 나타나게 되었다. 그러면서 '유부녀의 불륜'이나 '여성의 자유분방한 남성편력' 같은 소재는 여성해방운동의 여파로 차츰 자취를 감추게 된다. 물론 한국문학만은 아직 예외여서, 미혼여성의 남성편력이나 프리섹스, 기혼자의 혼외정사 같은 소재들이 여전히 일탈미를 구사하는 주된 요소로 기능하고 있다.

이른바 '변태적 섹스'란 다분히 프로이트적 개념이다. 프로이트는 생식적인 섹스 이외의 것을 모두 다 변태로 규정하고 '사디즘', '마조히즘', '관음증(觀淫症)', '페티시즘(fetishism)', '노출증', '나르시시즘', '동성애' 등의 심리를 설명했다. 그러나 최근 의학계의 경향은 '변태'를 그것이 강간 등의 범죄로 가지 않는 한 정신병으로 간주하지는 않고 있다. 그저 하나의 독특한 성적 취향으로 보는 것이다. 그렇기 때문에 트랜스젠더들에 대한 성전환수술의 시행이 허락되고 있으며, 특히 사디즘과 마조히즘 같은 것은 인간의 실존을 지탱해 주는 기본적 심리양태로 인식되고 있다. 에리히 프롬이 쓴 『자유로부터의 도피』는, 사도마조히즘(sadomasochism)의 심리를 정치적 집단무의식에 연결시켜 나치즘의 광기(狂氣)를 설명한 명저로 취급되고 있다. 빌헬름 라이히가 쓴 『파시즘의 대중심리』같은 책도 마찬가지다.

그러나 보수주의 문학자들이나 대중들에게는 역시 '변태적 섹스'의 개념이 '뜨거운 감자'처럼 되어 있다. 그렇기 때문에 변태 섹스를 소재로 한 소설들이 묘한 '재미'를 주게 되고(그 '재미'의 본질은 일탈적 섹스에 대한 부러움과 혐오감이 뒤섞인 양가감정이다), 일부 개방적 성향의 독자들에게는 유쾌한 카타르시스까지 주게 된다고 볼 수 있다. 이럴 경우에도 소설의 결말을 어떻게 처리했느냐, 어떤 '관념적 포장'으로 변태섹스를 얼버무리고 있느냐에 따라 작품의 완성도가 판가름된다.

사실 변태성욕을 소재로 한 소설은 20세기 이전부터 있었다. 19세기 초에 나온 사드의 소설 『소돔 120일』이라든지 19세기 중엽에 나온 마조흐의 소설 『모피를 입은 비너스』 같은 것은 사디즘이나 마조히즘이라는 말을 만들게 했을 정도로 파격적인 성적 일탈을 다룬 작품이었다. 그러나 두 사람의 작품은 심리학자들에게나 관심의 대상이 되었을 뿐, 비평가나 독자들에겐 단지 '황당한 작품'으로만 치부되었다. 그러나 20세기 중반 이후에 가서 두 사람의 작품은 재평가를 받게 되었고, 사도마조히즘을 소재로 한 많은 본격소설들이 쓰이게 되었다.

20세기에 나온 작품들 가운데 변태성욕에 의한 성적 일탈을 다룬 수준작으로는 조세프 케셀이 쓴 『대낮의 미녀』, 임마누엘 아루상이 쓴 『임마누엘 부인』, 폴린 레아주가 쓴 『O의 이야기』, 블라디미르 나보코브가 쓴 『로리타』, 엘리자베스 맥닐이 쓴 『나인 하프 위크』, 존 파울즈가 쓴 『콜렉터』, 다니자키 준이치로가 쓴 『치인(癡人)의 사랑』 같은 것들을 꼽을 수 있다.

『대낮의 미녀』는 점잖은 매너로 정상적인 섹스만 하는 남편에게 싫증을 느낀 상류층 여인인 세브린느가 남편이 출근하고 없는 틈을 타 낮에만 창녀노릇을 하는 내용으로 되어 있는데, 그녀가 좋아하는 성 대상은 성애에 있어 거칠고 사디스틱한 매너를 보이는 하류층 남성들이나 불량배들이다. 이 소설의 여주인공인 세브린느는 말하자면 마조히스트라고 볼 수 있다.

이와 비슷하게 여성의 마조히즘 심리를 그린 소설이 『O의 이야기』이고, 남성의 마조히즘 심리를 그린 소설이 『치인(癡人)의 사랑』이다. 마조히즘 심리를 그린 최초의 소설이라고 할 수 있는 마조흐의 『모피를 입은 비너스』가 주인공 남성이 나중에 가서 자신이 빠져들었던 마조히즘적 성애에 대해 남성우월주의에 근거한 치욕감과 후회를 느끼는 것으로 끝나는 데 반해, 『O의 이야기』나 『치인의 사랑』에서는 주인공들이 '당당한 마조히스트'로서의 면모를 유지한다. 이 점이 바로 성적 일탈을 다룬 19세기까지의 소설들과 다른 점인데, 19세기까지는 대부분의 소설들이 성적 일탈을 다룬다 하더라도 '반성'이나 '몰락' 같은 결말을 유도했던 것이다. 한편 『대낮의 미녀』는 여주인공이 회개나 몰락까지는 안 가더라도 그녀의 남편이 여주인공을 사랑한 불량배의 칼에 맞아 불구자가 되게 만듦으로써, 권선징악 비슷한 플롯을 채택하고 있다. 그러므로 『대낮의 미녀』는 재미의 요소로 성적 일탈을 채용하긴 하되 무척이나 소극적인 자세로 접근했다는 것을 알 수 있다.

『로리타』는 남성의 유치증(幼稚症 : hebephilia) 또는 소아기호증(pedophilia) 심리를 다룬 소설인데, 이 소설에서는 40대의 중년 남성이 13세의 소녀 '로리타'를 사랑하다 맞이하게 되는 비극을 기둥 줄거리로 삼고 있다. 로리타가 남주인공 '험버트'에게서 떠나가버리자, 험버트는 로리타의 새 애인 '퀼트'를 총으로 쏘아 죽여버린다. 그런 다음 체포되어 중형을 선고받게 되는 것이다. 이 소설은 권선징악에 가까운 플롯으로 되어 있어 문학적 일탈미를 적극적으로 수용한 작품은 못 된다. 하지만 유치증의 심리를 묘사했다는 점만으로 이 작품은 크게 화제가 되었다. 소설에 있어서의 성적 일탈이 '재미'뿐만 아니라 '문제 제기'의 역할까지 해줄 수 있다는 것을 보여준 실례라 하겠다.

『콜렉터』와 『나인 하프 위크』는 남성의 변태성욕을 다루되 성교적 접촉이나 피·가학적 행동이 없는 성애를 다뤘다는 점에서 특이하다. 즉 『콜렉터』는 남성의 여자 수집벽(蒐集癖)을 소재로 삼고 있고, 『나인 하프 위크』는 남성의 관음증을 소재로 삼고 있다. 두 작품 다 여성의 신체를 하나의 애완물(愛玩物)로 보는 페티시즘의 심리가 바탕에 깔려 있다. 『콜렉터』의 남주인공은 나비 수집광인데, 나비를 수집하듯 여자를 수집해 그냥 가둬두기만 한다. 『나인 하프 위크』는 생식적 섹스에 취미가 없는 남자가 여자를 다양한 방법으로 조정하면서 느끼는 심리를 그리고 있다. 두 작품 다 도덕적 코멘트 없이 이상성욕(異常性慾)의 행동과 심리만 묘사하고 있다는 점에서 한층 진일보한 소설적 기법을 보여주고 있다.

성적 일탈 또는 변태성욕이 기성윤리에 대한 '창조적 도전'으로 기능하여 '인간 해방의 시발(始發)'이 될 수 있다는 것을 보여준 소설이 바로 『임마누엘 부인』이다. 이 소설은 영화로 만들어져 더욱 유명해졌는데, 여성의 자유로운 섹스를 주장함으로써 페미니즘 운동에도 큰 영향을 미쳤다. 임마누엘 부인은 기혼여성인데도 남편의 동의 또는 격려를 받으며 동성애와 혼외정사를 즐긴다. 이 소설에서 특히 강조하고 있는 것은 나르시시즘이다. 여성이 자위행위를 할 때 느끼는 성적 판타지가 남녀 간의 성행위 때 느끼는 쾌감보다 한층 더 강렬한 오르가슴을 확보하게 해준다는 주장은, 남성 성기에 대한 의존을 거부하는 급진적 여성해방운동에 촉진제 역할을 해주었다. 로렌스가 쓴 『채털리 부인의 연인』이 여성의 남근선망(男根羨望) 이론에 바탕을 둔 것이라면, 『임마누엘 부인』은 남근선망 이론에 정면도전을 시도한 탈(脫) 프로이트적 주장을 펼침으로써, 프로이트 이론에 종속돼 있던 기존의 성 문학에 새로운 이정표 역할을 했다.

성적(性的) 일탈을 다룬 문학작품 역시 소재로 삼는 일탈행동을 작가가 '당당한 일탈'로 그리느냐 '죄의식 섞인 일탈'로 그리느냐에 따라 독자가 느끼는 재미나 카타르시스의 양태가 달라진다. 그밖에 일종의 절충적 형태로서, 성적 일탈행동을 '기성 권위에 대한 도전의 상징'으로 그리는 작가도 있다. 성에 대한 표현의 자유가 확보돼 있지 못하고 사회 분위기가 경직된 윤리로 치달아 '성 알레르기' 현상을 보이고 있는 상황에서는, 이런 절충적 형태의 '타협'을 시도하는 작가들이 많다.

우리나라의 경우에는 리얼한 성 묘사, 특히 변태성욕의 성 묘사가 일종의 금기처럼 되어 있기 때문에, 변태성욕을 그린다 하더라도 '부권(父權)에 대한 저항의 상징으로서의 성' 등을 주제로 내세워 평론가나 검열관들의 '분노'를 피해 보려는 작가가 많다. 대표적인 예로 꼽을 수 있는 작가가 장정일인데, 특히 그의 작품 『내게 거짓말을 해봐』는 항문 섹스와 사도마조히즘적 섹스를 소재로 하여 대담한 성(性) 묘사를 해나가면서, 시종일관 '부권(父權)의 억압에 대한 노여움'을 일종의 '배경적 주제'로서 바탕에 깔고 있다.

21세기를 맞이한 현재의 시점에서 볼 때, 소설에서의 일탈미는 차츰 성과 관련된 문제에서 제재를 취하는 쪽으로 나아가고 있다. 결혼제도나 순결의식 등에 관련된 윤리적 일탈 문제는 과거에도 연애소설이나 가족소설 등에서 많이 다뤄졌으므로, 새로운 충격이나 재미를 주기엔 미흡한 소재이기 때문일 것이다. 그러므로 앞으로 소설에서 다뤄질 윤리적 일탈은 주로 다형적(多型的) 성도착(性倒錯) 중심의 성적(性的) 일탈에 초점이 맞춰질 것으로 예상된다.

이럴 경우 반성·몰락 등의 결말을 유도하는 권선징악적 서사구조나 프로이트 심리학 이론에 기초를 두는 심리적 상황 설정은 점차 사라져갈 것이 확실하다. 그보다는 소설 속 주인공이 더 당당하게 도착적 성 행동을 하도록 함으로써 독자에게 카타르시스 및 재미를 느끼게 하고, 동시에 '창조적 불복종'의 메시지를 전달해주는 작품들이 많이 등장할 것으로 보인다. 특히 '동성애' 문제에 대해서는 벌써부터 작가들이 적극적 관심을 보이는 징후들이 나타나고 있다. 이러한 현상을 주도하고 있는 것은 사실 소설보다는 영화 쪽인데, 영화라는 장르가 소설 장르보다 '대중적 카타르시스'의 효용에 대해 더 적극적인 자세를 보이고 있기 때문일 것이다.

영화는 당연히 대중문화의 영역에 속한다는 인식이 영화 작가나 관객들에게 공통된 합의사항으로 자리 잡아가고 있다. 그러나 소설에 있어서는 그렇지가 않다. 아직까지도 상당수의 작가나 독자들은 소설이 민중을 훈육하고 계도하는 '사회적 책임'을 수행하는 '고급문화'라는 인식을 갖고 있는 것이다. 그렇기 때문에 특히 한국같이 문화적·윤리적 봉건성을 유지하고 있는 나라에서는, 소설에서 성적 일탈을 다루기가 무척 어렵다.

그러므로 한국소설이 더 다원적으로 발전하여 폭넓은 독자를 확보하기 위해서는, 성적 일탈행동을 묘사하는 것을 꺼리는 경건주의적 문학 풍토를 개선하는 일이 시급하다 하겠다. 소설 역시 영화와 마찬가지로 '대중문화'에 속하는 것이요, '인공적 꿈'을 통해 억압된 본능을 대리배설 시키는 효용을 담당하는 장르라는 인식이 하루 빨리 보편화되어야 한다.

5

지금까지는 주로 애정윤리와 성윤리에 관련된 일탈미를 살펴보았는데, 소설에서 일탈미를 만들어내는 요소로 또 하나 꼽을 수 있는 것이 바로 '범죄적 일탈'이다. 폭력의 행사나 살인·절도·사기 등 현실윤리로 보면 범죄로 간주되는 일탈적 행동들이 소설에서 도덕적 코멘트 없이 그려질 때, 독자들은 윤리적·법적 압박감으로부터 홀가분한 해방감을 맛봄과 동시에 카타르시스를 느낀다. 물론 이런 소재가 만들어내는 일탈미는 애정문제나 성문제에 관련된 일탈미에 비해 보편적 감흥을 주는 힘이 아무래도 부족한 게 사실이다. 대다수의 독자들은 준법정신에 충실하도록 길들여져 있기 때문이다. 인생을 살아가면서 사랑이나 성에 관련된 윤리적 일탈은 누구나 한번쯤 꿈꾸어보게 마련이지만, 명백하게 범죄행위가 되는 일탈행동을 꿈꾸어 보기란 쉽지 않다.

그래서 그런지 범죄적 일탈을 그려 성공한 작품들 중에는 '대의명분을 위한 불가피한 일탈'을 소재로 삼는 것들이 많다. 그 가운데 대표적인 예로 꼽을 수 있는 소설이 『수호전(水滸傳)』이다.

『수호전』은 도둑의 괴수 송강(宋江)과 그 무리에 관한 야사(野史)를 시내암(施耐庵)이 소설로 정리하고 다시 나관중(羅貫中)이 보완한 것인데, 지금 전해지는 『수호전』은 이탁오본(李卓吾本)과 김성탄본(金聖歎本) 두 가지가 있다. 이탁오본은 송강과 그 일당이 조정에 투항하여 반란군을 토벌하는 공을 세우다가 간신들의 모함에 의해 몰락하는 것으로 끝을 맺고 있는 판본이고, 김성탄본은 송강 등 108명의 무리가 양산박에 결집(結集)하는 해피엔딩으로 끝을 맺고 있는 판본이다.

우리나라에서는 주로 이탁오본만 유통되고 김성탄본은 별로 읽히지 않고 있다. 분량 면에 있어서도 김성탄본은 이탁오본의 절반 정도밖에 안 되므로, 출판사들이 이왕이면 여러 권을 팔아먹으려고 감성탄본을 기피하는 것 같기도 하다. 그리고 소설은 비극적 결말로 끝나야만 명작이 된다고 생각하는 서구식 문학이론에 눈이 먼 문학이론가들이 이탁오본이 더 잘된 판본이라고 칭찬하고 있어서 더욱 그렇다.

하지만 나는 김성탄본이 진짜 『수호전』이고 이탁오본은 위작(僞作)이라고 생각하는데, 권력자들의 가렴주구를 척결하겠다고 나선 의적(義賊)의 무리가 별안간 충신으로 돌변한다는 것 자체가 우스꽝스럽기 짝이 없는 발상으로 생각되기 때문이다. 이탁오본 『수호전』이라면 『삼국지』나 다름없는 충효사상 교과서가 돼버리고, 민중적 입장에서 쓴 의적 소설이 되지 못한다. 나는 한국 사람들이 김성탄본 『수호전』을 『삼국지』보다 더 많이 읽어 케케묵은 충효사상의 굴레에서 한시바삐 빠져나오게 되기를 바라고 있다.

『수호전』은 서구적 개념으로 보면 악한소설(惡漢小說 : Picaresque)의 범주에 속하고, 동양적 개념으로 보면 의협소설(義俠小說)의 범주에 속한다. 말하자면 기득권을 가진 지배 엘리트를 주인공으로 삼는 소설이 아니라, 기득권에 반발하는 '발칙한 악당'을 주인공으로 삼는 소설인 것이다.

하지만 '발칙한 악당'이란 것은 어디까지나 권력자들 눈으로 볼 때 그런 것이요, 민중들의 눈으로 볼 때는 '용감한 반항인'이다. 『수호전』과 비슷한 발상으로 쓰인 소설은 동서양에 많은데, 이를테면 모리스 르블랑의 『괴도(怪盜) 뤼팽』이나 『홍길동전』과 같은 소설이 거기에 해당된다. 특히나 『홍길동전』은 『수호전』에 직접 영향 받아 쓰인 작품이고, 『홍길동전』의 후신(後身)으로 나온 현대소설이 바로 홍명희가 쓴 『임꺽정』이나 황석영이 쓴 『장길산』 같은 작품이다.

『수호전』의 매력은 등장인물들이 '명분'을 좇지 않고 '본능'을 좇는다는 데 있다. 그래서 어떤 호걸은 사람을 죽여 그 고기로 만두를 만들어 팔기도 하고, 어떤 호걸은 쌍도끼를 휘두르며 무고한 양민을 무참히 살육하기까지 한다. 그래서 민중 독자들이 좋아하는 『수호전』의 작중인물은 송강이 아니라 파계승 노지심(魯智深)이나 폭력배 이규(李逵) 같은 인물들인 것이다.

한국 소설은 『수호전』에서 배워야 할 점이 많다. 『명심보감』식의 케케묵은 교훈적 주제를 내세우는 것보다는, 인간의 동물적 본능과 사디스틱한 반골기질을 형상화시키는 것이 세계적 걸작을 낳는 지름길이라는 사실을 한국의 문학인들은 모르고 있다. 다시 말해서 소설이 겉으로 표방하는 표면주제(表面主題)보다는, 소설의 내용 안에 녹아들어 있는 이면주제

(裏面主題)가 독자의 진실한 감동을 유발시킬 수 있다는 사실에 대하여 한국 문학인들은 아주 무지하다.

『수호전』이 지니는 또 다른 특징은 간결하고 힘찬 문체에 있다. 거의 모든 문장이 주어와 동사만으로 이루어졌다고 생각될 만큼,『수호전』의 서술방식은 행동주의적이고 비(非) 묘사적이다. 심리묘사가 전혀 없는데도 불구하고, 작중인물들의 개성이 살아서 꿈틀거리며 독자에게 박력 있게 전달된다. 범죄적 일탈행동을 다루는 데는 이런 문체가 가장 적합하다고 할 수 있다. 말하자면 냉혈(冷血)하고 비정(非情)한 느낌을 주는 것이다. 이런 기법은 서구에서는 20세기에 들어와서야 비로소 헤밍웨이에 의해 채택됐는데, 동양문학에서는 일찍부터 '하드보일드' 스타일의 문체를 개발하고 있었던 셈이다.

『수호전』에 나오는 인물들은 별다른 심리적 갈등을 겪지 않고 무조건 일탈적이고 동물적인 행동으로만 일관한다. 동물적인 행동이야말로 '천심(天心)'에 맞는 행동이고, 그것은 곧 '민심(民心)'으로 이어져 '민중적 행동'이 된다는 것을 『수호전』의 작자는 알고 있었던 듯하다. 가장 엘리트주의자다운 행동을 보이는 송강(宋江)조차도 애인의 변심에 흥분하여 그녀를 토막 내 죽이고 법에 쫓기는 몸이 되는 것으로 그려질 만큼,『수호전』에 나오는 인물들은 모두 '순간의 본능'에 충실하고 있다. 복수심과 살해욕구 역시 '순간의 본능'에 속하는 것이기 때문이다.

『수호전』의 스케일을 한국에서 그래도 잘 흉내 낸 것이 홍명희의 『임꺽정』이다.『수호전』에 비해 묘사나 잔소리가 많은 게 흠이긴 하지만, 임꺽정을 '대의명분의 꼭두각시'로 만들어놓지는 않고 있다. 임꺽정은 아내 모르게 바람을 피우기도 하고, 화가 나면 양민(良民)들의 마을을 불사르기도 한다. 말하자면 별 핑곗거리를 붙이지 않는 일탈행동을 보여주고 있는 것이다. 그러나 이에 비해 황석영의 『장길산』은 장길산의 반역적 일탈 행동에 너무나 많은 핑곗거리를 구구하게 갖다 붙이고 있다. 말하자면 정치적 대의명분을 내세우고 있는 셈인데, 그렇게 되면 소설이 주는 일탈미의 효과는 반감될 수밖에 없다.

범죄적 일탈행동을 그로테스크(grotesque)의 미(美)에 연결시켜 성공한 소설도 있다. 대표적인 예로 에드거 앨런 포의 「아몬틸라도의 술통」을 들 수 있다. 이 소설의 주인공은 자기를 모욕한 친구를 지하실로 유인하여 아무런 거리낌 없이 생매장시킨다. 살인행위에 대한 양심의 가책도 없고 범행이 탄로날까봐 두려워하는 기색도 없다. 이런 냉정한 일탈행위의 묘사를 통해 작가는 완성도 높은 일탈미를 형상화시키고 있는 것이다.

이런 식의 범죄적 일탈행동을 그로테스크의 미학과 결부시켜 소설로 만들어보려 한 한국작가가 김내성이다. 그는 「악마파(惡魔派)」, 「백사도(白蛇圖)」, 「광상시인(狂想詩人)」 등의 작품을 통해 탈(脫) 도덕적이고 범죄적인 일탈행동들을 그려내고 있다. 「악마파」는 애인을 일부러 낭떠러지에서 밀어 그녀가 간신히 매달려 있다가 서서히 죽어가게 만든 다음, 그녀의 시체를 자기의 작업실에 갖다놓고 죽음의 공포에 찌든 모습을 그려 나가는 화가의 이야기를 담고 있다. 시애(屍愛 : necrophilia)에 가까운 변태심리와 살인의 쾌감을 담담하게 묘사하고 있다는 점에서, 이 작품은 한국소설로는 드물게 범죄적 일탈미의 구현에 성공한 작품으로 평가될 수 있다. [졸고, 「고전으로서의 전기소설(傳奇小說) — 김내성의 경우」, 『나는 야한 여자가 좋다』, 자유문학사, 1989 참조.]

6

일탈행위란 따지고 보면 상반된 이해관계를 갖고 있는 집단들 간에 생기는 사회적·정치적 갈등의 산물이라고 할 수 있다. 사회에는 어떤 행위를 일탈로 규정짓는 규칙이 있는데, 이러한 규칙은 사실 보편적 타당성을 갖고 있지 않다.

그래서 일찍이 장자(莊子)는 "전쟁에 나가면 사람을 많이 죽일수록 상을 받는데, 평화 시에는 한 사람만 죽여도 죄인이 된다", "사과 한 개를 훔치면 도둑으로 몰리는데, 나라를 훔치면 왕이 된다"고 말하며 규범과 도덕을 비웃었다. 사랑 문제 역시 마찬가지다. 평범한 서민 남성이 조강지처를 버리고 새장가를 들면 욕을 먹지만, 이름난 예술가가 조강지처를 버리고 새장가를 들면 '열정적 연애감정의 승리'라고 칭찬을 받는다. 화가 피카소나 소설가 헤밍웨이가 네다섯 번의 이혼과 새 결혼을 감행한 것이 긍정적 의미로 평가 받는 것이 바로 그런 경우다.

사회에서 힘이 더 센 집단들은 자기네들의 이해관계를 지지해 주는 가치관을 법률이나 규범으로 만들어 그 규칙을 힘이 약하거나 힘이 없는 집단에 강요하는 경향이 있다. 따라서 법(法)과 같은 사회적 규칙은 힘이 없는 집단보다 힘이 있는 집단의 욕구와 관심을 반영하게 마련이다.

그러므로 '사회'라는 것은 강자(强者)의 강제력에 의해서 지탱되는 부자연스러운 구조일 수밖에 없다. 따라서 도덕적 규범의 제정과 그 집행과정에서도 계층적 지위와 권력의 배분구조에 따라 혜택의 불평등이 수반되는 것이다. 이런 측면에서 볼 때, 일탈적 행위를 한다는 사실은 개인 차원의 문제가 아니라 지배적 권력집단의 이해관계 차원에서 고려돼야 할 문제가 될 수밖에 없다. [이장현 「일탈과 사회 통제」, 「사회학의 이해」, 범

문사, 1982 참조.]

　이런 상황에서 일반 서민들은 상당한 스트레스를 겪으며 살아갈 수밖에 없는데, 그런 스트레스를 경감시켜주고 나아가 새로운 '반항적 활력'을 불러일으켜 줄 수 있는 것이 바로 '일탈미'를 위주로 한 소설이다. 소설이 지배 권력의 유지를 위한 훈민적(訓民的) 순치서(馴致書) 역할을 하면 그 소임을 다한 것이라고 볼 수 없다. 사소해 보이는 사랑문제로부터 거창해 보이는 정치문제에 이르기까지, 소설은 궁극적으로 '창조적 반항'의 의미를 지닐 때만 사회적 가치를 지닌다. 이럴 때 규범적 윤리로부터의 상상적 일탈을 시도하는 소설은 독자에게 '재미'와 '카타르시스'를 동시에 줄 수 있을뿐더러, 소설미학적으로도 소설 고유의 아이덴티티(identity)로 내세울 수 있는 장르적 독자성을 창출해낼 수 있는 것이다.

■ 작가 약력

1951년 – 3월 10일(음력), 가족이 한국전쟁 중 1·4 후퇴시 잠시 머문 경기도 수원에서 출생. 본적은 서울.

1963년 – 서울 청계초등학교 졸업. 대광중학교 입학.

1969년 – 대광고등학교 졸업. 연세대학교 국문학과 입학.

1973년 – 연세대학교 국문학과 졸업. 연세대 대학원 국문학과 입학.

1975년 – 연세대 대학원 국문학과 졸업(문학석사).
　　　　– 방위병으로 군 복무.

1976년 – 연세대 대학원 국문학과 박사과정 입학.
　　　　– 이후 1978년까지 연세대, 강원대, 한양대 등 시간강사 역임.

1977년 – 『현대문학』에 「배꼽에」「망나니의 노래」「고구려」「당세풍의 결혼」「겁(怯)」「장자사(莊子死)」 등 6편의 시가 박두진 시인에 의해 추천되어 문단에 데뷔.

1979년 - 홍익대학교 국어교육과 전임강사로 취임. 1982년 조교수로 승진.

1980년 - 처녀시집『광마집(狂馬集)』을 심상사에서 출간.

1983년 - 연세대 대학원에서「윤동주 연구」로 문학박사 학위 받음. 학위논문『윤동주 연구』를 정음사(2005년 개정판부터 철학과현실사)에서 단행본으로 출간.

1984년 - 연세대학교 국문학과 조교수로 취임. 1988년 부교수로 승진.
- 시선집『귀골(貴骨)』을 평민사에서 출간.

1985년 - 문학이론서『상징시학』을 청하출판사(2007년 개정판부터 철학과현실사)에서 출간.

1986년 - 문학이론서『심리주의 비평의 이해』를 청하출판사에서 출간.

1987년 - 평론집『마광수 문학론집』을 청하출판사에서 출간.
- 문학이론서『시창작론』을 오세영 교수와 공저로 방송통신대학 출판부에서 출간.

1989년 - 에세이집『나는 야한 여자가 좋다』를 자유문학사(2010년 개정판부터 북리뷰)에서 출간.
- 시선집『가자, 장미여관으로』를 자유문학사에서 출간.
- 5월부터『문학사상』에 장편소설『권태』를 연재하여 소설가로서의 활동을 시작함.

1990년 - 장편소설『권태』를 문학사상사에서 출간(2011년 개정판부터는 책마루에서 출간).
- 장편소설『광마일기』를 행림출판사(2009년 개정판부터는 북리뷰)에서 출간.
- 에세이집『사랑받지 못하여』를 행림출판사에서 출간.

1991년 - 1월에 이목일, 이외수, 이두식 씨와 더불어 서울 동숭동 '나우 갤러리'에서 〈4인의 에로틱 아트전〉을 가짐.
- 문화비평집 『왜 나는 순수한 민주주의에 몰두하지 못할까』를 민족과문학사(재판부터는 사회평론사)에서 출간.
- 장편소설 『즐거운 사라』를 서울문화사에서 출간.
- 간행물윤리위원회의 판금 조치로 출판사에서 자진 수거·절판됨.

1992년 - 에세이집 『열려라 참깨』를 행림출판사에서 출간.
- 장편소설 『즐거운 사라』 개정판을 청하출판사에서 출간.
- 10월 29일, 『즐거운 사라』가 외설스럽다는 이유로 검찰에 의해 전격 구속되어 서울구치소에 수감됨.
- 12월 28일, 『즐거운 사라』 사건 1심에서 징역 8월에 집행유예 2년 판결을 받음.

1993년 - 2월 28일, 연세대학교에서 직위 해제됨.

1994년 - 1월에 서울 압구정동 다도 화랑에서 첫 번째 개인전을 가짐. 유화, 아크릴화, 수묵화 등 70여 점 출품.
- 『즐거운 사라』 일본어판이 아사히 TV 출판부에서 번역·출간되어 베스트셀러가 됨.
- 문화비평집 『사라를 위한 변명』을 열음사에서 출간.
- 7월 13일, '즐거운 사라' 사건 2심에서 항소 기각 판결을 받음.

1995년 - '즐거운 사라' 필화사건의 진상과 재판과정, 마광수의 문학 세계 분석 등을 내용으로 연세대 국문학과 학생회가 쓰고 엮은 『마광수는 옳다』가 사회평론사에서 출간됨.
- 6월 16일, '즐거운 사라' 사건 대법원 상고심에서 상고 기각 판결

받음. 동시에 연세대학교에서 해직되고 시간강사로 됨.
- 철학에세이 『운명』을 사회평론사(2005년 개정판부터 『비켜라 운명아, 내가 간다』로 제목을 바꿔 오늘의 책)에서 출간.

1996년 - 장편소설 『불안』을 도서출판 리뷰앤리뷰(2011년 개정판부터 제목을 『페티시 오르가즘』으로 바꿔 Art Blue)에서 출간.

1997년 - 장편에세이 『성애론』을 해냄출판사에서 출간.
- 문학이론서 『시학』을 철학과현실사에서 출간.
- 문학이론서 『카타르시스란 무엇인가』를 철학과현실사에서 출간.
- 시집 『사랑의 슬픔』을 해냄출판사에서 출간.

1998년 - 장편소설 『자궁 속으로』를 사회평론사(2010년 개정판부터 『첫사랑』으로 제목을 바꿔 북리뷰)에서 출간.
- 3월 13일에 사면·복권되고 5월 1일에 연세대 교수로 복직됨.
- 에세이집 『자유에의 용기』를 해냄출판사에서 출간.

1999년 - 철학에세이 『인간』을 해냄출판사(2011년 개정판부터 제목을 『인간론』으로 고쳐 책마루)에서 출간.

2000년 - 장편소설 『알라딘의 신기한 램프』를 해냄출판사에서 출간.
- 7월에 이른바 〈교수재임용 탈락 소동〉이 국문학과 동료교수들의 집단 따돌림으로 일어나, 배신감으로 인한 심한 우울증에 걸려 3년 반 동안 연세대를 휴직함.

2001년 - 문학이론서 『문학과 성』을 철학과현실사에서 출간.

2003년 - 강준만 외 5인이 쓴 『마광수 살리기』가 중심출판사에서 나옴.

2005년 - 에세이집 『자유가 너희를 진리케 하리라』를 해냄출판사에서 출간.
- 장편소설 『광마잡담(狂馬雜談)』을 해냄출판사에서 출간.

- 6월에 서울 인사동 인사 갤러리에서 〈마광수 미술전〉을 가짐.
- 장편소설 『로라』를 해냄출판사에서 출간.

2006년 - 2월에 일산 롯데마트 갤러리에서 〈마광수・이목일 전〉을 가짐.
- 시집 『야하디 얄라숑』을 해냄출판사에서 출간.
- 문학론집 『삐딱하게 보기』를 철학과현실사에서 출간.
- 장편소설 『유혹』을 해냄출판사에서 출간.

2007년 - 1월에 〈색色을 밝히다〉 전시회를 서울 인사동 북스 갤러리에서 가짐.
- 시집 『빨가벗고 몸 하나로 뭉치자』를 시대의창에서 출간.
- 4월에 소설 『즐거운 사라』를 인터넷 홈페이지에 올렸다는 이유로 기소되어 벌금 200만 원 형을 판결 받음.
- 7월에 미국 뉴욕 Maxim 화랑에서 〈마광수 개인전〉을 가짐.
- 에세이집 『나는 헤픈 여자가 좋다』를 철학과현실사에서 출간.
- 문화비평집 『이 시대는 개인주의자를 요구한다』를 새빛에듀넷에서 출간.

2008년 - 문화비평집 『모든 사랑에 불륜은 없다』를 에이원북스에서 출간.
- 단편소설집 『발랄한 라라』를 평단문화사에서 출간.
- 중편소설 『귀족』을 중앙북스에서 출간.

2009년 - 연극이론서 『연극과 놀이정신』을 철학과현실사에서 출간.
- 소설집 『사랑의 학교』를 북리뷰에서 출간.
- 4월에 서울 청담동 '갤러리 순수'에서 〈마광수 미술전〉을 가짐.

2010년 - 시집 『일평생 연애주의』를 문학세계사에서 출간.

2011년 - 장편소설 『돌아온 사라』를 Art Blue에서 출간.

- 2월에 〈소년, 광수 미술전〉을 서울 서교동 '산토리니 서울' 갤러리에서 가짐.
- 에세이집 『더럽게 사랑하자』를 책마루에서 출간.
- 5월에 〈마광수 초대전〉을 서울 삼청동 연 갤러리에서 가짐.
- 화문집(畵文集) 『소년 광수의 발상』을 서문당에서 출간.
- 장편소설 『미친 말의 수기』를 꿈의열쇠에서 출간.
- 산문집 『마광수의 뇌 구조』를 오늘의책에서 출간.
- 장편소설 『세월과 강물』을 책마루에서 출간.

2012년 - 육필 시선집 『나는 찢어진 것을 보면 흥분한다』를 지식을만드는지식에서 출간.
- 3월에 〈마광수·변우식 미술전〉을 서울 인사동 '토포 하우스'에서 가짐.
- 산문집 『마광수 인생론 : 멘토를 읽다』를 책읽는귀족에서 출간.
- 장편소설 『로라』 개정판을 『별것도 아닌 인생이』로 제목을 바꿔 책읽는귀족에서 출간.
- 시집 『모든 것은 슬프게 간다』를 책읽는귀족에서 출간.

2013년 - 소설 『청춘』을 책읽는귀족에서 출간.
- 장편 에세이 『나의 이력서』를 책읽는귀족에서 출간.
- 단편소설집 『상상 놀이』를 책읽는귀족에서 출간.
- 문화비평집 『육체의 민주화 선언』을 책읽는귀족에서 출간.
- 소설 『2013 즐거운 사라』를 책읽는귀족에서 출간.
- 장편에세이 『사랑학 개론』을 철학과현실사에서 출간.
- 시집 『가자, 장미여관으로』 개정판을 책읽는귀족에서 출간.
- 『마광수의 유쾌한 소설 읽기』를 책읽는귀족에서 출간.

마광수의 유쾌한 소설 읽기

초   판 1쇄 발행 | 2013년 11월 20일
　　　2쇄 발행 | 2017년 9월 6일

지은이 | 마광수
펴낸이 | 조선우
펴낸곳 | 책읽는귀족

등록 | 2012년 2월 17일 제396-2012-000041호
주소 | 경기도 고양시 일산동구 장백로 19(백석동, 더루벤스카운티 901호)
전화 | 031-908-6907
팩스 | 031-908-6908
홈페이지 | www.noblewithbooks.com
트위터 | http://twtkr.com/NOBLEWITHBOOKS
E-mail | idea444@naver.com

책임 편집 | 조선우
표지 & 본문 디자인 | 아베끄
표지 그림 | 마광수

값 15,000원

ISBN 978-89-97863-21-1　03800

※ 잘못 만들어진 책은 구입하신 서점에서 바꿔드립니다.

이 도서의 국립중앙도서관 출판시도서목록(CIP)은 서지정보유통지원시스템 홈페이지 (http://seoji.nl.go.kr)와 국가자료공동목록시스템(http://www.nl.go.kr/kolisnet)에서 이용하실 수 있습니다.(CIP제어번호: CIP2013022054)